도서출판 대장간은
쇠를 달구어 연장을 만들듯이
생각을 다듬어 기독교 가치관을
바르게 세우는 곳입니다.

대장간이란 이름에는
사라져가는 복음의 능력을 되살리고,
낡은 것을 새롭게 풀무질하며, 잘못된 것을
바로 세우겠다는 의지가 담겨져 있습니다.

www.daejanggan.org

갈등 전환과 공동체를 세우는

회복적 서클
현장 이야기

비폭력 평화물결 & 서울 통합형 회복적생활교육 연구회
엮음

갈등 전환과 공동체를 세우는
회복적 서클 현장 이야기

지은이	강명주	김광영	김민정(간디중)	김민정(항동초)	김석봉	김순명	김정식
	김태훈	문달하	문수정	박성용	박진보	반은기	서정아	신만식	신호승
	심선화	안보경	안형덕	양미정	오광해	이경재	이금주	이은주	임영옥
	정동혁	정진화	정혜영	조난호	조일현	조춘애	한세리	한윤섭

엮음 비폭력 평화물결 & 서울 통합형 회복적생활교육 연구회
초판발행 2019년 12월 23일
초판3쇄 2022년 5월 24일

펴낸이 배용하
책임편집 배용하
내지 디자인 이승호

등록 제364-2008-000013호
펴낸 곳 도서출판 대장간
www.daejanggan.org
등록한 곳 충청남도 논산시 가야곡면 매죽헌로1176번길 8-54

분류 갈등전환 | 공동체 | 회복적서클
편집부 전화 (041) 742-1424
영업부 전화 (041) 742-1424 · 전송 0303-0959-1424
ISBN 978-89-7071-502-5 13370
CIP제어번호 CIP2019051706

 값 20,000원

차례

2부_ 회복적 학급운영

3부_ 회복적 학교 세우기

4부_ 시민사회와 공공영역

5부_ 가정 및 지역 영역

회복적 서클 실천의 증언들을
세상에 내 놓으며

2011년 12월 초 회복적 서클이 한국에 소개된 후 며칠 후 대구학생자살사건으로 언론에 '학교폭력'이란 단어가 오랫동안 회자되면서부터 이 둘 사이에 운명적인 만남이 시작되었지만 회복적 서클이 한국사회에 그토록 급속도의 적응력을 가지라고는 초기에는 아무도 생각하지 못했었을 것이다. 그러나 만 8년이 된 지금에 있어 회복적 서클이 지닌 파급력은 가정, 학교, 지역단체, 경찰청 등의 각종 영역에 있어서 타 모델이 따라올 수 없는 실질적인 진행자 숫자의 증가나 그 실행이 적용되는 지역 숫자로만 보아도 독보적으로 매우 많은 진행자들이 곳곳에서 활동을 하고 있다는 게 신기할 정도이다.

그 예로서, 진행자는 초기 회복적 서클 활동가에 의해 훈련 받은 진행자들에 의한 세 번째 세대의 회복적 서클 활동가들이 배출되고 있으며, 특히 전국 수많은 학교의 교사들이 회복적 서클을 직접 적용하는 사례가 널리 퍼져 있다. 이는 2015년을 전후로 나타나게 된 전국 10여개의 지역과 도시에 이미 회복적 서클을 중심으로 하는 단체들과 기관들이 생겨났다는 것과, 많은 곳에서 활동 중인 회복적생활교육연구회안에 이 모델의 실천에 대한 선호도가 빠르게 높아지고 있다는 점에서 볼 수 있다. 필자가 소속한 단체도 2010년 초에 세 명이 실무자로 있었는데, 이 회복적 서클에 대한 훈련의 요청으로 인해 2015년부터는 실무자와 강사진이 배로 증가되고 금년에도 추가 인원이 들어와야 할 정도였다.

이렇게 급증하는 이유는 여러 요소들이 있겠지만, 회복적 실천회복적 정의, 회복적 생활교육, 회복적 경찰활동 포함에 대한 사회적 요구와 그 필요가 발생한 적절한 시기가 도래하기도 하였고, 타 단체들의 함께 만들어 가는 집단적인 노력들도 있었을 것이다. 그러나 무엇보다도 회복적 서클은 타 모델들이 도저히 엄두에 낼 수 없는 18시간 내외의 훈련과정의 짧은 시기 그리고, 그 실제 적용의 결과로써 회복적 서클 2~3년차 진행자는 통상 10건 중 7~8건의 갈등과 폭력사례의 해결능력을 보여주는 이 모델 자체에 대한 매력에서 나온다고 나는 믿어진다. 특히 서클 진행방식으로 인해 당사자들이 10명이든 20명이든 간에 상관없이 한 서클모임으로 초대하여 복잡하고 만성적인 혼란과 갈등 그리고 폭력에 대해 한 번에 통합적으로 해결하는 결과들을 눈으로 목도하면서 그 강한 힘에 진행자 자신도 놀라는 일들이 자주 발생하곤 한다.

필자는 그 초기부터 회복적 서클을 국내에 소개하기 위해 노력한 당사자 중의 한 사람이자 그동안 회복적 서클의 적용 영역의 확대와 그 놀라운 결과에 대한 경험들에 대한 초기부터 지금까지의 목격자이기도 하다. 그러나 이렇게 매우 긍정적인 기여에 대한 진실을 보면서도 이 회복적 서클의 안에 있지 않은 사람들은 혼란, 갈등, 폭력에 대해 손을 놓거나 쉽게 믿지 못하고 있거나 뭔가 전문적인 훈련을 받은 다른 사람의 이야기로 생각하기 십상이어서 회복적 서클이 가져오고 있는 긍정적인 결과에 대한 주목의 필요성을 계속해서 느끼고 있었다. 왜냐하면 이 모델은 적정기술처럼 누구나 쉽게 배워서 적용할 수 있는 수준의 것이어서, 배우기 위해 시간을 많이 들이는 열성가가 아니어도 나 자신이 하나의 예시가 되듯이 아무나 습득할 수 있는 것이며 또한 삶의 기술로서 누구에게나 도움이 된다는 살아있는 수많은 증언들을 목격해왔기 때문이었다.

회복적 서클은 창시자 도미니크 바터의 말처럼 그 정의상 갈등과 폭력에 대한 전환을 일으키는 '공동체의 자기 돌봄 프로세스'에 대한 것이다. 매뉴얼은 A4용지 앞뒤 두 쪽짜리로 정리되는 간단한 것이지만 이 모델을 적용하고 회복적 시스템을 구축함에 있어서 공동체의 자기 돌봄 프로세스라는 말은 광의의 응용력과 효능성을 가지고 있다. 이 책의 다양한 기고자들의 증언에서 보듯이 한국에서 처음에는 폭력과 갈등의 사례에 적용하기 시작하여 다양한 서클진행 방식이 분화되면서 사건, 관계, 커뮤니티를 치유하고 회복하는 데 회복적 서클은 빠른 적응력을 갖게 되었다. 이 점에서 도미니크 바터의 초기 회복적 서클은 한국적인 토양에 변형되고 확대되면서 서클 프로세스와 만나 더 남아있는 잠재적인 가능성들을 현실화하고 있다는 점에서 강한 효율성과 더 많은 다양성에 큰 기여를 하고 있다. 그것을 실례로 보여주고자 한 것이 이 책을 출판하게 된 이유이다.

이 책은 몇 가지 특징적인 성격을 지니고 있다. 첫째는 진행자들이 배운지 수개월부터 수년에 걸친 회복적 서클 실천가이지만, 자신이 이것을 매우 잘하고 있는 전문가라는 생각은 아무도 갖지 않고 있는 지극히 평범한 보통 사람들이라는 점이다. 둘째는 회복적 서클이 적용되는 손상과 갈등 및 폭력의 상황이 다양한 영역에 쉽게 접목이 되어 접근할 수 있다는 실례들을 보여준다는 점이다. 그 사건의 성격이 가볍거나 복잡하던 간에, 그 사건의 지속 기간이 얼마나 오래 되었든지 아니면 누가 개입되어 있는지 상관없이 이 모델은 그 지혜와 힘을 보여준다. 셋째는 회복적 서클의 진행자들의 다양한 배경들이다. 또래 조정자로서 학생이나 대안학교 졸업생, 교사, 단체 실무자, 경찰, 공무원 등으로 다양한 배경을 지니고 있다. 실제로 이 모델은 초등학생도 진행자로서 가능하다는 것을 현장에서 확인하였다. 넷째는 회복적 서클은 갈등에 대한 직접적인 적용만 아니라 회복적 학급운영, 회복적 학교세우기, 공공기관이나 시민사회에 적용하기 등의 회복적 시스템 구축에 효과 있는 일관성을 지니고 있어서 그 적용에 있어서 많은 것을 다양하게 배워야 하는 부담을 최소화한다는 것이다. 이런 점에서 회복적 서클은 그 응용력에 있어서 아직도 남은 가능성이 존재한다.

한국에서 회복적 서클이 더 발전되고 있는 측면에 대해 간단히 소개하고 싶다. 필자는 이미 브라질의 도미니크 바터로부터 전수된 회복적 서클에 대한 훈련과정에 있어 전해 받은 것은 입문과정에서 다루도록 하고, 회복적 시스템

구축과 관련하여 더 남은 가능성을 현실화하기 위해 심화과정에서 회복적 학급 혹은 회복적 조직을 세우는 서클 프로세스를 통합하고 확대하였다. 그리고 총화과정에서는 진행자의 내면을 돌보고 서클의 작동원리와 철학에 대한 이해를 강화하였다. 각각 20시간 이내의 짧은 훈련 기간이고 입문과정만으로도 충분히 적응할 수 있어서 심화나 총화의 과정이 꼭 필요한 것은 아니지만 이에 대해 더 궁금한 사람들을 위해 마련된 보완의 과정이다.

최근에는 회복적 서클의 각각의 사전서클, 본 서클, 사후서클이 서로 연결하지 않아도 스스로 작동하는 방법도 개발되었다. 그것은 각각 각종 혼란의 명료화, 화해 그리고 피드백에 대한 서클진행의 형태이다. 더 나아가 개인 내면의 혼란과 갈등에 대해 서클로 다양한 자아들의 목소리들을 불러내 적용하는 임상실험도 긍정적인 결과를 가져오고 있어서 아직도 회복적 서클의 잠재적 가능성은 여전히 남아 있는 상황이다. 그러고 보면 선주민들은 15,000년 전부터 서클 하나로 대화, 학습, 갈등해결, 기획, 공동체구축, 리더십형성, 트라우마치유 등의 다양한 영역에 적용해 왔기에 회복적 서클의 서클진행방식이 다양한 적용의 잠재성은 아직도 여전히 탐구되어야 할 영역으로 남아 있다는 게 맞는 이야기 일 것이다.

이 책의 출판을 위한 기획이 예상보다 많은 시간이 걸렸지만 이를 위해 특히 수고해준 이은희 선생의 노고와 정동혁 대표를 포함한 서울시교육청 회복적생활교육연구회이하 서울RD연구회 임원진들, 그리고 편집과정에 참여한 정혜영 선생께 감사드린다. 이 책은 서울RD연구회의 노력과 비폭력평화물결의 간사들의 지원이 없었으면 나오기 힘들었을 것이다. 아쉬운 것은 각 지역의 수많은 사례들을 가지고 있는 회복적 서클 활동가나 교사들이 있지만 개인 일정이 허락되지 않음으로 인해 포함하지 못했고, 다양한 지역사례도 그간 많았음에도 불구하고 연결이 되지 않아 여기에 수록되지 못하는 아쉬움도 매우 크게 남는다.

따라서 당연히 이 책은 회복적 서클의 현재 상황을 간단히 일별하고, 충분히는 아니지만 여기에 수록된 이야기들을 통해 회복적 서클의 지평과 전망에 대한 실마리를 주고자 예시된 이야기들임을 다시 한 번 강조하고자 한다. 질적으로 우수한 모든 사례를 다루지는 못했지만, 이 정도의 사례이야기들을 예시함으로써 회복적 서클이 어느 영역에 어떻게 적용되는지에 대해 충분한 상상력과 확신은 제공받을 수 있을 것이라 여겨진다. 다행히도 최근에는 서클에 대한 다양한 번역 책들이 시중에 나와 있다. 그 중에 회복적 서클이라는 한 모델의 현장과 그 경험 그리고 미래의 비전에 대해 이 책이 또 하나의 새로운 지평을 제시할 수 있으리라 믿는다. 앞으로도 회복적 서클에 대한 더 심층적이고 광의의 적용 경험에 대해 또 다른 출간의 기회가 오길 기대하며, 이 회복적 서클의 현장 적용 이야기를 통해 직, 간접적으로 혼란과 갈등, 손상과 폭력에 대해 접근하는 직·간접적인 실마리들이 독자들과 다른 진행자들에게 다가와지기를 고대한다. 서클은 어렵고 힘든 것으로 시작해서 아름답고 선한 결과를 가져와 풍성한 삶에 기여하는 데 큰 도움을 준다. 그렇게 이 책의 출판이 문제로 시작하지만 풍성한 삶으로 변화되는 데 중요한 기여하기를 두 손 모아 기원한다.

2019. 11. 5.

박성용, 비폭력평화물결 대표,

『회복적서클 플러스』, 『회복적서클 가이드북』 저자

1부

학교에서 갈등개입 스토리

회복적 서클현 장이야기

회복적
서클현 장이야기

학교폭력, 갈등에서 피는 꽃

조춘애 | 광명고등학교 교사 광명교육청 학교폭력갈등자문단

처음 학폭업무를 담당한다고 했을 때, 누가 시키지도 않는데 왜 스스로 불구덩이 속으로 들어가려하는지 주위 동료들은 안타까운 시선으로 나를 염려해주었다. 이유를 알 수는 없지만 나는 교직생활 초기부터 유독 교실에서 힘들어하는 아이들이 먼저 눈에 보였고 그들의 존재는 늘 무거운 그림자처럼 나를 따라 다녔다. 내가 그들을 의식하면 할수록 내가 무언가를 해주기를 기대하는 아이들의 눈빛은 더 깊어졌다. 그러나 내가 할 수 있는 것은 안타까움과 연민의 마음으로 그들에게 따뜻한 말 한마디를 걸어주는 것이 다였고 그 이상 해줄 수 있는 능력이 나에게는 없었다.

그러다 회복적 서클을 만나면서 갈등을 잘 다루면 자기존재와 삶이 새롭게 느껴지고 삶의 성장과 기쁨을 발견할 수 있는 가능성을 보게 되면서 아이들이 학교생활 중에 학교폭력으로 고통을 겪게될 때, 도울 수 있겠다는 마음이 생겼다. 아이들의 마음을 어루만져주고 그들의 이해를 도우며 삶에서 갈등을 만났을 때 우리가 어떻게 그것을 통해 배우고 성장할 수 있는지 아이들과 함께 배움의 경험을 만들어가고 싶었다. 학교에서 가장 힘들고 비극적인 영역인 학교폭력 업무를 누군가 맡아야 한다면 여전히 언제 어떤 일이 발생할지 모르는 두려움이 있지만, 그 일을 맡는 것이 이제 나에게는 자연스러운 일이 되었다.

불청객에 대한 두려움

교사나 부모의 입장에서 학교폭력은 불청객처럼 어느 날 불쑥 찾아오는 것 같지만, 그 불청객은 사실 갑자기 우리 앞에 나타나는 것은 아니다. 학생들은 누구나 마음 깊은 곳에 학교생활에 대한 소중한 바람을 가지고 있으나 안타깝게도 그것의 실현을 방해하는 여러 요인들이 그들에게 들러붙어있다. 그래서 무언가를 시도해보아도 현실에서 효과를 보지 못하고 오히려 부적절한 결과들로 고통을 겪을 때가 많다. 그 결과로 우리 앞에 나타난 학교폭력은 이 학생들을 둘러싼 삶의 손상을 돌보고 치유와 성장을 만날 수 있도록 도울 수 있는 소중한 기회가 될 수 있다.

그런데 현재의 학폭 절차는 회복과 성장보다는 누가 얼마큼 잘못했는가라는 책임과 처벌의 방식으로 다루어진다. 학폭사안이 행정 절차 중심으로 진행이 되면서 서로가 처한 고통을 이해하고 회복하는 과정을 갖지 못한 채 학폭조치가 내려지게 되면, 결국, 지속적인 민원과 재심 등으로 이어지게 된다. 결국, 누구도 원하는 것을 얻는 사람은 없고 고통은 오히려 눈덩이처럼 불어나서 이후 학생들의 삶의 훼손과 왜곡으로 이어지는 결과를 가져오게 된다.

학폭 사안이 발생했을 때 교사들 또한 두려움에 사로잡힌다. '죽고 싶어요.'라는 학생의 말 한마디에 머릿속에서 무서운 상상이 떠나지 않아서 잠도 못자고 숨조차 쉬어지지 않는 공포의 시간을 보내게 된다. 그 복잡한 고통의 스토리를 내가 다 들어주어야 하나. 그것을 이해한다고 해도 아이들의 그 많은 고충을 내가 다 감당하고 해결할 수 있을까. 교사로서 내가 무엇을 놓쳐서 이런 일이 생겼나. 학부모가 학교로 쫓아와서 나에게 모든 책임을 떠넘기면 어떡하지. 이런 두려움 때문에 교사들은 자신의 안전에 대한 불안과 위협을 느끼게 된다. 그래서 정해진 행정 절차대로 처리하는 것이 가장 안전할 것이라고 기대하지만 절차대로 처리한다고 해서 교사들의 학폭 처리 과정이 책임과 민원으로부터 안전해지지 않는다. 왜냐하면 학폭문제는 근본적으로 절차가 아니라 감정의 문제이며 교육의 문제이기 때문이다.

모든 피해학생과 보호자가 바라는 것은 상대방이 잘못에 대해 사실대로 인정하고 진정으로 사과하는 일이다. 그런데 학교가 자신들의 일을 행정 절차대로만 처리하게 되면 학부모들은 분통을 터트리며 외부에서 자기편이 되어줄 변호사를 끌어들여 학교 측의 잘못을 추궁하고 책임을 따져 묻기 시작한다. 절차대로 완벽하게 다 했다고 하더라도 학교에서 학생들의 교육을 위해 어떤 역할을 하지 않았는지, 어떤 적절하지 않은 태도와 방식이 있었는지 따지기 시작하면 그 책임으로부터 자유로울 수 있는 교사나 학교는 없다.

판단을 흘려보내기

학폭 사안이 발생했을 때, 교사들은 마치 판사처럼 사실정보를 수집하여 잘잘못을 정량화해서 누가 얼만큼 잘못을 했는지 판단을 내리고 그 기준으로 사건을 해결하려는 경향이 있다. 그러나 이러한 방식은 실제로는 교사 자신을 갈등의 또 다른 당사자로 참여하게 만들면서 수많은 학부모 민원의 원인이 되기도 한다.

학교 축제가 있던 날이었다. 한동안 학교에 나오지 않던 한 학생이 축제날 점심 때 사복을 입고 슬리퍼를 끌고 나타났다. '학교에 온건 좋은데, 교복을 잘 입고 와야지 이게 뭐니? 동네 슈퍼에 가는 것도 아니고' 담임교사는 그 학생을 보고 무심코 한 마디 했다. 저녁 때 그 학생의 아버지로부터 전화가 왔다. 아이가 오랜만에 학교에 갔다 왔는데 담임 선생님이 자기를 미워한다며 학교 다니기 싫고 자퇴하고 싶다는데, 선생님이 애한테 어떻게 했기에 애가 집에 와서 저러는 것인지 항의하는 내용이었다. 자녀가 학교 다니기 싫어서 자퇴하겠다는 책임을 담임 선생님보고 지라고 하니 교사의 입장에서는 어이가 없고 기가 막힐 노릇일 것이다.

아이가 학교에 잘 나오지 않는 것은 담임교사 때문이 아니라 이미 여러 가지 복합적인 요인들이 있다. 그것을 알면서도 아이의 부모는 부모로서도 어떻게 해볼 길이 없는 자식을 담임 선생님이 조금 더 따뜻하게 품어주어서 아이가 학교에 마음을 붙이고 학교를 다시 잘 다닐 수 있다면 얼마나 좋을까 하는 바람을 가졌을 것이다. 그런데 아이가 담임 선생님이 싫어서 학교를 안다니고 싶다고 하니 속상하고 화가 나서 교사의 말 한마디를 핑계삼아 학교와 교사에게 책임을 떠넘기며 하소연을 하는 것이다.

모든 갈등 상황에는 당사자들의 자기 정당성과 억울함이 있다. 이러한 상황에서 교사가 학생들에 대해서 옳고 그름, 잘하고 못함에 대해 판단하는 말을 했을 때, 그 말이 정당하다고 하더라도 자신의 심정을 이해해주지 않는 교사에 대해 불만을 갖게 된다. 이러한 학부모 민원의 바탕에는 자기 자녀가 잘못을 했더라도 자녀에 대한 부정적 판단을 넘어서 자녀를 바람직한 방향으로 이끌어주는 것이 교사가 해야하는 일이라는 학부모들의 학교에 대한 인식과 기대가 담겨있다.

그러나 날마다 부정적인 행동을 반복하는 학생들을 직접 겪어야 하는 교사의 입장에서 보면 그것이 말처럼 그리 쉽게 되지 않는다. 또한 가르친다는 것은 '잘못을 고쳐주는 일'이라는 오래된 인식으로 인해 잘못에 대해 나무라며 훈화하는 지도 방법은 대부분의 교사들에게서 나타나는 일반적인 현상이기도 하다.

게다가 이런 학생들의 경우 교권 침해 행동도 함께 일으키는 경우가 많다. 큰 목소리로 계속 떠들며 수업을 방해하는 아이를 야단도 못치고 한 시간 내내 달래가며 수업을 하고 나면 진이 다 빠진다. 참다 못해 조금 나무라면 금방 대들면서 아이들 앞에서 모욕감을 준다. 그러니 학폭이 발생했을 때 교사들이 해당 학생을 부정적 시각으로 바라보게 되는 것은 어찌보면 당연한 일이다. '그럼 그렇지.' 하면서 그 학생의 못된 행동과 거짓말을 밝혀내서 피해를 입은 대다수 선량한 학생들을 도와주고 싶은 의지가 솟구치기도 한다. 그러나 안타깝게도 이런 감정 상태에서 학생사안을 다루다 보면 교사는 이미 자신의 감정에 치우치고 피해입은 학생편에 서게 되기 때문에 가해학생과 학부모가 교사의 불공정함을 거론하면서 갈등은 더욱 복잡하게 확대된다.

학교폭력, 학생들의 삶을 위협하는 트라우마

학폭이 발생했을 때 교사가 관련 학생들과 보호자의 두려움과 불안을 이해하는 것은 학폭사안을 교육적인 방향으로 이끌어 가는데 큰 도움이 된다. 내 고통과 진심을 인정받지 못하면 어떡하지? 상대방의 친구들로부터 공격받고 따돌림을 당하지는 않을까? 이 일로 내가 주변 친구들을 힘들게 하는 건 아닐까? 나에게 나쁜 놈이라는 낙인이 찍혀버려서 내 학교생활이 앞으로 나아갈 수 없게 되면 어떡하지? 관련 학생들은 피해 쪽이든, 가해 쪽이든 학폭신고 이후의 상황에 대한 두려움과 의식의 혼란 속에 놓이게 된다.

교사가 이러한 학생들의 두려움을 인식하지 못한 채 사실을 밝혀내고 누가 얼마큼 잘못했는가에 초점을 두게 되면 학생들은 그때부터 자신의 잘못은 최대한 숨기고 어떻게 해서든지 쌍방의 책임으로 가져가려고 에너지를 집중하게 된다. 서로 장난처럼 주고받았던 지난 일을 다시 끄집어 내서 너도 나를 따돌렸다고 반격을 하게 되면서 서로가 자신도 피해자임을 증명하기 위해 상대방의 잘못을 하나라도 더 들추어내기 시작한다.

진실을 밝히려던 교사는 오히려 무엇이 진실인지 점점 알수 없게 되고, 팽팽하게 양측이 맞서는 상황에서 말 한마디라도 잘못했다가는 어느 쪽을 편든다는 오해를 받게 되는 진퇴양난에 빠지게 된다. 그래서 다시 교실에 있는 학생들을 찾아가 목격진술을 받아오는데, 그러면 학생들은 다시 '누가 그래요?'라고 반문하면서 갈등은 다른 친구들에게까지 확대된다. 그리고 '왜 선생님이 저런 말을 나에게 하는 거지?'라는 교사에 대한 의심까지 생기게 되어 상황은 더욱 걷잡을 수 없이 복잡해져서 이제 교사가 더 이상 감당할 수 없는 지경에 이르게 된다. 이런 일을 겪게되면서 교사들은 교실에서 학생갈등이 생기게 되면 아예 가까이 다가갈 엄두를 못 내고 바로 학생부에 신고해 버리게 된다.

　신고 된 학생은 '제가 이번에 조치를 받게 되면, 이제부터 걔네들 하는 행동을 다 기록해서 욕이라도 한 마디 하면 그땐 제가 학폭으로 걸 거에요.' 라는 말을 하고, 피해학생은 '학폭이 끝나는 게 무서워요. 이럴 줄 알았으면 그냥 혼자 참는 게 더 나았어요' 라는 원망과 두려움을 토로하기도 한다. 이런 경우 학폭이 끝나면 학생들의 모든 관계는 완전히 파편처럼 부서져 버리게 되며 그 상태에서 학년이 끝날 때까지 참담한 시간들을 견디며 교실에서 함께 보내야 한다. 그것조차 견디기 힘든 경우, 끝내 학교생활을 포기하는 학생들도 있다.

　전에 근무하던 학교에서 학폭발생 초기에 학부모, 담임교사, 관련학생들 사이에 오해와 불신이 생기게 되어 갈등이 걷잡을 수 없이 심해진 경우가 있었다. 학교는 신고 된 학생에게 긴급 선조치로 '접근 금지'라는 학폭조치 2호를 내려서 혹시 발생할지 모르는 후속 피해와 학부모 민원에 대비했다. 아직 사안이 충분히 확인되지 않고 자신들의 입장을 말할 기회를 갖지 못한 상태에서 학폭 선조치를 받게 되자 조치를 받은 학생들과 부모님들은 분개하여 사안조사 과정에 대한 적절성 여부와 정보공개를 요구했고 신고한 상대학생들에게는 가만두지 않겠다는 암시적 행동이 이어졌다.

　신고한 학생들은 더 큰 두려움과 고통에 빠져들게 되었고 서로간의 극심한 불신과 거부감 속에서 어떤 대화나 소통의 기회도 갖지 못한 채 학폭자치위원회 개최가 정해졌다. 나는 학폭자치위원회가 끝난 뒤에 가해학생으로 조치를 받은 학생들을 지속적으로 만났다. 그들이 사회봉사 기관에 가는 날 직접 데리고 가서 봉사기관 선생님께 아이들을 소개하고 함께 대화를 나누며 아이들의 마음을 안정시켰고 그분들과 아이들의 상황에 대해 수시로 소통하며 사회봉사 기간 동안 아이들이 어른들의 따뜻한 관심과 사랑 속에서 지낼 수 있도록 돌보았다. 학교로 돌아온 이후에는 함께 나눌 수 있는 질문이나 주제, 시, 이야기 방식 등을 고민해서 매주 한 시간 씩 만나 유쾌하고 낯간지러운 대화의 시간을 가졌다.

피해를 입은 학생들을 보호하기 위해서는 조치를 받은 학생들의 행동개선이 절대적으로 필요했기 때문에 지속적이고 따뜻한 관심과 돌봄, 대화를 통해서 학생들의 학교생활에서 긍정적인 변화가 일어나기를 바랐다. 그렇게라도 사후 지원을 하지 않으면 내 마음이 괴로워서 교실에서 도저히 피해를 입은 학생들을 볼 수가 없었다.

다행히 양쪽 부모님 모두 학폭 조치 내려진 것을 그대로 수용하여 재심은 진행되지 않았고 아이들은 조금씩 편안해지고 부드러워졌으며 점차 서로에게 신경을 쓰지 않고 각자의 생활로 돌아갔다. 그해 내내 나는 이 양쪽 학생들을 수시로 돌보았는데, 아이들이 무사히 한 학년을 마치고 다음 학년으로 올라가고 나서야 비로소 마음을 놓을 수 있었다.

그런데 몇 달이 지나서 그 중에 한 명이 전학을 갔다. 학업과 진로 문제로 인한 선택이었다고 하지만, 아이들에게 전학은 낯선 땅에 어린 화초를 옮겨 심는 것처럼 다시 뿌리내리며 적응한다는 것이 결코 쉬운 일이 아니다. 그 아이를 생각할 때마다 나는 나 자신과 학교의 무거운 책임을 절감한다. 학폭이 일어났을 때 학교가 아이들 관계의 상처를 회복해주지 못하면, 그 좌절의 그림자는 학년이 올라가거나 졸업 이후에도 학생들이 세상을 살아나갈 때 크고 작은 트라우마가 되어 아이들의 삶을 위협하게 된다.

자신의 분노와 슬픔을 자각하기

또 다른 사례로 중학교에서 학폭 업무를 담당했을 때의 일이다. 교실전체를 휘저으며 수업에 들어오는 교사들과 학생들, 담임교사 모두를 힘들게 하는 몇몇 학생이 있었다. 학급의 아이들은 서로 '쟤는 얼마나 힘들까'하며 자기 고통을 견뎠다. 참다 못한 어떤 학생이 울면서 교무실로 뛰어왔고 담임교사는 학급의 여러 학생들에게 최근 학급에서 피해를 입은 사실에 대해 조사를 한 후 학폭신고를 했다. 어쩌면 담임 선생님은 신고된 학생이 자신의 행위를 부인할 수 없도록 증거를 모으고 그것으로 학부모에게 당신의 자녀가 한이 못된 행동을 보라고 들이밀고 싶었을 것이다. 그리고 그 증거를 가지고 학폭처벌을 받게 함으로써 다수 선량한 학생들이 그동안 겪어야 했던 불편함과 고통을 정당하게 회복시켜 학급을 좀 더 안전한 곳으로 이끌어가고 싶으셨을 것이다. 그 모든 어려움을 담임교사로서 홀로 떠맡고 견뎌왔던 시간들이 얼마나 힘들었을 것인가.

그런데 학부모는 담임교사가 자기 아이의 말은 들어보지도 않은 채 학급에서 이러한 조사를 하여 자기 아이를 나쁜 아이로 낙인을 찍었다며 교육청에 민원을 넣겠다고 협박하기 시작했다. 다른 학생들이 욕한 것을 찾아내서 왜 그것은 조사하지 않느냐며 자신도 학폭신고를 하겠다고 학교로 쫓아왔다. 학생의 잘못된 행동을 바로잡아 다수 학생들이 안전한 학급을 만들어보고자 했던 담임교사는 더 복잡한 갈등과 고통에 빠져들었고 자기 신변의 위협을 느끼며 법률적인 지원을 알아봐야 하는 상황에 이르게 되었다.

나는 담임교사로부터 자료를 받아보았을 때, 어쩌면 이렇게까지 못된 행동을 할 수 있을까라는 생각에 한 번도 본적도 없는 그 학생에 대한 분노가 마음속에서 하루 종일 솟구쳤다. 그리고 피해를 입은 학생들을 만났을 때 너무나 착하고 순해 보이는 그 아이들의 얼굴을 보자 눈물이 핑돌았다.

나는 분노와 연민이라는 두 감정 사이를 왔다 갔다 하면서 내가 왜 이렇게 분노하며 왜 이렇게 그 아이들에 대한 연민이 드는지 나 자신에게 물었다. 그런데 이상하게도 분노와 연민이 심해질수록 내 안에서 정의에 대한 불타는 의지도 점점 높아졌다. 그리고 이 정의감이라는 것이 결국, 누군가를 배제하고 단죄하는 방식과 결과를 가져오게 될 것이라는 생각이 들었다. 나는 이러한 마음을 가지고는 사안을 처리하는 과정에서 내가 공정함을 유지할 수도 없으며 아이들이 자신과 타인을 보다 깊이 성찰하면서 자기 책임을 깨달을 수 있도록 도울 수 없다는 것을 알았다.

천천히 내 자신의 감정과 마음을 돌보면서 가해학생이든 피해학생든 그들 내면의 깊은 곳으로 들어가면 거기에 선하고 지혜로운 자아가 있다는 믿음을 되새겼고 아이들이 자신이 처한 곤경을 더 전체적으로 이해하고 책임지며 성장할 수 있도록 도와야 겠다는 마음의 중심을 세웠다.

그리고 나서 학생들을 만나기 시작했다. 관련자가 많고, 피해정도가 심각해서 정성을 들여 몇 차례의 사전서클을 열어 핵심 당사자들의 심정과 이해를 충분히 돌본 뒤에 본서클을 열었다. 학부모까지 열 네 명이 참여한 본서클에서 참여자들이 하나씩 자신의 이야기를 들려줄 때, 서로가 들려주는 마음의 소리들이 팽창되면서 대화의 공간이 점점 관현악처럼 웅장해지는 듯한 놀라운 경험을 하게 되었다. 참여자들은 다양한 이야기가 만들어 내는 협주를 들으면서 점차 자신들에게 일어난 일의 전체를 보게 되었으며 그 속에서 자기 책임과 의미를 깨닫게 되었고 함께 약속을 정하여 실천하는 단계로 나아갈 수 있었다.

사후서클을 하는 날, 먼저 와서 아이들을 기다리고 있는데 복도 끝에서 아이들이 재잘거리며 오는 소리가 들려왔다. 그날 사후서클에서 피해의 핵심에 있던 학생의 첫마디는 '친구가 되어서 좋았다'라는 것이었다. 가해의 핵심에 있던 학생은 '자신이 욕도 안하고 나쁜짓도 안해서 우리 반이 좋아진 것 같아서 뿌듯하다.'고 했다. 시종일관 아이들의 웃음 속에서 진행된 이 사후서클은 내가 경험한 가장 환상적인 서클이었다. 이러한 경험은 이후에 내 자신이 학폭갈등을 다루는 데 있어서 커다란 동력이 되어주었다. 사후 서클이 있은 지 한달 쯤 지났을 때, 담임 선생님으로부터 학급이 너무나 좋아졌다며 감사하다는 말씀도 들을 수 있었다.

이 학폭 사건의 최대 수혜자는 역설적이게도 가해로 신고 된 학생들이었다. 그 일이 있고 난 뒤, 그들은 어딘지 모르게 조심스럽고 진중해졌으며 학업이나 다른 친구들과의 교우관계 등 자신의 일에 서서히 관심을 갖게 되는 것을 볼 수 있었다. 다음 해 새 학년이 되어 수업시간에 가해행동의 중심에 있었던 학생을 만나게 되었는데, 새봄을 맞이하여 자신에 대한 바람을 기록하는 학습지에 그 학생은 '일 년 동안 열심히 노력해서 내년에는 내 인생에도 봄이 찾아왔으면 좋겠다.'라고 썼다.

갈등, 치유와 회복으로 가는 통로

학교폭력은 고통스러운 일이지만 아이들이 이 과정에서 진정한 회복과 책임을 경험할 수 있다면 아이들의 삶은 그 이전보다 분명히 좋아지며 질적인 발전을 가져올 수 있다. 그러면 피해 입은 고통은 어떻게 진정으로 회복될 수 있으며 피해를 준 행동은 어떻게 진정한 책임으로 나아갈수 있는가?

갈등을 다루는 방식은 갈등을 바라보는 우리의 의식에 따라 달라진다. 갈등을 갑자기 찾아온 불청객으로 받아들이면 그것은 어서 빨리 쫓아내야 할 불편한 존재가 된다. 그래서 재빨리 '누구의 잘못인가'라는 질문을 떠올리게 된다. 교사가 '누가 그랬어?'라고 물으면 아이들은 '제가 안그랬는데요.'라고 답한다. '왜 그랬어?'라고 물으면 '저만 그런거 아니에요.'라고 대답한다. 잘못을 가려내어 교실의 정의를 세우려 한 이 질문은 오히려 아이들에게 진실의 뒤에 숨도록 가르친다.

배움의 기회를 빼앗는 이 슬픈 질문은 오랫동안 교육현장에서 되풀이 되어왔다. 잘못한 사람을 찾아서 그가 책임지게 하는 이 방식은 갈등이 왜 발생했는지를 탐구할 기회를 주지 못한다. 그래서 갈등은 여전히 우리 옆에서 떠나지 않고 숨어 있다가 언제든 또 다른 방식으로 나타나 우리를 괴롭힌다.

갈등을 다루는 또 다른 방식은 갈등을 '일어나서는 안 되는 문제'로 바라보면서 내가 해결사로 나서는 방식이다. 생각해보면 오랫동안 나는 교실에서 이 해결사 노릇을 해왔다. '이 불편함을 어서 치워버려야지. 더 이상 내 교실에서 이러한 손상과 상처가 일어나게 해서는 안 돼. 그러려면 아이들이 받아들일수 있는 실제적인 어떤 조치와 책임이 절실한데, 어떤 방법을 쓰는 것이 좋을까' 책임과 처벌, 고통 부과의 방식은 아니지만 이 일을 어서 봉합하고 앞으로 더 이상 이런 일이 일어나지 않도록 방지해야 한다는 생각에 집중하게 되면 교사의 마음은 조급해진다.

그 해결책이라는 것은 대부분 의무와 당위성에 대한 약속의 강제인데, 아이들은 다른 어떤 방법이 있는지 잘 알지 못하기 때문에 교사가 제안하는 약속을 따르게 되지만 여전히 마음속에서 말하지 못한 자신의 진심과 서로에 대한 의혹을 남겨둔 채 생활하게 된다. 교사는 그 약속을 아이들이 다시 어기지 않을까 늘 긴장하게 되고 그것을 방어하느라 에너지를 다 소진하게 된다. 그것이 교사의 역할이라고 여기면서 매일 최선을 다하지만 교사들은 계속해서 튀어 올라오는 갈등을 방어하느라 지치게 되고, 학생들은 갈등을 통해 자신과 타인을 새롭게 발견하고 협력하는 배움의 기회를 가질 수 없게 된다.

교육이란 사법적 행위가 아니라 배움과 성장을 탐구하는 과정이다. 학생들이 넘어지고 실패하는 그 곳에서 배움과 성장을 창조할 때 교육은 비로소 자기 전문성을 갖게 된다. 지금 우리에게 필요한 것은 각자에게 소중한 것은 무엇이며 그것을 위해 함께 해볼 수 있는 것이 무엇인가라는 질문으로 서로 마주 앉을 수 있는 용기이다. 이 용기가 학교폭력의 고통으로부터 아이들을 회복하고 배움과 성장의 길로 이끌어 줄수 있다.

우리 각자의 소중한 필요에 주목하기

교육청 학교폭력갈등자문단으로 학폭과 교권 관련 강의를 다니던 중에 다른 학교에서 갈등조정 요청이 들어왔던 사안이 있었다. 학교 밖에서 둘 사이에 일어난 일이어서 관련자나 목격학생이 없었다. 피해진술은 상세하였는데, 신고된 학생은 그런 일이 전혀 없었다며 며칠 째 부인하고 있었다. 오히려 학부모는 교사가 면담과정에서 아이에게 모욕감을 주고 협박을 했다면서 국민신문고에 올리겠다고 맞서고 있었다. 학폭조치가 내려져도 양쪽 모두 결과를 수용하지 못하고 소송으로 이어지면서 학생들의 학교생활은 지속적인 손상을 입게 될 상황이었다.

이 학생을 만나기 전에 마음의 긴장이 올라왔다. 이 손상을 중단하려면 이 학생이 자신에게 일어난 일을 온전히 성찰하여 자기 책임을 배우고 변화를 행동으로 보여줄 수 있는 진정한 마음에 이르도록 누군가 도와줄 사람이 필요하다. 이 학생의 굳게 닫힌 마음의 문을 열고 안으로 들어가면 거기에서 선하고 지혜로운 자아를 만날 수도 있을텐데 그 입구를 어디서 찾을 수 있을지 고민이 되었다. 그런데 그 입구는 놀랍게도 내 마음 안에 있었다.

학생과 만나 첫 질문을 했다.'지금 심정이 어때?' 사실이 아니며 억울하다는 학생의 눈빛과 어깨에 잔뜩 힘이 들어가 있었다. '선생님은 이번 일로 너의 학교 생활이 훼손되지 않았으면 좋겠어. 지금 흙구덩이에 넘어졌더라도 잘 털고 일어나서 네가 가려고 했던 길을 계속 잘 갈수 있기를 바래.' 그리고 이 일이 어떤 방향으로 해결되기를 바라는지 물었다. '사실을 밝히고, 잘못된 것이 있다면 인정하고 사과해서 그 점은 상대가 용서해주고 잘 해결되면 좋겠죠.' 학생의 목소리가 처음보다 조금 낮아졌다. 두 번 대화가 오가면서 놀랍게도 우리는 바로 대화의 목적지를 찾았고 이제 그 방향을 잃지 않고 가면 되었다. '그럼 네가 원하는 것을 어떻게 가능하게 할지 선생님하고 있었던 일을 얘기하면서 찾아볼까?' 그후 대화과정을 통해 학생은 자신에게 일어난 일을 처음부터 되짚어보면서 자신의 행동이 상대에게 어떤 영향을 주었는지 점차 이해하게 되었다.

이 과정은 하나씩 천천히 펼쳐졌다. 학생은 처음에 부인했던 자신의 부적절하고 부끄러운 행동을 말할 때, 자신이 그런 말과 행동을 했던 것은 그런 의미가 아니였다는 설명을 덧붙였다. 학생이 말한 것이 거짓인지 변명인지는 그다지 중요하지 않다. 누구나 자신의 중요한 실수나 치부를 말해야 할 때 자신을 어느 정도 가리고 보호하고 싶어진다. 오히려 교사가 다시 무엇이 거짓이고 변명인지 낱낱이 밝혀내려 하면 학생은 두려운 마음에 다시 완강하게 모든 마음의 문을 닫아걸게 되면서 자기 이해와 책임을 성찰할 기회를 갖지 못하게 된다.

모든 사람의 마음 속에는 존귀한 존재가 되고 싶은 소망이 있다. 진정한 회복과 성장은 이 선한 의지를 불러오고 그것이 움직이기 시작할 때 가능하다. 대화가 끝났을 때 학생은 지금 당장이라도 사과하고 싶다고 하였고 상대측에서 동의하여 부모님까지 참여한 대화모임이 열렸다. 이 자리에서 신고된 학생은 자신의 잘못된 말과 행동을 하나씩 열거하면서 인정하고 사과했다. 그리고 상대가 무엇을 알아주길 바라는가라는 질문으로 마음속에 남아있는 감정과 의혹을 충분히 말하고 듣는 과정에서 서로에 대한 이해가 생기면서 신고한 학생도 몇가지 미안했던 점을 말하게 되었다. 이후 온전한 학교생활을 위해 무엇을 해볼 수 있는지 함께 약속을 정하면서 부모님들의 안도와 감사 속에 모임을 마쳤다. 이주 후에 다시 만났을때 두 학생은 약속을 지키려고 노력한 것이 좋았으며 지금처럼 지낸다면 추가적 약속이나 처벌이 필요하지 않다는 것을 확인하였다.

이 대화의 처음에 이 학생의 단단하게 걸어 잠근 마음의 문을 열고 그의 내면으로 함께 들어갈 수 있었던 것은 자기 내면에서는 존귀함을 소망하면서도 현실의 상황에서 수치스러운 궁지에 빠져 있는 한 존재에 대한 연민의 마음이었다. 고등학교를 입학하며 소중한 소망을 품고 새 교복을 입은지 얼마 되지 않아 흙구덩이에 빠져버린 한 학생에 대한 연민의 마음으로, 그 구덩이에서 어서 나와 묻은 흙을 털어내고 다시 가던 길을 갈 수 있기를, 즐겁고 기대했던 학교생활을 이어갈 수 있기를 바란다는 말을 했을 때, 그 학생도 동시에 자기 삶에 대한 소중한 연민이 일어났던 것 같다. 그리고 이 연민 속에서 자신을 돌보아야겠다는 의지가 생겨났으며 자신이 무엇을 해야 할지를 저절로 알게 되었던 것 같다.

회복적 서클에서 다루는 질문의 흐름은 바로 여기에 초점이 맞추어져 있다. 중요한 것은 과거의 잘못된 행동이 아니라, 한 사람의 존재 안에 있는 존귀함과 그가 실현되기를 바라는 소중한 미래에 주목하는 우리 자신의 인식이다.

존재를 맞이하는 우리 자신의 의식

나 자신을 포함하여 많은 교사들이 교단에서 두려움을 방어하느라 거의 대부분의 에너지를 소진해오고 있다. 학년 초에 교사들은 제발 좋은 반을 맡게 되길 기도하지만 매년 새 봄이 되면 교실에 위협으로 느껴지는 아이들이 어김없이 우리를 찾아온다.

교사들이 이 어린 학생들을 두려워하는 것은 무엇 때문일까? 우리 또한 우리 자신의 정체성이 소중하며 그것을 지키고 싶기 때문이다. 교사들은 아이들을 가르치기 위해 날마다 교단에 서야 하는 사람이다. 따라서 교사들의 정체성과 자존감이 제대로 보호받고 존중받을 때 아이들을 잘 가르칠수 있다. 모든 교사들에게 이것은 교사로서의 생명과도 같은 것이다. 그러기 때문에 교실에서 수시로 자신에게 대드는 학생들을 만나면 그 아이들이 나의 이러한 소중한 정체성을 위협하는 방해자로 다가오는 것이다.

방해자는 통제하고 막아내야 하며 심하면 쫓아내야 한다. 그러니 그 아이들을 어떻게 통제하고 막아야할지 생각하면 벌써부터 긴장이 되고 진이 빠지는 것이다. 그런데 교사들이 학생들을 막으려하면 학생들도 교실에서 살아남아야하기 때문에 어떤 방식으로든 교사에게 저항하게 된다. 결국, 교사들은 교실에서 매순간 저항하는 방해자와 싸우느라 에너지를 다 소진하게 되고 교사로서 더 이상 자신이 무엇을 해볼 수 없다는 무력감에 빠지게 된다. 이 무력감으로 인해 맨 처음 교단에 섰을 때 가졌던 가르치는 일에 대한 보람과 기쁨은 점점 사라지게 되고 자괴감과 수치심을 속으로 견디면서 학생들로부터 스스로 멀어지게 된다.

최근 교권침해 사례가 빠르게 늘고 있다. 학생들은 수업시간에 교사에게 대들면서 교사의 정체성을 모욕하고 상처를 준다. 그런데 아이들 또한 자신을 방해자로 대하면서 친구들 앞에서 나무라는 교사로 인해 상처를 입는다.

아이들은 어쩌면 학교다니는 긴 시간동안 자신을 방해자로 대했던 교사들에게 상처를 받으면서 교사에 대한 원망을 키워왔을지도 모른다. 이것이 교사들이 어려운 학생을 만날 때, 교사와 학생들이 서로 고통과 상처를 주고 받는 이유이기도 하다.

우리는 어떻게 하면 두려움과 방어하기라는 삶의 서식지에서 이륙하여 교단에 맨 처음 섰을 때처럼 학생들에게 가까이 다가가 가르치고 배우는 보람과 기쁨을 회복할 수 있을까? 내가 생각하기에 우리가 할 수 있는 유일한 방법은 그 아이들을 방해자로 바라보는 우리 안의 두려움과 교실에서 겪는 아이들의 두려움을 둘다 알아차리고 함께 돌보는 일이다.

모든 인간은 누구나 자기 내면의 깊은 곳에 품격 있고 행복한 존재가 되고 싶은 선한 열망을 가지고 있다. 그리고 그것을 위해 자신이 무엇을 할 수 있는지는 이미 그 자신이 알고 있다. 이것은 보물처럼 우리의 존재 안에 숨겨져 있다. 회복적 서클은 인간에 관한 이러한 관점을 깊이 따르고 있다. 문제는 우리가 이것을 얼만큼 깊이 받아 들이면서 나 자신과 상대방을 동시에 존중할 수 있는가이다. 이 과정이 펼쳐진다면 어느 누구도 방해자가 되지 않으면서도 상대방의 소중한 것이 가능해지도록 서로 도와주고 도움을 요청할 수 있다. 중요한 것은 우리 자신과 상대에게 호의를 베푸는 일이다. 세상의 호의를 경험하게 되면 배움과 협력의 기회에 참여할 마음이 생기게 되고 공동의 성장이라는 달콤한 수확을 함께 누리는 것이 가능해지는 길을 찾을 수 있다.

처음에는 절대로 용서할 수 없었던 상대가 지금은 친구가 되어 좋았다는 사후 서클의 놀라운 고백은 두려움과 원망, 방어하기라는 땅에서 벗어나 서로에게 기여하고 성장하며 더 나아가 친교라는 새로운 기쁨을 누리는 놀라운 변화가 우리에게 가능하다는 것을 보여준다.

나는 나 자신과 내 앞에 찾아온 상대방을 어떤 존재로 맞이하는가? 회복적 서클을 배우고 실천하면서 이 질문은 앞으로도 여전히 나 자신에게 가장 큰 도전이 될 것이다. 동시에 이 질문은 앞으로도 내가 두려움과 혼란에 갇혀 앞으로 나아갈 수 없을 때, 항상 나에게 경이로운 출구를 열어 줄 것이다.

친구들의 관계 회복자로서 또래조정자

안형덕 | 대구 능인고등학교 재학생

서클을 처음 접했을 때는 중학교 3학년 들어와 3월에 있었던 간부수련회였다. 서클을 배우면서 학교폭력위원회가 있는데 굳이 하는 이유를 몰랐다. 학생끼리 진행되는 대화? 학생이 주도하는 회복적 대화? 또래 상담자랑 다른 점이 무엇이지? 등 여러 의문점이 많았다. 연습을 하면서도 '학생들끼리 진행하니깐 효과가 없네'라고 느껴졌다. 2학기 간부수련회 때도 마찬가지였다. 내가 가진 의문은 풀리지 않았다.

나의 첫 서클은 친하게 지내던 친구 두 명이 크지 않게 오래 싸우다가 결국, 한 번 크게 싸우게 되어 진행하게 되었다. 너무 갑작스럽게 일어난 일이어서 사전 서클을 하지 못한 상태에서 본 서클을 바로 진행하였다. 사전 서클을 통해 두 사람의 시점에 대해 내가 이해해야한 상태이어야 하지만 그러지 못하여 원활하지 못 한 것 같았다. 그래서인지 내가 점점 진행을 한다보기보다는 판단을 하여 잘잘못을 따진다는 쪽으로 흐르는 느낌을 많이 받았다. 서클을 배울 때 분명 진행자들은 판단을 하기 위해 있는 것이 아니라고 배웠지만 나와 진평이도 모르게 계속 판단을 하려고 했다. 또 계속 같은 걸 묻고 답하는 걸 진행자도 같이 기억해야 돼서 체력적으로도 힘들었다.

이 서클 같은 경우 3개의 주제로 서클을 나누어서 했다. 본 서클만 3개여서 내용이 다를 줄 알았다. 하지만 서클을 하다 보니 사건이 연결되어 있어 '괜히 나누어서 했나?'라는 생각도 들었다.

　나의 두 번째 서클은 2학년을 상대로 진행을 하였다. 박준선 선생님께서 두 친구의 동의를 받고 서클을 진행하게 되었다. 또래끼리 진행하는 것이 제일 좋다고 배웠지만 3학년인 제가 진행을 맡게 되어 친구들이 마음을 열어 줄까 하는 고민을 했다. 하지만 막상 진행하다보니 '마음을 여는 것처럼 행동하는 것이 아닐까?'라는 의문이 생기기 시작했다. 게다가 본 서클도 빨리 끝나 의문은 더욱 커졌다. 사건 서클을 진행하지 않은 상태에서 했기에 친구들이 말하는 것이 사실인지 아닌지 몰랐다. 또한 진정으로 친구들이 원해서 서클을 했는지 모르기에 완성도가 떨어진 서클인 것 같다. 사후 서클을 통해 서로가 더 친해지는 느낌을 연습 때는 느꼈지만 이번 서클에서는 그런 느낌이 확 들지 않았다.

　세 번째 서클은 1학년 친구의 다툼을 주제로 진행하였다. 이 또한 사전 서클이 이루어지지 않은 상태였다. 2학년 서클에서 사전 서클을 진행자 당사자가 하지 않으면 어떤 일이 일어나게 되는지 알기에 이 일에 대해 아시는 선생님께 모든 내용을 들었다. 1학년을 상대로 하면 학생들이 선생님과 하는 느낌이 들지 않을까 싶었다. 2학년 3학년은 덜하지만 1학년들한테 3학년은 마음을 열기 어려운 존재라 생각되었다. 이번 서클은 두 친구의 단순한 오해와 타이밍이 맞지 않아 일어난 일이었다. 한 친구는 선도위원회 갈 생각이었다. 하지만 서클을 하면서 서로가 오해를 했었고 타이밍이 맞지 않았다는 것을 알게 되었다고 했다. 약속을 정하고 본 서클이 끝나고 나갈 때 두 친구가 서로를 토닥여주며 같이 나란히 걸어 나가는 것을 보았다. 회복적 서클대화의 마법이었다. 대화 전까지 선도위원회로 넘긴다고 했던 친구가 다툼이 있었던 친구와 같이 나란히 토닥이면서 걸어간 것이다. 현재도 가끔 5층에 가 보면 두 친구는 예전처럼 다시 어울려서 서로 장난치며 놀고 있다. 3번의 서클 중 가장 잘 해결되었다 할 수 있다.

마지막 서클은 3학년 친구와 하였고 진평이가 부진행을 맡았다. 두 친구는 같은 반이고 주먹싸움까지 했기에 위의 3개의 경우보다 조금 더 어려울 것이라 생각했다. 또한 한 친구는 평소에도 화가 나든 기분이 좋든 같은 미소를 계속 띠고 있다. 그렇기에 저 친구가 진지하게 임하는지 알기 어려울 것이라 판단했다. 하지만 그 친구가 얘기를 하는 것을 듣다보니 육감적으로 '진지하게 하고 있구나'라는 느낌이 온 몸을 휩쓸었다. 서클을 진행하는데 상황 설명과 감정에 대한 설명이 4번의 서클 중 제일 길었다. 상황 설명이 기니깐 아무래도 서클이 오래 진행될 것이라 오해하였다. 상황 설명이 길면 그만큼 섬세하게 얘기를 한다는 뜻이었다. 또 그만큼 감정을 각각의 상황마다 얘기하여 역지사지하기 쉬웠다. 하지만 중간에 그때 있었던 행동에 대한 이유가 나, 진평이, 그리고 다른 친구도 도저히 이해하지 못하여 직접 물었다. 하지만 끝내 답은 듣지 못했다. 그러다가 두 친구가 잠시 둘만 얘기하게 자리를 비켜줄 수 있냐고 물어보아 나와 진평이는 자리를 비켜주기로 했다. 혹시나 하는 마음으로 문 뒤에서 살짝 엿보고 엿들었다. 두 친구는 서로 가까이 앉아 얘기를 했다. 둘이 얘기하는 내용 중 우리와 대화를 하는 동안 나오지 않았던 내용도 있었다. 결론부터 얘기하자면 이번 서클은 두 친구의 대화로 행복한 끝맺음이 이루어지지 않았나 싶다.

서클을 또래친구가 진행하는 이유 중 가장 중요한 이유는 바로 '또래'이기 때문이다. 같은 또래여서 서로를 이해할 수 있고, 공감할 수 있기 때문이다. 그렇기에 회복적 대화를 하는 두 친구는 속마음까지 얘기 할 수 있는 것이다. 하지만 마지막 서클을 통해 또래여도 얘기하는데 한계가 있다는 것을 알게 되었다. 이를 박준선 선생님께 얘기 드리니 "같은 학생끼리, 같은 또래끼리 한계가 있으면 선생님들이 진행하는 건 …"라 하셨다. 나도 같은 생각이었다.

특히 2학년 서클을 진행하는 동안 나는 두 친구의 모든 것을 이해하지 못하였다. 한살 차이인데도 말이다.

회복적 대화도 좋지만 가장 좋은 것은 당사자들만의 얘기할 기회를 주는 것이 아닐까 하는 생각이 든다. 당사자들끼리 대화 하는 것이 어렵기에 회복적 대화를 하지 않나 싶다. 제 3자의 개입 없이, 오직 둘만의 대화로, 둘만의 약속으로, 강제성 없이, 원래 생활로 돌아오는 회복적 대화가 각 학교에서 더욱 활성화되면 하는 바램이다.

공동체 내 자기 돌봄 대화의 힘

김민정 | 금산 간디중학교 교사

5년 전의 이야기를 올해도 웃으며 얘길 한다. 그날의 아이들, 부모님들과 만나면 그 추억은 얘기를 안 할 때가 없다. 가슴이 푸근해진다. 서로에게 감사해 한다. 다른 방법이 없다면 버텨야만 했던 기억을 이야기하며 웃는다, 어떤 힘이나 꾀를 써서라도 해결해야 내가 살 수 있을 것만 같았던 일을 말하며 지금도 살아있음에 감사한다, 무한 사건사고와 갈등으로 모두가 지쳐서 앞을 내다보기 두려웠던 나날이 선물이었다고 말한다. 서로서로 잘 했다고, 그러길 잘 했다고 말한다.

교사라면 누구나 겪는 내 한계와의 마주침, 시간 가는 대로 대충 흘러 가야 하는가에서 패배감을 느낄 것이다, 5년 전 나와 아이들이 일은 두 밧줄이 내 머리 위에서 흔들흔들했던 기억은 호랑이에게 쫓기는 오누이의 이야기와 비슷한 것 같다. 나와 아이들 모두 오누이였을 거다.

A밧줄 : 혼을 내. 계속 꾸중해야 하는 거야. 좀 잘 한 것도 있으니 그걸 떠올리며 위안을 삼고, 그 애들에게 좀 유별난 구석이 있다고 쳐. 너의 힘으로 다 된다고 생각하지 말고 포기할 줄도 알아야 해. 그 애들에게 너무 욕심이 많은 너를 돌아보는 것도 필요하겠어. 선생 일을 이번만 하고 말거 아니잖아? 너 자신도 보살피며 적당히 넘어가. 애들은 그냥 시간에 맡겨보는 것도 좋아.

B밧줄 : 언제까지 꾸중만 할래? 너 혼자 그 애들의 예쁜 모습 떠올리며 위로하면 정말 마음이 편해지든? 그 다음엔 애들이 다시 보고싶어졌니? 네가 아이들을 교육해야 하는 현장에서 아이들을 포기하고 전문가에게 맡기면 너는 무얼 하는 사람일까? 너와 아이들이 함께 있는 그곳은 학교일까? 터미널 대합실일까? 네가 문제없는 완벽한 아이들 교육하고 싶어하는 교사라면 도대체 너는 무엇을 가르치려고 거기에 있는 건지 생각해봐. 꾸중과 지적, 조언과 훈수, 가르침을 중심으로 널 돌아보았으면 해.

A밧줄을 잡고 있는 일상에서, 사건 사고는 끊이지 않았다. 크고 작은 분실과 도난, 다툼과 소란으로 1학년을 보낸 24명을 2학년 때엔 12명씩 한 반으로 운영하게 되어 비록 나 혼자 담임을 하지만 쉽게 아이들을 다룰 수 있을 거라 생각했다. 그런데, 2학년이 되자 전자기기 불법 사용, 남녀 갈등, 패드립^{상대부모를 욕하는 말이나 말장난 포함}이 일상을 채웠다.

30분짜리 아침모임에 아이들이 한 자리에 모이는 데에 그 시간이 다 쓰기길 일쑤였고, 여자 아이들끼리의 갈등은 물론, 여자애들이 줄줄이 나를 찾아와 남자애들을 뒷담을 들어주느라고 식사시간을 다 써야 했다. 어떤 애는 음주, 어떤 애는 자전거 사고, 어떤 애들은 선배를 힘들게 하여 평화위원회^{교내갈등해결매뉴얼} 소환, 12명 중 6~7명은 부모와의 관계로도 많이 울며 나에게 매달렸고, 어떤 애는 자퇴를 노래했다. 내리막길 자전거 사고로 안전사고에 대해 강조한 다음날 자전거 고속주행으로 도로 옆 논두렁에 쳐박혀 머리와 등, 허벅지를 여러 바늘 꼬맨 사고, 그 다음날에 브레이크 없는 자전거를 타겠다고 우기는 아이 앞에서 자전거 사고난 친구 좀 보면서 정신차리라고 나 혼자 떠들고 있었다. 지금 다시 생각해봐도 2016년 1학기는 내가 거쳐야 하는 지옥이라면 흡연지옥을 빼고는 다 거쳤나 보다.

　이런 다양한 문제들 중에 아이들이 내 품에 있는 동안 '이것만은 꼭 달라지길' 바라는 한 가지가 있었다. 나를 향한 비난도 아니고, 진지한 의미의 욕도 아닌데 '뿌리뽑고 싶다. 이걸 알면 열받을 당사자에게 정말 제대로 알려서 이 녀석들이 진정으로 용서를 구하면 좋겠다.'고 이를 악 물고 늘어진 것은 바로 '패드립'이다. 5월 싱그러운 봄날 지리산 여행 6박 7일을 가면서 부모님들의 사랑 넘치는 격려는 아랑곳 하지 않고, 7일 내내 입에 물고 다닌 말 '패드립'. 말다툼으로 던진 패드립은 12명 중 9명 정도나 되고, 그냥 언어유희랍시고 장난으로 친구 부모 이름을 재료로 친구를 놀려먹은 애들 10명, 옆에서 듣고 생각없이 같이 웃은 애들 2명. 결국, 전부가 패드립 경연에서 누가 더 잘 하나 경합하는 꼴이 되어버렸다. 산행을 함께 한 교사 3명에서 타이르고 꾸짖고 해도 10여 분 지나면 어디선가 웃기 시작하고 좀 지나면 달려와서 이른다. 내 입으로 그 말을 써서 정말 니가 그랬냐고 묻는 순간 순간 곤욕이었다. 괘씸한 것들에게 한 번만 더 하면 부모님들께 말하겠다고 했더니 조용해졌고, 마지막 날엔 패드립과 모둠별 갈등의 아쉬움은 내가 지적하여 이제 그러지 말자고 무겁게 훈수를 둔 후, 지리산이 준 지혜와 어려운 산행하며 극복한 자신감 등의 이야기로 훈훈한 분위기로 끝냈다. 마무리를 잘 지었다고 자신할 만큼 아이들이 반성한 것 같았다.

　하지만, 그때 뿐이었다는 것. 아이들은 나의 협박을 잊어가며 친구들과 말놀이를 다시 시작하였다. 지리산 종주을 오랜 기간 잘도 다녀오고는 그것으로 끝일 뿐, 친구들과 농담을 해도 패드립으로, 나에게 와서 웃기는 얘기 해준다며 하는 말도 패드립…. 내 머리와 가슴을 빵 터질 것만 같았고, 뒷목이 부러질 것 같아 겁나기도 했다. 밧줄A는 나를 구출해주지 않았다.

　이대로, 이 아이들과 8월에 해외이동학습을 떠날 엄두가 나지 않았다. 한국에서는 10명의 교사가 나의 정신을 잡아주며 도와주는데, 과연 이 녀석들과 해외에서 15주를 무사히 보내고 올 수 있을까? 문제 발생은 둘째치고, 기본 생활도 아직 엉망인 이 녀석들과 일상을 살아갈 수 있을까? 자신이 없었다. 그래서 애들에게 앞서 얘기해놓은 대로, 패드립을 했으니 부모님들께 알려서 그분들이 아이들을 혼내시든, 용서를 하시든 하게 해야겠다고 생각했다. 대표교사와 교장샘께 문제의 심각성을 공유한 후 부모님들이 함께 하는 회복적 대화모임의 필요성에 대해 교사회의 지지를 받았다.

1학기 말, 여름방학을 앞두고 12명 아이들의 부모님 모두를 학교로 오시도록 했다. 대화모임의 주제를 들으신 부모님 중에는 화가 난다고 하시면서 학교에 가면 아이들을 많이 혼을 내야겠다고 하신 분도 있고, 애들이 그러면서 크는 건데 왜 굳이~ 하시며 오신 분도 있었다. 어떤 입장이시든 문제상황에 관련이 있는 사람은 담임보다는 부모님이므로, 반드시 부모님이 오셔서 아이들과 대화를 하셔야 한다고 말씀드렸다. 아이들이 이 일에 대한 부모님들의 마음을 꼭 직접 들어야 한다는 걸 강하게 전했다.

회복적 써클 자문위원이신 박성용선생님의 조언을 참고하며 대화모임을 준비하였다. 대표교사께 대화모임 진행을 부탁하고, 교장샘께는 대화모임을 여는 말을 부탁했다. 그리고 학교 대표성을 가진 교사로서의 말씀도 들여주시라고 요청했다. 강당에 모인 아이들은 부모님들을 보고 싱글싱글 웃기도 하고 용돈을 달라고 하는 아이도 있고, 자기 부모에게 인사도 안 하는 아이도 있었다. 큰 원을 그리며 앉았다. 나와 진행자, 교장샘 주변으로 아이들이 주욱 앉고, 그 양 옆으로 부모님들이 앉았다.

교장샘께서 부모님들께 대화모임에 와주신 것에 대해 감사인사를 먼저 해주셨다. 이어 대표교사의 진행으로 아이들의 목소리를 듣기 시작했다. 어떤 상황에서 무슨 욕을 했는지, 누구네 부모님을 패드립했는지, 무슨 이유로 그 랬는지 말했다. 친구관계가 서툰 아이의 부모님들은 불쾌한 말들이 많이 들으셨다. 원만한 친구에서도 장난으로 상대 친구의 부모님의 직업과 관련한 드립이나 이름으로 놀려대며 놀았던 것을 고백했다.

아이들이 잡은 마이크에서 패드립이 나올 때마다 부모님들의 탄식 소리가 들려왔다. 아이들의 고백이 끝나기가 무섭게 부모님들이 마이크를 잡았다. 진행자의 다음 진행 멘트는 생략되고, 구체적으로 더 알고 싶어하는 질문과 왜 그랬는지를 묻는 말들이 쏟았다.

짐작 이상으로 너무 많이 했다는 것에 놀랐다고, 그 동안 집에 놀러 오면 맛난 거 많이 해줬는데 이게 뭐냐고, 화가 많이 난다고들 하셨다. 이런 일은 대수롭지 않은 거라며 대화모임에 대해 부정적이었던 부모님도 자녀의 친구들에게 화를 내셨다. 자녀에게 이제는 그런 말을 들으면 가만 두지 말고 가서 때리기라도 하라고 하시며 감정이 격해진 부모님도 있었다. 서로가 패드립 가해피해자인 것에 화가 난다고 역정을 내시기도 했다. 예쁘게만 봤는데 이런 녀석들이었다는 것에 놀란 어떤 분은 도대체 뭐가 문제여서 어떤 스트레스가 많아서 그런 거냐고 반문하시기도 했다. 생각보다 어이없을 만큼 심각했던 것이다.

구체적으로 어떤 말들이었는지 다 말하라고 하여 아이들은 조심스럽게 패드립 단어를 입에 올렸는데, 자신들도 조금 민망한 말을 할 때는 목소리가 작았다. 너무 늦게 터뜨린 것 아니냐고 문제제기를 하시는 분도 계셨다.

얼굴을 들 수 없었다. 아무리 하지 말라고 해도 멈추지 않았다고, 너무나 다양한 사건사고 처리해오다가 이건 어떻게 하지 하며 여기까지 왔다고 말하는 내 자신이 비참했다. 이대로는 해외이동학습을 갈 자신이 없다고, 겁이 난다고, 어떻게 해야 하는지 부모님들께 도움을 받고 싶어 염치없이 이 자리를 만들었다고 말하며 눈물을 흘리는데, 아이들도 울기 시작했다. 아이들이 내 말을 듣고 있었나보다. 아이들이 내가 말하는 것을 듣고 있다는 걸 처음 느꼈다.

대표샘께서 이것에 대해 부모님은 현재 어떤 마음인지 이야기를 들려 달라고 했다. 대부분 아이들의 언행에 대해 현재 감정적으로 매우 힘들다고 하셨다. 배신감이 들고 화가 난다고, 너희들이 잘 해온 거 많으면 뭐 하냐고, 아무리 화나거나 심심해도 부모를 가지고 그러는 건 아니라고, 내가 하는 일이 부끄러운 일이 아닌데 그걸 가지고 노느냐고 힘주어 말씀하셨다. 내가 아무리 아이들에게 절규를 해도 이 부모들의 역정에 비해면 10%로 채 안되는 볼륨이었다.

부모님들은 아이들에게 요구했다.

"나를 가지고 욕한 애들! 내 앞에 와서 진심으로 용서를 구해. 얘들아. 어서!"

아이들은 자신이 한 번이라도 입을 올린 부모님 한 분 한 분 찾아가 무릎을 꿇고 죄송하다고 말씀드리기 시작했다. 어느 부모님의 뒤는 아이들 줄이 길기도 했다. 어이 없어 하시면서도 한 명 한 명의 사과를 듣고 충고를 해주시는 음성을 들렸다. 용서를 구하며 우는 아이를 안아주며 눈물을 흘리며 부모님, 네가 그랬어도 내 자식이라고 말해주시는 부모님도 계셨다.

사과와 용서의 개별 대화들이 모두 끝나고 다시 큰 원으로 모이자 부모님 중 한 분께서 손을 들고 얘길 하셨다.

"담임샘! 샘은 무엇이든 정말 진심으로 원하시는 게 뭐예요? 뭐가 필요하세요? 무엇이 중요하세요? 여기서 얘기해주시면 우리도 도와드릴게요. 선생님! 저도 학생들 만나면서 느껴요. 샘들이 얼마나 힘든지 말해주세요. 샘 혼자 저 아이들 한꺼번에 사람 만들기 어려운 거 알아요. 우리 부모에게 말해주세요."

나는 부모와 아이의 대화면 된다고 생각했었다. 그런데 이 질문은 '담임'을 이 대화모임에 초대하는 말이었다. 그 전까지 나는 우리 반의 담임으로서 아이들을 지적하고 꾸중하는 사법처리자의 입장, 제보자의 입장이었는데, 이 질문은 나를 대화모임에 초대하는 말이었다. 부모들과 아이들만의 일은 아니라며 담임의 이야기도 들어야 한다니, 나도 참여자로서 할 얘기가 있는 입장이란 걸 그때야 알았다.

부모님의 질문이 끝나자 내 어깨 위에 앉아 있던 곰 두 마리가 천천히 내려오는 느낌이 들었다. 교사로서의 책임감과 신경증의 곰, 패배감과 무능력의 곰을 내려놓고 마이크를 잡았다. 마음이 확 열리고 머리가 맑아지면서, 그 부모님께 따뜻하게 안기는 기분이 들었다. 편안했다. 그래서 아주 단순하고 쉽고 별거 아니지만, 생활의 기본을 희망한다고 말씀드렸다.

> "제가 바라는 건, 정말 상식적인 생활이에요.
> 이녀석들은 볼펜 없는 애들이 볼펜 있는 애들에게 빌려쓰면서 볼펜 있는 애들에게 이런 걸 왜 갖고 다니냐고 합니다. 공적인 일 열심히 하는 애들을 뭐라 합니다.
> 필기구를 갖고 다니고 매너 있게 빌려쓰길 바라구요, 약속 시간에 모였으면 좋겠어요. 어디론가 갈 땐 말을 하고 갔으면 좋겠어요. 친구부모님들께 보답은 못할망정, 농담이나 장난의 용도로 그분들을 폄하하는 건 정말 아니에요."

부모님과 아이들의 대화모임의 주제인 '패드립'에 관한 것이 아니더라도 내가 힘들었던 부분을 망설임없이 말했다. 별 거 아닌 것조차 훈육하지 못하는 내 자신이 부끄럽지만, 내 능력의 한계를 그분들이 아셔야 나를 돕고 아이들을 잘 키울 수 있다는 생각에 그냥 막힘없이 말했다.

내 말이 끝나자 질문을 던졌던 부모님께서 아이들에게 말씀하셨다. 이런 사소한 것도 무시하고 살다니 너무하다고, 이젠 반드시 학생답게 최소한의 생활을 스스로 챙기고, 정말로 서로 친해지라고 부탁하셨다. 정말, 진심으로 아이들에게 부탁하셨다. 나의 말을 잘 들어주시고 아이들에게 부모로서의 마음을 입혀 전달해주셨다. 감사했다. 부모님께서 나를 진심으로 이해하시고 있었고, 진심으로 나를 도와주시고 싶어 하시는 것 같았다.

아이들은 어떻게 들었을까? 대표샘이 아이들에게 앞으로 무엇을 할 거냐고 물으셨다. 소소한 일상의 규칙을 지켜가겠다고 했고, 비속한 말을 하지 않겠다고 진지하게들 말했다. 패드립을 하게 되면 해당 부모님 집에 가서 만나뵙기 등의 약속을 하고, 아이들은 다시는 하지 않겠다고 다짐했다. 교장샘과 대표샘께서 전체 대화에서 느낀 점을 얘기해주시고 감사 인사를 나눈 후 강당을 나오는데, 아이들이 부모님들께 다시 한 번 죄송하다고 말하며 눈물을 닦고, 부모님들은 어깨를 다독여주고, 이렇게 모여서 얘기를 나누어 후련하다고들 했다. 부모님들께 대화참여의 감사와 연결의 감사 인사를 드리고, 아이들에게는 성찰과 사과에 대해 고마워하며 따뜻하게 안아주었다.

우리 아이들은 8월 중순 시작한 해외이동학습에서부터 지금까지 그 약속을 지켜오고 있다. 물론 자기도 모르게 나오는 말은 바로 인정하고 친구에게 사과한다. 뿐만 아니라, 다른 사건사고들도 멈추었다. 남녀 갈등이나 뒷담도 줄고, 나에게 많이 혼났던 아이들이 나를 어려워 하지 않고 내 곁에 와서 재잘재잘 잘 놀다 가는, 같은 얼굴의 다른 사람이 되었다.

부모님들은 그날 대화모임에 부모님들 모두가 모이길 잘 했다고, 이렇게 다 알고 할 얘기 나누니 후련하다고, 이제 더 진심으로 애들을 사랑할 수 있겠다고 하셨다. 우리 기수의 반쪽 다른 반의 경우 패드립이 문제되지 않더라도 이런 자리를 만들면 부모들 끼리의 관계가 더 깊어지고 모든 아이들을 더 잘 이해할 수 있어 좋다고 하셨다.

강당을 나와 교무실로 들어와 앉으니 내가 바라는 걸 얘기했던 그 순간이 다시 떠올랐다. '내가 그런 걸 원하고 있었구나. 아이들이 잘못을 뉘우치고 반성하는 것을 바라는 것보다, 우리 모두가 행복을 함께 누리기 위해 내가 진정으로 원한 건 따로 있었구나.'

부모님의 질문 덕분에 알게 된 것이다. 갈등 상황의 사실나열, 분석적 이해와 원인 규명보다, 솔직한 감정과 욕구를 말하고 들어야 한다. 진심에서 나오는 중요한 의미를 말하고 듣는 것, 그 모든 말을 진지하게 환대하는 것이 강력한 힘을 발휘한다. 패드립을 한 아이와 부모의 갈등 해결이 다가 아닌, 그 주변 영향을 받은 교사를 포함해 어느 하나 관련 있는 모든 이의 마음을 연결해준 건 써클대화이자 어두운 곳에 조명을 비춰준 질문이다.

박성용선생님께서 '저 사람에게 보이는 의자의 모습 더 뒤편의 모습을 보여줄 때 수레가 앞으로 굴러 나아간다.'고 말씀하신 적이 있다. 그말이 딱 맞다. 부모님은 내 모습 저 뒤에 숨어 있는 진심에 조명을 비춰주셨다. 내 마음을 부모님들께서 적극적으로 들어주시고, 담임의 입장을 충분히 이해할 수 있다고 공감해주셔서 너무나 감사했다.

거대한 써클은 아이들의 성장만이 아니라, 부모와 아이, 담임의 진정어린 회복, 교사로서 나를 들여다본 경험, 모두가 제대로 연결되는 걸 느낄 수 있는 자리였다. 부모님들은 부모를 위한 연수 학교폭력 메뉴얼 소개에서 들은 정도일 뿐 제대로 연수를 받으신 분은 없다. 그런 분들이 써클대화와 회복 질문의 밧줄로 나를 구제해주셨다.

중 2를 지나 졸업을 할 때까지의 아이들 모습은 거의 170도는 달라졌다. 그냥 흘러갔으면 덜 성숙했을 거고 그 다음 누군가의 속을 계속 뒤집을 사람으로 남았을지 모른다. 누군가는 지워질 수도 있으며, 누군가는 사람을 혐오하다 끝날 수도 있는 일일지 모른다. 그런 일이 매우 흔해서 무뎌갈 수 있다. 회피하고 싶어서 무디고 싶어질 수도 있고, 지적과 꾸중에 지쳐 관계에 냉혹한 칼날을 댈 수도 있을 거다. 그런데 우리는 진심을 나누며 서로의 손을 제대로 꼭 잡은 시간을 가져서 다행이다. 제대로 연결한 덕분에 혼자 성장할 수 없음을 알게 되었고, 서로의 변화와 성장에 기쁠 수 있어서 우리 인연과 그 시간이 소중하다.

부모님들과의 인연이 5년째, 그 써클로부터 3년이 지난 올해에도 그 부모님들을 만나면 내 몸을 다 맡겨 안기고 안아드린다. 쌀쌀한 3월 찬 바람에도 추운 줄 모르고 서서 안부 수다를 떨다가 그 시절의 우리를 소환한다.

"우리 그때 그 대화모임 정말 좋았다"고 어느 어머님이 꺼내면, "그래그래 정말 좋았어, 그때가 애들 달라진 터닝포인트야"하고 또 어느 어머님이 맞장구를 친다.

좋은 교육, 좋은 스승은 어떤 학교에서나, 어떤 개인으로는 존재하지 않을 것 같다. 모여 앉아 함께 돌아보며 공동의 지혜를 익혀가고, 그 공동체 내에서 자기 돌봄을 하는 것이 교육이고, 그 써클에 있는 사람 모두가 자신을 포함한 모두의 스승이다.

내가 우리가 되는 '나 말하기'

문달하 | 금산 간디중학교 중등과정 졸업생

3년간의 학교생활을 돌아보자면 수많은 갈등들을 빼놓고는 얘기할 수 없을 것이다. 각기 다르게 살아온 사람들이 한 군데 모여 좋으나 싫으나 함께 생활한다는 것은 여간 어려운 일이 아닐 수 없다. 때문에 갈등은 우리 앞에 심심치 않게 모습을 드러낸다. 동기끼리는 물론, 선후배, 남녀, 선생님 할 것 없이 다양한 구성으로 말이다. 크지 않은 학교에서 일어나는 갈등은 학교 사람 모두가 알 수밖에 없는 것이 당연하다. 그렇지만 아쉬운 점은, 갈등해결은 오롯이 당사자들과 몇 명의 중간자들, 이를테면 교내 평화회복부 부원이나 담당 선생님만으로 이루어져 진행된다는 점이다. 당연한 진행이라고도 생각할 수 있다. 실제로 일어나는 모든 갈등을 전체가 다루기란 쉽지 않은 일이다. 그럼에도 내가 아쉬움을 드러내는 것은, 사건의 여파로 눈치를 살피게 되는 구성원이 생긴다면 그들을 더 이상 제 3자만으로 볼 수는 없다는 생각에서이다. 또한 나와 같이 직접적인 갈등경험이 적은 친구들은 자연스레 회복적서클을 경험할 일도 줄어든다. 그래서 나에게는 당사자들끼리의 갈등전환이 아닌, 다른 구성원들의 감정도 살피는 서클이 의미있게 남아있다. 이 글에서는 학교 구성원 모두가 함께하는 전체회의 '식솔회'에서 도난 건을 다뤘던 경험을 언급하고자 한다.

2018년에 금산간디중학교를 졸업하고 학교를 방문했을 때, 나는 신기한 장면을 목격할 수 있었다. 앞서 말한 식솔회에서 도난 건을 다루는데 그 방식이 무척이나 인상 깊게 다가왔던 것이다. 왜 그럴 수밖에 없었느냐 하면, 내가 학교를 다니는 3년간 수차례 도난회의를 경험 하면서도 그날 후배들의 자리만큼 개운하게 마친 적은 없었기 때문이다. 공동체 안에서 도난이 일어났다는 것은, 절대 한 개인과 개인의 문제일 수 없다. 공동체 전체의 신뢰가 무너지는 일이며 같이 책임져야만 해결될 수 있다. 이때 내가 말하는 해결이란 구성원 모두가 최대한으로 존중받고 편안해지는 것을 의미한다. 그러나 내가 경험한 시간은, 같이 책임져야 한다는 부담감과 사건의 두 당사자에 대한 비난으로만 가득했다. 그렇게 갈등은 마땅한 전환점을 찾지 못한 채 불편한 기억으로만 자리 잡았다, 3학년이 되어서는 회장으로서 식솔회를 진행해야 했지만 도난회의 만큼은 나부터가 피하고만 싶었다. 요즘말로 '이건 노답이구나' 절실히 느끼며 주저앉는 데에서 멈추기 일쑤였다. 졸업한 지금까지도 학교생활을 돌아볼 때 내게는 가장 아쉽고 찜찜한 부분 중 하나다.

그렇다면 후배들의 식솔회는 무엇이 달랐던 걸까? 무엇이 달랐기에 내게는 그리도 어렵고 무거웠던 자리를 보다 평화롭게 마칠 수 있었던 것일까? 가장 먼저 눈에 띈 차이점은, 개인의 이야기를 하는 것이다. 하나의 사건이라도 바라보고 느끼는 것은 구성원 전체이므로, 각기 다른 느낌을 모두가 알 수 있게 던지는 것. 그리고 그 이야기들을 함께 듣는 것. 이 과정을 통해 개인과 개인의 사건이었던 것이 우리 모두의 사건으로 자리 잡게 되고, 한 자리에 모인 개인들이 연결될 수 있었던 것이다. 공동의 문제의식이 탄생했다면 어떻게 해결할 것인가에 대한 방향성을 고민할 차례다. 마찬가지로 '내게 중요한 것은 무엇이며, 나는 이렇게 해결되기를 바란다.'라는 욕구를 나눈다. 처음에는 막연하게만 다가오던 것이, 점차 방향성을 찾기 쉬운 상태로 진입한다.

내 이야기를 한다는 것은 생각보다 쉽지 않다. 나를 주어로 두는 것이 좋지만 낯선 말하기 방식을 이해하기도, 적용하기도 어려운 것이다. 알기 쉽게 예를 들자면 '잃어버린 사람의 마음을 생각하니 나까지 속상해져요'는 나의 감정이다. 비슷한 말이지만 '잃어버린 사람이 많이 속상할 것 같아요'는 나의 감정이 빠져있는 말이다. 우리는 아직 연습하는 중이기에 이런 오류는 충분히 있을 법 하다. 그럴 땐 진행자가 '그래서 당신 마음은 어떠신가요?'라고 물어줌으로서 도움을 줄 수 있다. 이런 방식을 적용하니 비난하고 상처받고 불편하던 시간이 내 마음을 들여다보고 같이 책임질 수 있는 공동체 구축의 시간으로 전환된 것이다.

처음으로 회복적서클을 접한 당시에는 그것을 경험하고 있다는 것도 인지하지 못했다. 이름도 낯선 회복적서클이 도대체 무엇인지 정의내릴 수 없었으며, 어떤 지점이 왜 중요한지도 알지 못했다. 현재의 시점에서야 지난 나의 경험과, 조금 더 성장한 후배들의 경험을 빗대며 회복적서클이 말하는 것이 무엇인지 조금이나마 알 수 있게 되었다.

인지하고 나니 졸업 후의 생활에서도 학교에서 연습한 갈등전환 방식이 나에게 좋은 쪽으로의 영향을 -그러니까 도움을- 주고 있었다는 사실을 알아차렸다. 친구가 상황만을 나열하며 답답해 할 때, 그래서 너의 감정이 어땠니, 어떻게 되기를 바라는 거니, 하며 묻는 나를 발견한 것이다. 나 혼자만의 고민 역시 스스로에게 같은 물음을 던지고 있었다. 이미 회복적서클은 나에게 중요한 가치로 자리 잡았으며 누군가 강조하지 않아도 스스로 중요성을 느끼고 있던 것이다.

짧게나마 초등학생 아이들을 만나는 캠프에 교사로 참여한 적이 있다. 싸움이 일어난 아이들과 대화를 할 때에도 역시 감정과 욕구를 물어보았더니 훨씬 차분하고 쉽게 해결되는 것을 보았다. 여기서 한 가지 더, 상대 친구가 한 말을 다시 말해달라고 부탁하자 서로를 이해하는데 더욱 도움이 되는 것을 느꼈다. 두 친구 모두 편안해지는 모습을 본 순간 일어났던 놀라움과 감동은 나를 기쁘게 해주었으며, 서클에 대한 믿음도 더 단단해졌다.

이처럼 나에게 회복적서클이 중요한 이유는 단지 도난사건을 해결할 수 있기 때문이 아니다. 학교를 벗어난 지금도 나는 수없이 많은 사람들을 만나고, 그만큼 많은 갈등을 마주한다. 함께 살아가고 있으며, 함께 살아가야만 하는 이곳이 안전하기 위해선 회복적서클이 꼭 필요함을 매일 실감한다. 올해에는 사회적 협동조합 평화물결에서 학교교육지원팀으로 활동하며 학생들을 만나고 있다. 아직 부족하고 조심스럽지만, 열심히 배우며 실천하는 삶을 사는 중이다. 내가 서클 안에서 느꼈던 안전함과 존중을, 나와 함께 서클을 이룰 학생들에게도 가 닿기를 바란다. 그런 경험을 품은 사람이 많아질수록 내가 꿈꾸는 안전한 사회, 존중하고 존중받을 수 있는 사회가 될 것을 믿고 있다. 비로소 개인으로 멈추는 것이 아닌 '우리'라는 이름이 정말 생길 수 있지 않을까.

'회복적 생활교육'으로
평화로운 학년 만들기

김순명 | 서울 숭례초등학교 교사

업무분장표를 받아들고 눈앞이 캄캄했다. 학교에서 가장 개구쟁이로 소문이 나서 아무도 담임을 하지 않겠다고 했던, 절대로 맡으면 안 된다고 했던, 몇몇 교사들은 만일 맡게 된다면 즉시 휴직계를 내겠다고 한 학년, 바로 그 학년의 학년부장이 되었기 때문이다.

교직원 회의 후 동학년에 배정받은 교사들을 데리고 우리 반으로 들어왔다. 동학년 선생님들의 눈 가에는 이슬이 아슬아슬하게 걸려 있었다. 그 누구도 단 한 마디도 아무 말도 하지 못했다. 희망하지 않은 학년, 가장 힘든 한 해가 될 것 같은 확신으로 모두들 불안한 상태였다. 업무분장이 끝났을 때 "천사 같은 동학년 선생님들을 배정 받아서 좋다"라고 했더니 누군가가 "김부장, 악동 같은 아이들과 천사 같은 교사들하고 잘~ 해봐"라고 말했던 격려인 듯 격려 같지 않은 그 말이 귓가를 맴돌았다.

'아직 시작도 안 했는데, 희망차게 새로운 3월 새 학기를 맞이해야 하는데 벌써부터 이렇게 힘이 빠진 상태로 시작하면 1년을 어떻게 버티나?'하는 생각에 나 자신도 맥이 빠졌다. 그러나 슬픔에 잠겨 있는 동학년 선생님들을 어떻게든 위로해야겠다는 생각에 학년부장인 내가 앞에서 힘을 내어 씩씩하게 학년 선생님들과 무사히 올 한 해를 보내야 한다는 사명감 비슷한 결심이 들었다.

'어떻게 할 것인가?' 고민을 하면서도 동학년 선생님들에게는 "제가 다~~ 할게요. 힘든 학생들 생활교육 제가 다 하고, 힘든 동학년 업무도 제가 도와 드릴테니 염려하지 말고 함께 갑시다. 파이팅!!! 자, 힘을 내시고요. 각 반에 선생님을 힘들게 하는 개구쟁이들이 있으면 제게 맡겨 주세요"라고 격려를 했다.

반을 뽑는 날, 어느 분이 "부장님이 중간 반을 뽑으셨으면 좋겠어요. 중간 반을 뽑으셔서 중간에서 앞 반과 뒷 반 생활지도를 해주시면 든든할 것 같아요." 이 말에 가슴이 더 짠해졌다. '선생님들이 내게 이렇게 많이 의지하고 있구나. 그래, 최선을 다해서 관심군 개구쟁이들을 보살펴서 선생님들의 불안한 생활을 조금이라도 편안하게 해드리자'라고 다시 다짐을 했다.

3월, 한 주가 채 지나기도 전에 우리 반부터 시작해서 각 반의 관심군 학생들이 서서히 드러났다. 자신의 분노를 참지 못해 유리창을 주먹으로 깨트리는 분노조절장애를 가진 학생, 심한 ADHD증세를 보이는 학생, 병원 진단과 치료는 받지 않으나 반을 공포 분위기로 몰아넣는 말과 행동을 하는 학생, 오랜 기간 왕따를 당해온 학생, 공부시간에 복도 바닥에 누워 바닥을 손으로 두드리며 노는 학생, 교사에게 비아냥거리며 수업을 방해하는 학생, 교사에게 욕을 하는 학생, 수업시간에 도망 나와서 1층에서 딱지를 치고 있는 학생, 수업시간에 들어오지 않아서 교사가 식은땀을 흘리며 찾아다니게 하는 학생 등등 ….

일반 학생들도 복도에 나와서 시끄럽게 떠들며 사소한 일 하나에 서로 다투고 폭언을 하고, 복도를 100미터 달리기 하듯 다른 학생과 부딪힐 듯 아슬아슬하게 피해가며 뛰는 학생부터 불필요하게 흥분해서 언성을 높이고 싸우는 학생들까지 쉽지 않은 학생들이 많았다. 지난해에 생활부장을 했던 내 견해로는 이 상태로 간다면 매일 1건 이상의 학교폭력사안이 발생할 것이 틀림없었다.

'천사같이 착한 동학년 선생님들과 이 개구쟁이 아이들을 잘 보살피며 올한 해를 잘 꾸려나가야 한다. 어떤 방법이 가장 좋을 것인가?' 고민을 하다가 '회복적 생활교육'이 가장 적합하다는 판단이 들었다.

5년전 '회복적 생활교육'을 만난 것은 내게 행운이었다. 6년 전 처음으로 6학년 부장을 할 때, 그 가슴 짠했던 기억이 다시 더 올랐다. 학년부장을 하며 개구쟁이 아이들일수록 응보적 생활지도 보다는 '회복적 생활교육'이 더 적절하다는 경험을 했기 때문이었다.

동학년 교원학습공동체 주제로 [회복적 생활교육을 통한 평화로운 학급 만들기]로 정했다. 우리 학년에서 가장 긴급하고 절실하게 필요한 부분이 바로 생활교육이기 때문이었다. 학생들은 공부와 생활스트레스로 인해 사소한 일에도 다툼이 많아 학교폭력사안의 원인이 될 만한 언행을 아무렇지도 않게 했고, 학부모님들께서는 자녀의 생활교육시간이 부족하여 학교 생활교육에 많이 의존하셨다. 일부 학부모님께서는 자녀의 말을 전해 듣고 담임에게 카톡이나 전화로 저녁 늦게까지 연락을 하셔서 담임교사의 가정생활유지가 안되는 반도 있었다. 학생들이 서로 존중하며 교사의 수업권이 보장되는 평화로운 교직생활을 위해 어떻게 하면 좋을까?'를 생각하다가 동학년 선생님들과 협의하여 [회복적 생활교육을 통한 평화로운 학년 만들기]를 1년간 꾸준히 적용했다.

3월초 며칠 동안 각 반의 다양한 갈등으로 교실은 평화롭지 않은 매일의 연속이었다. 이런 불안한 상태에서 교사들은 수업시간은 물론 쉬는 시간에도 학생 생할교육 및 학생들로 인한 교권침해로 피폐한 날을 보내야 했다.

교원학습공동체 구성 및 1년간 계획을 세우고, 매월 공동 협의한 내용을 정리하여 다음 달 생활교육에 피드백으로 활용했다. 3월에는 '회복적 생활교육 패러다임 소개 및 공동체 회복을 위한 이론 및 우리들의 약속 지키기 안내', 4월과 5월에는 꾸준히 적용을 하고 개선점을 찾아 적용했다. 6월에는 '우리들의 약속 지키기' 운영과정 및 회복적 생활지도 방향 등에 대한 중간 협의와 학급에 활용 가능한 회복적 프로그램 파일을 각 반에 안내했다. 9월은 2학기 초 우리 학년 생활교육 실시에 대한 협의와 새로운 2학기에 할 생활교육 부분에 대해 협의를 했다. 10월부터 12월까지는 인권친화적인 회복적 학생 생활교육 프로그램 각 반 운영상황 및 학생 생활교육에 대한 협의를 했다.

사소한 생활교육 부분은 각 반 담임교사가 생활교육을 했고, 담임교사의 생활교육으로 갈등이 풀리지 않는 학생과 학부모님 상담은 학년부장이 긴급 개입을 했다. 격 주로 모이는 동학년 회의에서는 각 반의 관심군 학생들의 생활모습에 대해 공동협의를 했고, 평화로운 학교생활을 위해 더 효율적인 방법에 대해 의논을 했다.

학급 내의 사소한 갈등과 분쟁에서부터 큰 영향을 미치는 학교폭력사안 등을 다루어 낼 수 있는 생활교육, 권위적이고 응보적인 생활지도의 한계성에 대한 논의, 상호 인권존중과 공감을 통한 회복적 생활교육 안내, '서클 프로세스를 기반으로 한 '회복적 정의'의 교육적 실천으로 관계와 공동체성을 중심으로 한 생활교육, 학급 구성원 간의 상호존중과 자발적 책임, 공동체의 참여와 협력을 목적으로 한 생활교육을 적용하기 위해 부단한 노력을 했다.

우리 학년 전체학생들과 시청각실에서 3월초에 우리들의 약속 5가지를 정하고 매월 꾸준히 잘 실천하는 각 반 학생들에게는 칭찬과자를 주었다. 대부분의 학생들은 웃어른께 바르게 인사하기, 고운 말 사용 & 사이좋게 지내기, 교내에서 뛰지 않고 조용히 걷기, 등·하교 및 수업시간 잘 지키기, 수업시간

경청 및 열심히 공부하기 5가지 약속을 잘 지키기 위해 노력하는 모습을 보였다. 관심군 학생들도 대부분 복도에서 인사도 잘하고 예의바른 학생으로 변해갔다. 그런데 한두 명의 관심군 학생은 학년부장인 내 앞에서는 예의바르게 행동을 하고 친구들과도 잘 지내는 것처럼 행동을 했으나 담임교사 앞에서는 욕을 하고, 사소한 일에 발로 교실 문을 차며 벽을 주먹으로 치고 소리를 지르는 일들이 종종 발생했다.

그렇게 행동한 이유를 물어보면 사소한 일부터 시작하여 결국은 "우리 선생님은 매일 나만 더 야단치시고 나만 갖고 그래요. 우리 선생님은 날 싫어해요. 정말이어요"라고 불만을 표시했다. "사랑의 반대는 무관심이야, 선생님이 너를 사랑해서 너를 바르게 자라도록 안내하시는 거야"라고 아무리 강조해서 말을 해도 그 학생은 "아니어요, 선생님은 날 사랑하기는커녕 날 너무 미워해요"라며 극구 부인을 했다. 이러한 과정이 반복되면서 그 학생과 부모님은 담임교사에게 반감을 갖고 있었으며 교무실까지 찾아오셨고, 학생과 학부모님과 담임교사 사이에 심리적 갈등은 계속되었다.

뿐만 아니라 그 학생의 돌발 행동으로 인해 그 반의 다른 학생들은 공포 분위기였고, 학부모님들까지로 단합되어 그 학생의 부모님을 당장 만나야겠다고 학급대표 어머니께서 교실로 담임을 찾아오셨다. 신규였던 담임교사는 내게 긴급개입을 요청했고 학부모님과 면담을 했다. 회복적 생활교육의 서클프로세스 적용과 학부모님에 대한 공감과 이해와 경청 등으로 화가 나서 오셨던 대표학부모님이 편안하신 마음으로 돌아가시게 되었다.

회복적 생활교육 연구학교에 근무를 한 경험과 회복적 생활교육 기본과정 및 심화과정 연수를 받고 이전 학교에서 적용했던 부분이 매우 도움이 되었다. 학년말이 되자 3월 학기 초에 전쟁터와 같던 5학년 학생들의 생활은 점차 안정이 되어 갔고, 우리 반과 다른 몇 반은 별도의 생활교육을 하지 않아도 학생들이 서로 갈등을 해결하기도 하고 평화로운 반이 되었다.

그러나 레임덕 현상일까? 몇몇 관심군 학생들에 의해 창문이 깨지는 상황과 학교 화장실 및 인근 아파트에서 불장난을 하는 상황이 발생했다. 사안 조사를 하여 해당 학생들 생활교육을 하고, 특히 불장난을 한 학생의 학부모님을 모시고 상담을 진행했다. 학생들은 호기심과 놀 거리가 없고 심심해서 그랬다고 했다. 주말에 부모님께서 돌보지 못하는 학생들이 대부분이었다. 한편으로는 주말에 청소년들이 놀만한 문화공간이 없는 현실이 안타깝기도 하였다. 마음을 어루만져주고 학생들의 생활과 감정에 더 공감을 해주어야겠다고 생각했다.

다음 날, 이러한 개구쟁이들의 소문을 모든 교사들이 알게 되었고, 부장회의에서 학생들 전체를 모아놓고 강력한 생활교육을 해야 한다는 의견과 벌점제를 시행해야 한다는 의견이 다수결로 결정 되었다. 학교 생활본에 나와 있는 벌점제를 근거로 5학년 학생들에게 내일부터 벌점제를 시행하겠다고 안내를 했다. 플루터로 출력하여 각 반에 게시를 하게 했고, 학년부장반인 우리 반 복도에 부착을 했다.

쉬는 시간에 학생들은 긴장을 한 상태로 복도에 부착된 벌점제 내용을 보려고 몰려서 웅성거리며 "선생님, 정말 벌점제 시행하는 거예요?"라며 특히 관심군 학생들이 질문을 많이 했다. 벌점을 받지 않기 위해 학생들은 조바심을 냈고, 벌점을 시행한 날부터 교과 선생님들은 효과가 있는 것 같다며 반기는 분위기였다. 대부분의 학생들도 벌점을 받지 않기 위해 노력을 하는 모습이 보였다. 씁쓸하고 안타까운 마음이 들었다.

교사들 사이에서는 아직 회복적 생활교육보다는 응보적 생활지도가 더 효과적이라는 의견이 대다수이다. 왜냐하면 응보적 생활지도가 회복적 생활교육보다 더 즉시 효과가 나타나는 것처럼 보이기 때문이다. 학생들의 감정을 공감하고, 친밀한 의사소통, 감정이해와 공감 및 깨어진 관계를 회복하는 회복적 생활교육은 시간이 많이 필요하다.

'평화로운 학교'로 가는 길에는 아직 더 많은 과제가 남아있다고 생각한다. 회복적 생활교육을 위한 기반 및 시스템 구축, 깨어진 관계 회복을 위한 시간과 노력, 회복적 생활교육에 대한 교사들의 이해와 적용, 서로 존중하고 공감하는 문화 형성, 꾸준히 실천하고 개선하려는 교사들의 열정 등이 필요하다.

회복적 생활교육을 꾸준히 적용하여 아침열기, 서클놀이, 서클로 대화하기, 협동놀이학습 등을 적용한 우리 반 학생들은 특별한 사안이 없이 학생들이 행복해하며 즐겁게 생활을 했고, 교과담당교사나 외부강사 등도 '그림같은 반'이라며 칭찬을 받았다. 또한 학기 초에 거칠었던 우리 학년 학생들 대부분이 담임교사의 노력으로 안정이 되었고, ADHA와 분노조절장애로 수업에 참여하지 않던 학생은 수업시간에 참여하는 시간이 증가했으며 담임교사의 지속적인 관심과 사랑으로 행동장장애가 많이 개선되었다. 담임에게 욕설을 하고 문을 발로 차던 학생의 행동도 조금씩 개선이 되었다.

회복적 생활교육에 대한 연수를 동학년 교사들이 모두 이수했다면 평화로운 학급문화 형성에 보다 더 도움이 되었으리라고 생각한다. 교원학습공동체 운영 시 회복적 생활교육을 받은 학년부장 중심으로 동학년 교사들이 시간을 내어 회복적 생활교육의 핵심 가치인 존중, 책임, 관계와 안전한 교실공간과 공동체 형성에 관해 심도있게 논의하고 적용했으면 더 효과가 있을 것이다. 또한 학년차원보다 학교차원에서 협의가 된 후 전교사가 회복적 생활교육에 대해 긍정적인 인식이 선행 되어야 다른 학년 학생과 해당학년 학생 사이의 갈등이 발생할 경우 학생생활교육 방법 및 운영상에 교사간의 갈등이 존재하지 않게 됨을 알게 되었다.

내 생애 가장 열심히 살아온 한 해를 돌아본다. 올 한 해 동학년 교사들과 개구쟁이들의 평화로운 학교생활을 위해 최선을 다하며 노력해왔다. 어느 교사의 눈에서는 피눈물이 흘렀고, 어느 교사는 오열하며 교직을 그만두고 싶다고 토로했다. 학년부장으로서 동학년 교사들의 짐을 덜어드리기 위해 긴급 개입, 상담, 쉬는 시간과 수업시간 틈틈이 시간을 내어 회복적 생활교육을 적용하여 학생생활교육을 했다. 완전히 만족할 만큼은 아니지만 개구쟁이들이 올 한 해를 그래도 이정도로라면 평화로운 학급생활을 했다고 생각한다.

소수의 몇몇 학생들은 아직도 꾸준히 인내하며 교육을 해야 할 과제가 남아있다. 역지사지를 하면 정말로 존중과 책임과 관계형성과 공동체 형성을 위해 다른 모범생 학생들 보다 더 많이 사랑을 주고 관심을 주며 가까이 다가가서 손상되고 파괴된 마음을 치유해 줘야할 측은하고 안타까운 아이들이다.

'회복적 생활교육'은 "교사가 편안하려면 3월 초에 학생들을 잡아야 한다"는 권위적이고 응보적 정의를 중시했던 나의 교직관과 철학을 완전히 바꿔놓았다. 몇 년 전 타 학교에서 6학년 부장을 하며 지금보다 더 개구쟁이들을 만난 적이 있다. 내 생애 가장 힘들었던 그해를 지금도 나는 잊을 수가 없다. 가장 권위적이고 응보적 정의로 학생들을 대했던 해였고, 학생들도 학부모님들도 나도 마음의 상처를 많이 받았던 가슴 아픈 해였기 때문이다.

우리 학년 귀염둥이 개구쟁이들, 내년에 어떤 분을 담임선생님으로 만나서 어떻게 생활을 할 지 걱정도 되고 염려가 된다. 응보적 정의가 아닌 회복적 정의를 추구하시는 교육철학을 지닌 선생님을 만나서 초등학교의 다음 학년을 행복하게 지내길 진심으로 바란다.

학생 사례: ADHD 및 분노조절장애가 있는 철영이는 체육시간에 강당에서 게임을 하다가 상대팀이 규칙대로 해서 게임에 이겼는데도 불구하고, 자신의 팀이 졌다고 상대팀 학생에게 화를 내며 혼자 분노를 참지 못하고 발로 체육교구를 차며 친구들에게 욕설을 했다. 담임교사가 철영이에게 생활지도를 하는 도중에 철영이는 분노를 참지 못하고 혼자 교실복도를 달려와 자신의 교실 창문을 맨주먹으로 쳐서 교실창문이 산산조각이 났다. 나머지 학생들을 인솔하며 교실로 오던 담임교사는 너무 당황하여 학년부장인 내게 생활교육을 의뢰했다.

학습권 침해 우려가 있어서 방과 후에 우리 교실에서 철영이와 간단한 본 서클을 진행했다. 마음열기 질문을 했다. "선생님이 우리 철영이를 돕기 위해 잠깐 대화를 하려고 합니다. 괜찮겠어요? 우리의 대화내용은 비밀상담이고, 편하게 하고 싶은 말을 하면 됩니다." 철영이는 순순히 "네"라고 대답을 했다. 철영이의 방과후 시간에 맞추려고 간단하게 사실확인 질문을 했다. "언제 무슨 일이 있었는지 선생님에게 말해 줄 수 있나요?"라고 하자 철영이는 침묵으로 일관하다가 자신을 존중한다는 느낌이 들자 육관에서 있었던 상황에 대해 말했다. 이어서 감정확인 질문을 했다. "그 당시에 우리 철영이는 어떤 마음이었나요?"라고 했더니 철영이는 "게임에 져서 화가 나고 속상했다고 했는데 상대팀 친구들이 졌다고 놀려서 더 화가 났고, 선생님은 나만 잘못했다고 해서 너무 화가 나서 창문에 화풀이를 했어요"라고 했다. 철영이의 태도는 창문을 깼을 때와는 완전히 다르게 차분한 상태였다. "지금 심정은 어떤 지 말해 줄 수 있나요?"라고 물었다. 철영이는 "선생님께 죄송하고, 앞으로는 친구들과 다투지 않고 창문도 깨트리지 않고 잘 지내겠습니다"라고 했다. 철영이가 "혹시 지금 바라는 것이 있을까요? 지금 철영이가 원하는 것이 무엇인가요?", "저는 체육시간에 게임에 이기고 싶고 다른 것은 원하는 것이 없어요." 이행

동의 질문을 했다. "즐겁고 평화로운 학교생활을 위해 우리 철영이가 앞으로 어떻게 하면 될까요?", "친구들과 다투지 않고 화도 내지 않고 수업시간에 잘 참여하며 선생님 말씀도 잘 듣겠습니다.", " 네, 그렇군요, 자신이 한 말과 행동에 대한 책임을 지기위해 어떻게 하면 될까요?", "회복적 성찰문^{학생은 반성문이라고 언급}을 쓰고 그런 일이 발생하지 않도록 노력하겠습니다."

철영이는 상담 후 며칠정도 수업에 참여하지 않다가 담임교사와 학년부장 교사의 지속적인 돌봄과 사랑으로 현재는 수업시간에 참여하며 분노성이 많이 감소되었고, 친구들과의 다툼도 현저하게 감소되었다. 바로 옆 반이라 1년간 수시로 해당학생을 수업시간 중간과 쉬는 시간 및 점심시간 등에 학생의 상태를 살피며 학생이 수치심을 느끼지 않도록 존중과 사랑으로 추수지도를 한 결과다.

학부모님 사례 : 수업이 끝난 오후 3시경 동학년 선생님이 당황하며 우리 반에 급히 들어왔다. 얼굴은 잔뜩 긴장된 상태였다. 무슨 일이냐고 묻자 오윤이 어머님이 오셨는데 화가 많이 나신 상태에서 오윤이와 다툰 화규를 찾아와 교실에서 담임교사에게 양해를 구하지도 않은 채 막무가내로 화규에게 큰소리로 야단을 치고 계신다고 했다. "부장님, 도와주세요, 저는 도저히 무서워서 대면을 못하겠어요. 심장이 두근거리고 무서워요", "염려마시고 우리 반 교실에 잠시 안정을 취하고 계세요"라고 말을 한 후 급히 노트와 필기구를 준비해서 그 반으로 갔다.

오윤이 어머께서 화규를 맞은 편 책상 앞에 앉힌 채 큰소리로 화규를 꾸짖고 계셨다. 자칫 잘못하면 오윤이와 화규 가족 사이에 큰 다툼은 물론 학폭 위까지 갈 긴급한 상황이었다. "안녕하세요? 제가 5학년 학생들 생활교육 책임자인 학년부장입니다. 저와 상담하셔도 괜찮으실는지요?" 오윤이 어머니께서는 생활교육 책임자라는 말에 순순히 응하셨다. 화규는 잠시 우리 반에 가 있게 해도 되냐는 양해를 구한 후 학부모님과 상담을 시작했다. 상담내용은 모두 비밀이며 비밀유지를 해주실 수 있냐는 응답을 받았다.

"바쁘신데 학교까지 와 주셔서 감사합니다." 오윤이가 행복한 학교생활을 할 수 있도록 최선을 다해서 도와 드리고 싶다는 말씀을 드리자 오윤이 어머니께서는 조금 편안해 지시는 것 같았다. "무슨 일이 있었는지 말씀해 주실 수 있으신지요?" 오윤이 어머니께서는 기다렸다는 듯이 마음에 담아두었던 속상함을 토로하셨다.

"화규가 지속적으로 제 딸과 같은 반 학생들을 힘들게 하고, 언어폭력과 기물을 가지고 위협을 하고, 교실 문을 발로 차며 공포분위기를 만들고, 수업 시간에 학생들 수업을 수시로 방해하니 도저히 참을 수가 없어서 우리 반 엄마들끼리 단체채팅방을 만들었어요. 화규가 압력을 강하게 행사해서 반 전체 어머니들이 그 남학생과 같이 다니는 학원도 그만두려고 하고 있고, 아이들 말로는 화규가 담임선생님 말씀도 전혀 듣지도 않고, 도저히 아이가 나아질 기미가 보이지 않아서 담임선생님께 화규 엄마 연락처를 알려달라고 찾아왔어요. 화규 엄마를 우리 반 엄마들이 만나서 이야기를 해보려고요. 학교에서 아이가 어떻게 행동하고 다니는지 아는 부모라면 이렇게 방치할 수가 있나요? 그 아이 엄마를 만나서 해결을 해야겠어요." 오윤이 어머니께서는 그동안 있었던 일을 말씀하시며 감정이 복받쳐 오르시는 것 같았다. " 네, 그런 일이 있었군요. 지금 심정은 어떠신지 말씀해 주실 수 있으신지요?", "너무 속상하고요, 화규 어머니를 만나서 앞으로 두 번 다시는 이런 일이 발생하지 않도록 다짐을 받고 싶습니다." 반대표로 찾아오셔서 무언가 성과를 가지고 가야한다는 각오가 눈에 보이셨다.

"네, 말씀해 주셔서 감사합니다. 며칠 전에 화규 어머니께서 학년부장인 제게 조언을 구하고 싶으시다며 면담을 요청하신 적이 있습니다. 맞벌이로 바쁘셔서 전화상담을 했습니다." 화규의 부모님 모두 화규의 욕설과 행동을 고치시려고 부진하게 노력하고 계셨고, 선생님께 예의바르게 하고 친구들과도 잘 지내야 한다고 화규 아버지께서 심하게 꾸중을 하자 가출하겠다고 해서 일도 손에 잡히지 않아 너무 힘들어 하신다는 내용과 화규가 잘못한 것에 대한 책임을 지고 가정에서도 최선을 다해서 지도하시겠다고 말씀하신 부분을 전해드렸다. 오윤이 어머니께 화규 어머니의 입장에 대해 심도있는 대화를 나누었다.

학부모님을 존중해 드리며 경청과 공감으로 상담을 하는 동안 학부모님의 분노가 사라지고, 역지사지를 하시면서 화규 부모님과 화규에 대해 연민을 느끼시는 모습이 보였다.

"지금 어머님이 원하는 것이 무엇인지 말씀해 주실 수 있으신지요?", " 사실 학폭위를 원하는 것은 아닙니다. 단지 제 딸에게 직접 사과를 했으면 좋겠고, 이런 내용을 화규 부모님이 아시고, 앞으로 이런 일이 없도록 집에서도 지도해 주시면 좋겠습니다." 오윤이 어머니께서는 편안해 보이셨다.

"네, 어머님이 원하시는 대로 진행해 드리겠습니다. 저희도 평화로운 학교 생활을 위해서 최선을 다해 생활교육을 하겠습니다. 서로 사이좋게 잘 지내도록 가정에서도 교육 부탁드립니다", " 네, 부장선생님, 상담해 주셔서 감사합니다. 그런데 제가 화규를 잠시 볼 수 있을까요? 아까 제가 한 행동에 대해 미안해서 화규에게 사과를 하고 싶습니다." 생각지도 않았던 오윤이 어머님의 제안에 감동을 하며 우리 반에 있던 동학년 선생님과 화규를 불렀다.

" 화규야, 아까 아줌마가 소리쳐서 미안해, 우리 오윤이랑 앞으로 사이좋게 지내며 잘해보자"라며 다정하게 화규를 안아주셨다. 무뚝뚝한 화규도 입가에 미소를 지으며 "네~"하고 대답을 했고 동학년 선생님도 웃으셨다.

그 이후 해당 여학생과 빈번했던 갈등은 줄어들었고 주의하려고 노력하는 모습도 보였다. 회복적 생활교육의 핵심인 안정된 공간, 공감과 경청, 존중으로 용암처럼 끓어오르던 갈등의 활화산이 평화롭게 해갈된 감동스런 순간이었다.

회복을 주는 생활교육, 나를 회복하다.

박진보 | 서울 송화초등학교 교사

새로운 필요성

2018년 2월은 엄청나게 불안한 나날들이었다. 내가 담임을 마지막으로 맡은 것이 2011년 5학년이었다. 초등학교에서 담임이라는 존재는 아이들을 무한 책임지는 존재이고 아이들과 학교에서 살아가는 가족보다 더 중요한 사람이다. 사실 초등학교 담임선생님들은 잠자는 시간 빼고 집에 있는 엄마 아빠보다 더 오랜 시간을 학교에서 1년 동안 보낸다. 그래서 아이들을 만나는 것은 설레면서도 "책임"이라는 무게를 느낀다.

아이들을 새로 만나면 교실에서 처음 만날 때 어떻게 해야 하나? 그리고 첫 활동은 어떻게 해야 하고 학급을 세우기 위해 규칙은 어떻게 정해야 하나? 혹시 공부하기 힘든 친구를 만나면 어떻게 하지? 요즘 자주 만나는 주의력결핍 과잉행동장애ADHD 친구를 만나면 어떻게 감당해야 하지? 또 학부모들 중에 요구가 지나치고 끊임없이 괴롭히는 사람도 있다는데 그런 사람 만나면 어떻게 하지? 이런 질문들이 2월 내내 내 머리 속에서 떠나지 않고 있었다.

6년 동안 학교의 제도와 문화를 바꾸기 위해 담임을 맡지 않고 수업 10여 시간 하고 업무만 하였다. 업무전담팀이 도입 초기부터 밤새워 일하고, 학교를 떠나서 전교조에서 전임 2년하고, 학교에 돌아와서 다시 업무전담팀 3년하고 나니 6년이란 세월이 훌쩍 지나 있었다. 이런 나에게 예전에 내가 담임으로서 경험했던 기술과 방법은 골동품과 같이 낡은 것들이었다. 학교를 옮기면서 짐을 정리했는데 그동안 쓰던 자료는 디지털 자료에 비교하면 쓸 데 없는 것이 되어버려 대부분 버리고 왔다. 아이들을 만나야 하는 나의 모습이 낡은 자료와 같이 그렇게 초라하게 느껴지고 아무 것도 없는 것 같았다.

"가만있을 수는 없다. 방법을 찾아야지?" 고민을 시작했다. 다행히 학교폭력예방 담당자로서 2015년 회복적서클 연수를 들었던 기억이 났다. 그리고 2월 봄방학 때 회복적 서클 심화 과정 연수가 있다는 이야기를 들었다. 다시 시작하는 나에게 주저할 틈도 없이 연수를 바로 신청하였다.

의미 이해하기

회복적서클 연수와는 약간 다른 회복적 학급운영 심화였다. 회복적서클 연수 내용이 낯설고 새로운 방법이라서 혼란스러운 경험을 하였다. 어설프지만 그런대로 갈등 상황에 도움을 받았다. 이번 회복적 학급운영 연수에서는 회복적서클에 대한 깊이 있는 근거와 이유에 대해서 더 많은 것을 배웠다. 특히 기억에 남는 것은 "연결"이라는 말이었다. "도대체 뭐를 연결하는 거야?"라고 생각하면서 사람과 사람 사이의 연결이 어떤 의미가 있는지 내 머릿속에서 들어오기 시작했다. 사람과 사람 사이의 연결이 도대체 뭘까? 궁금증과 함께 문제해결서클, 어항서클, 긴급갈등개입서클을 배웠다. 그리고 관계의 의미를 조금씩 이해하고 존중을 위한 약속을 통해 존중하는 문화를 형성해야 한다는 것을 소개 받았다.

연수를 통해 이제 새로운 학급운영 할 수 있는 방법을 배웠으니 시도해 보려는 마음이 생겼다. 학급 운영이 기대되고 좋았다. 아이들을 처음 환영하고 환대하기 위해 새로 이동한 학교에서 교실을 정리하기 시작했다. 수시로 서클을 해야 해서 구석에 복도까지 포함 한 가장 큰 교실을 내가 사용했다. 교실 구조를 어떻게 하면 서클 식으로 하기 편할까? 고심하면서 ㄷ자 모양으로 책상을 배열하고 서로 대화하거나 놀이 할 공간을 교실 입구 쪽에 마련하여 구역을 나누고 화분을 갖다 놓으면서 아이들을 맞이할 준비를 했다. 환영의 의미로 교실 문 앞에 "새롭고 기대되고 평화로운 5학년! 환영합니다." 플로터로 출력해서 붙여 놓았다.

걱정이 기대와 설렘이 되었다. 회복을 위한 학급운영, 회복 서클에서 가장 중요한 것은 실제로 해보고 실천하면서 많이 배우고 발전해 나간다는 것을 알았기 때문에 과감히 실천해 보고 최대한 많이 시도해 보려는 마음이었다. 그래서 거침없이 진행하려고 작정하고 있었다.

첫 만남, 체크인서클 그리고 존중을 위한 약속

서울송화초등학교 5학년 9반 첫 만남의 설렘을 가지고 교실에 들어갔다. "교실과 아이들이 낯선데 어떤 선생님이 들어오실까?" 궁금해 하는 아이들의 눈을 보면서 학급에 들어갔다. 배운 대로 체크인 서클을 진행했다. 센터 피스를 소개하고 토킹 피스를 존중하면서 경청하는 것이 중요하다는 간단한 설명과 함께 서클로 자신을 소개하였다. 아이들은 낯선 환경과 함께 의자만 놓고 자신을 들어내야 하는 부담감이 있었던 것 같다. 첫 만남은 이렇게 시작했다.

두 번째 날은 존중을 위한 약속을 진행했다. 전지를 놓고 존중 받았을 때의 경험, 존중 받지 못했을 때의 경험, 그리고 우리가 존중 받기 위해 어떻게 해야 할 것인가? 이런 주제로 이야기를 해 나갔다. 그래서 존중을 위한 약속을 긍정의 말로 바꿔서 3가지 약속을 했다.

"1. 칭찬, 격려하기 2. 잘 들어 주기경청하기 3. 친구 몸과 물건 존중하기"

존중을 위한 약속을 마치고 나서 마음 한 곳에 풍선과 같이 부풀어 오르는 느낌이 밀려 왔다. 존중을 위한 약속으로 이제 아이들과 힘들 때마다 이야기

해야지 하면서 첫 시작이라는 큰 고비를 넘겼다고 생각했다. 혹시 친구들 사이에서 험한 말로 비난하면 "우리 모두 존중의 약속을 읽어 봅시다"하고 "1. 칭찬 격려하기 2. 잘 들어 주기 3. 친구 몸과 물건 존중하기" 하면서 함께 읽어 갔다. 존중을 위한 약속이 아이들에게 잔소리하거나 혼내는 일을 줄여 준다는 말이 사실이었다. 그리고 모두에게 존중을 위한 우리 목표를 다시 환기시켜 주면서 아이들이 서로에 대한 존중이 쌓이고 있다는 생각을 했다.

서클 수업과 학부모 총회

초등학교 담임교사로 3월 가장 큰 행사 중에 하나가 학부모 총회이다. 학부모 총회도 서클 방식으로 진행하면 좋다는 연구회 선생님의 경험담을 들었기 때문에 일단 시작해 보자고 결정하고 서클 방식으로 공개수업을 진행하기로 했다. 마침 도덕에서 가족에 대한 단원이 나오기 때문에 가족을 주제로 수업을 하기로 했다. 가족에 대한 이야기를 나누고 학부모 앞에서 서클로 수업을 진행하니 학부모님의 반응은 특이한 수업이라는 반응이 보였다. 그리고 나서 학부모와 학급 경영에 대한 대화를 나누는 시간이었다. 그동안 담임으로서 무엇을 어떻게 하겠다고 공약하던 시간이었는데 프레젠테이션하면서 일방적으로 선생님의 이야기를 들어야 하는 상황이 보통 학부모 총회이다. 올해는 서클 방식으로 듣고 대화하는 학부모 총회로 진행하였다. 학부모 자신을 소개하고 어떤 학급이 되었으면 좋겠는지 이야기 나누고 마지막으로 우리 아이를 자랑하면서 칭찬하는 것으로 이야기를 마무리 했다. 학부모님들의 만족도는 굉장했다. 그리고 학생뿐만 아니라 학부모까지 연결되어 있다는 느낌이 들기 시작했다. 회복적 학급운영을 통해 학급이 안정되어 가는 모습이 보였다.

병가와 함께 찾아 온 학급 문화의 균열

긴장과 학기 초 고된 일과 속에서 몸에 무리가 생겼다. 4월 첫 주 주말에 집에서 쉬고 있는데 어지럽고 속이 울렁거리고 토하면서 도저히 일어날 수 없는 지경이 되었다. "혹시 뇌출혈이 아닌가?" 해서 바로 119를 불러서 응급실로 갔다. 토하고 머리가 아픈데 검사 결과 귀에 있는 평형 기관에 있는 신경에 염증이 생겼다고 했다. 전정신경염이라는 진단이었다. 큰 병이 아니어서 다행이라고 생각했다. 다행히 며칠 병가를 내고 쉬었다. 증상도 좋아지고 괜찮았다. 현장학습에는 담임이 직접 인솔해야 한다는 부담감이 있어서 현장 학습 날 아이들을 다시 만났다. 한 달이 일 년 같고 아이들과 연결되어 있는 끈이 튼튼해서인지 너무 반가웠다. 현장학습을 무사히 잘 마치고 돌아왔다.

일은 그 다음부터였다. 4일 정도 병가 기간 동안 강사 선생님은 훌륭하시지만 회복적 학급운영과 거리가 먼 문화적 배경을 가지고 있어서인지 아니면 4월이 되어서 아이들이 들뜨기 시작해서 인지 도무지 3월 같은 회복적 학급운영이 먹히지 않고 작동되지 않았다. 형식적으로는 회복적 학급운영을 하는데 내용이 너무 공허하고 연결되었다는 느낌도 없었다. 학급은 소란스럽고, 수업하기 힘들고, 학급에 작은 문제들은 계속해서 분출 되어 나왔다. "회복적 학급운영이 안 되는 것인가?"라는 회의감이 들었다. 간단하게 진행하던 체크인 서클과 체크아웃 서클에서 반 이상이 아이들이 말하지 않고 통과 하는 현상이 벌어졌다. 서클 자체가 진행이 되지 않았다. 3월에 하던 공동체 게임 역시 바닥이 나면서 새로운 게임이 없었다. 지금 생각해 보면 그 당시 내 마음은 몸이 회복된 것으로 생각했지만 몸이 온전치 않아서 아이들에게 짜증을 많이 낸 기억이 난다. 이런 상황에서 "회복적 학급운영, 회복적 생활교육이 과연 능력을 발휘할 힘을 가지고 있는 활동인가?" 마음이 혼란스럽고 괴로웠다. 희망을 가지고 야심차게 도전했고 실제로 3월까지는 성공하는 모양이었는데 "무엇이 잘 못 되었기에 이렇게 무너질까?" 참 힘든 날을 보냈다. 담임으로서 실패하고 있다는 불안감과 스스로가 못나 보였고 자괴감도 들었다.

회복적 생활교육의 핵심, 존중

5월이 지나면서 마음의 불편과 실패했다는 생각을 하면서 "회복적생활교육연구회 연수에도 가야 하나 말아야 하나? 이제 포기해야 할까?"라는 질문을 하면서도 꾸역꾸역 연수에 참여해서 나의 문제를 이야기 했다. 체크인서클이 안 되고 학급운영이 작동되지 않는다는 말을 한 후 몇 가지 방법을 배웠다. 체크인 서클을 할 때 통과를 너무 많이 하는 문제에서는 체크인 서클이 그저 감정이나 있었던 일만 물어 보는 단순한 질문이 반복되었다는 사실을 알았다. 그리고 가장 중요한 문제는 아이들 내면에 있는 이야기를 표현하고 그 말들을 통해 서로에 대한 이해하는 폭이 넓어져야 한다는 사실을 깨달았다. 처음 연수 받을 때 "연결이란 뭐지?"하는 궁금증에 대한 대답을 얻은 것이기도 했다. 내 마음에 있는 생각을 표현할 수 있는 열린 질문이 얼마나 소중한지 알았다. 그리고 통과한 사람들에게 대해서 반드시 다시 말할 기회를 또 주어야 한다는 사실을 몰랐다. 서클에서 어떤 이유든지 말하지 않고 통과할 수는 있다. 그러나 다시 말할 기회를 주면서 생각할 기회와 표현할 기회를 주는 것은 많은 도움이 되었다.

회복적 학급운영에 대해서 이렇게 안 되는 이유에 대해서 고민하고 있었던 나에게 내가 생각하지 못했던 엄청난 대답이 돌아왔다. "회복적 학급운영은 성과를 내기 위해서 하는 것이 아니라 존중을 해야 하기 때문에 합니다." 이 대답은 나에게 너무 큰 충격이었다. 회복적 생활교육이 어떤 것이야 하는지 정확하게 말해 주는 대답이었다. 그 동안 회복을 위한 학급운영을 학급에서 평화롭게 싸움이 없으면서 조용한 반이되기를 바라는 내 자신의 욕심을 위한 수단으로 생각했다. 회복적 생활교육은 실패할 수도 있고 작동이 제대로 안될 때도 있다. 그런데 회복적 생활교육의 가장 중요한 "존중! 학생에 대한 존중, 교사에 대한 존중, 존중하는 문화"는 선택이 아니라 어떤 상황에서도 놓치지 말아야 할 핵심이었다. 학급이 조용하고 싸움이 없어지기 위해 기술을 배우는 것이 아니라 어떤 괴로움을 가진 학생이라도 어떤 마음의 짐을 가진 아이들이라도 회복적 생활교육을 하는 곳에서는 존중을 받아야 한다는 것이 가장 중요하다는 것을 배웠다. 그동안 수업시간에 떠들면서 방해한다고 친구들을 무시하고, 아이들이 욕하고 싸운다고 화내면서 짜증냈던 내 모습이 보이 시작했다. 존중하지 못했던 우리의 모습이 보였다. 회복적 생활교육에서 말하는 존중이라는 핵심에 들어가니 아이들의 마음의 짐과 생활 속에 스스로 해결되지 않은 걸림돌들마저도 존중해야 하다는 생각이 들었다.

회복적 생활교육이란 문화

이런 좋은 깨달음을 배우고 학급으로 돌아 왔다. '이제 존중해야지'하는 마음을 먹고 수업을 하는데 내 신경을 거슬리게 수업을 방해하는 아이들이 보였다. 응보적은 말이 바로 나왔다. "한 번만 더 떠들면 쉬는 시간이 줄어 들 수밖에 없어요." 이 말을 하는 순간 "또 내가 응보적이고 존중보다는 보복을 하는 말을 했구나!" 다시 반성했다. 이런 일을 수없이 반복하면서 떠오른 말이 "문화"였다. 응보 문화에서 회복 문화를 넘어가야 하는데 그동안 평생을 같이 살아온 응보 문화, 경쟁 문화, 보복 문화가 나를 지배하고 있었다. 그러나 서서히 조금씩 회복적 생활교육, 학급운영의 끈을 놓지 않고 있으니 변화가 생겼다. 아이들이 변한 것이 아니라 아이들을 보는 내 시각이 바뀌게 되었다. 아이들이 수업시간에 떠들고 장난치고 때로는 쉬는 시간에 친구들을 무시하는 모습을 보면서 아이들도 그동안 끊임없는 경쟁의 문화 속에서 살아남기 위해 발버둥치면서 이런 행동을 할 수 밖에 없다는 것을 이해하게 되었다.

회복하는 문화는 우리 학급만 바뀐다고 되는 것이 아니라 우리 학년이 바뀌고 학교가 바뀌고 지역사회, 나라 전체가 문화적으로 바뀌어야 한다는 것을 알게 되었다. 회복적 생활교육이 자리 잡으려면 얼마나 오랜 세월이 필요한지 알게 되었다.

아이들에 대한 "믿음"이 생기다

여름 방학이 되었다. 여름방학 동안 쉬면서 한 학기를 되돌아보면서 5학년 9반 아이들에 대해서 생각해 보았다. 되돌아보니 "5학년 9반 아이들은 최소한 자기 할 일과 자기가 지켜야 할 존중의 약속을 완전히 무너뜨리지 않고 있다. 그리고 1학기 동안 존중을 위한 약속을 완벽히는 아니지만 문화로서 지키고 있다"는 사실을 알게 되었다. 그러고 나니 아이들에 대한 믿음이 생기고 내 자신이 더 여유로워졌다. 여전히 응보와 보복의 말이 내 입에 머물러 있지만 아이들에 대한 믿음이 생기니 내 마음은 정말 편해졌다.

아이들에 대한 믿음은 2박 3일 수련활동을 통해 나타났다. 우리 반에 대한 믿음이 있으니 다른 반에서 나오는 문제를 하나하나 돌봐 줄 여력이 생겼다. 반에서 그동안 보이지 않게 누적되어 온 갈등이 수련활동을 통해 폭발해 나온 반도 있고, 숨어 있던 오랜 기간 누적된 개인 간의 갈등이 나와서 싸움이 발생하기도 했다. 이런 상황을 하나하나 회복적 서클과 문제 해결 서클 등으로 돌봤다. 우리 반 아이들은 상대적으로 담임선생님 얼굴도 제대로 못 봤는데도 내 믿음에 그대로 응답해 주었다. 다른 반 부럽지 않게 잘 놀고 방에서도 싸우거나 힘들어 하는 친구들 없이 행복하게 지내다 왔다.

이제 다시 업무 전담팀으로 학교 문화에 도전

올해에는 담임을 하지 않고 있다. 다섯 해 째 업무 전담팀으로 들어갔다. 한 학급을 회복하면서 돌보는 것도 소중하지만 학년이 바뀌고 학교가 바뀌고 다른 학교도 돌봐 주어야한다는 생각으로 업무 전담팀을 신청했다. 회복적 생활교육 교사 연수, 학부모 연수, 그리고 학교 폭력 담당 교사로서 회복적서클을 반드시 심각한 갈등 상황에서 적용하고 학교 전체가 회복적 문화가 되도록 프로그램을 기획하고 도전해야 할 때라 생각했다. 회복적 생활교육은 하루아침에 안 되고 문화는 서서히, 천천히, 지속적으로 이루어진다는 사실을 알기 때문에 올해는 회복 생활교육을 소개하는 해, 내년에는 회복적 생활교육을 실천하는 반이 여러 반 나오는 해로 삼을 생각이다.

무엇이 나를 회복적 생활교육을 하게 했을까? 여전히 질문으로 남아 있고 계속 더 깊이 숙고해야 할 내용들이다. 그런데 변함없는 사실은 회복적 생활교육은 실천하는 사람에게 더 많은 깨달음과 실천력을 준다는 사실이다.

특수 장애아동관련 갈등사례 다루기

박성용 | 비폭력평화물결 대표

　30도 넘는 무더위 가운데서 맞은 태풍의 여파로 온 산의 나무들이 춤을 추며 계곡의 물길들이 밤새도록 외치며 내려간다. 뜨거운 햇볕으로 말라 기죽어 있던 초목들이 생동거리며 일어서 바람을 타면서 생동거리는 몸짓을 잘도 펼쳐내고 있다. 폭풍우로 인해 때로는 어떤 존재는 뿌리를 뽑히고 바람에 쓰러지며 도로를 파내기도 하지만, 대부분의 나무들에겐 성장의 기회이자 흔들리는 몸을 통해 뿌리내리기를 강화시키는 기회가 되기도 한다. 그렇게 해서 중심을 더욱 세운다.

　이와는 반대로 갈등의 폭풍우를 맞이하는 사람들에게는 대부분의 마음이 훼손되고 분리되며 상처로 굽어져 그 아픔이 오래가거나 때로는 트라우마로 의식 속에 남기도 한다. 개중에 일부만 그 갈등의 폭풍우로 인해 오히려 성장과 배움이라는 전환의 기회를 갖기도 한다. 극히 작은 소수에게만 그러한 갈등의 폭풍우가 자신의 영혼을 일깨워 중심을 세우는 전환의 순간으로 맞이하는 것이다.

　한 갈등사례가 떠오른다. 잘 아는 학교의 학생부장으로부터 전화가 왔다. 학폭건으로 올라온 갈등사례를 좀 다루어달라는 부탁이 요지였다. 개요는 한 자폐증이 있는 특수장애아동을 급우들이 장난하면서 동영상을 찍어 단체카톡에 올린 것이 놀림당한 부모에게도 전달이 되어 그 동영상을 보고 크게 분노하여 상대방 동료학생들 4명을 걸어 학폭위를 신청한 것이었다. 학교장과 긴 얘기를 하고서 잠시 보류하여 학교가 실천하고 있는 회복적대화모임을 소개받고 일단 사전서클에서 외부진행자를 만나고 학폭위 가부결정을 하겠다는 것이었다.

그 1분도 채 되지 않는 동영상은 전해 듣기로는 누가 봐도 4명의 학생들이 장애급우를 어린애 취급하고 놀리는 장면으로 보는 데 이견이 없을 정도였다. 그래서 갑자기 가해학생으로 지목된 4 자녀의 학부모들도 크게 놀랐고, 서로 오고간 일련의 비난의 말들로 인해 서로 감정이 상한 상태였으며, 지도한다고 나름대로 노력해온 통합반 담임교사는 이로 인해 자책감과 당황함으로 인한 심리적인 충격을 크게 받았다. 물론 이 동영상으로 인해 가장 속상하고 힘든 사람은 아무래도 그 장애아동의 부모였다. 학교를 신뢰하고 매주 1회 정도 꼭 담임과 아이 학교생활에 체크를 해온 부모로서는 그간의 이야기에 대해 아예 불신을 하게 되었고, 학교도 난감한 처지에서 무엇을 이야기해도 진정성이 상대방에게 전달되지 못했던 것이다.

일반적으로 성추행이나 장애아동에 대한 폭력의 건은 매우 무겁게 가중치를 두어 다루어지고 있고 피해자 인권중심의 해법을 최근에는 사회적 관행으로 진행하고 있어서 동영상의 증거는 손상을 입은 측의 주장에 대응할 아무런 할 일이 거의 없게 된다. 이런 경우 매년 여러 번 신문에 보도되듯이 그 결과는 비참한 결과로 끝나기 마련이다. 가해 학생들은 처벌을 받게 되고, 담임교사와 학폭담당교사 그리고 관리자는 어려움에 처하며, 피해 학생의 부모는 권리를 주장하고 법적 대응을 하지만 그 결과는 피해자가 원하는 만큼의 만족한 결과를 얻기가 점점 어려워진다. 그래서 그 사건으로 인해 더욱 힘든 악순환이 반복되게 마련이다.

그런데 이제 중 1인 당사자 학생들과 장애학생이 앞으로도 2년 반을 더 학교에서 지내야 하는 처지에서 관계의 역동적인 구조를 재설정하여 라포 형성을 하지 않으면 그 장애학생은 더욱 어려운 처지에 있게 될 것이었다. 더군다나 장애학생의 이상행동으로 인한 반급우의 고통이 큰 상태에서 아무도 함께하지 않으려 거리를 두는 상황에서 그나마 옆에서 도움을 주었던 동료 4명에게 이런 일이 일어나서 앞으로 그 장애학생은 한 학년 두 반 밖에 안 되는 상황에서 더욱 관계에 있어서 고립될 것이 뻔한 상황이었다.

일주일동안 각 개인 당사자들을 만나는 시간이 이어졌다. 처벌과 법적제제를 강하게 요구하는 특수장애아동 어머니의 두 시간가량의 분노와 눈물 그리고 무력감, 가해자로 지목된 여학생들의 당황과 억울함, 그리고 그들 어머니들의 힘들음, 특히 아무 것도 할 수 없는 담임교사의 자책감, 양쪽에 대해 어떤 설명과 제안도 먹히지 않는 학교 관리자의 궁지가 일련의 사전 모임을 통해 확인되었다. 그리고 학부모들과 학교에서는 담임교사, 학폭담당교사, 교감이 함께 모여 4시간이 넘는 회복적서클모임을 진행하였다.

중간에 극적인 전환은 바로 손상을 당한 아이아빠가 심각성을 알고 직장으로부터 허락을 받고 함께 참석하여 듣다가, 2시간쯤 지나 전체 이야기가 전개되는 과정에서 손상당한 학생부모의 아픔, 담임교사의 자책의 고백 등을 듣고 난 다음 "모두가 희생자이군요!"라는 말로서 시작되었다. 학폭위 수순을 잠시 중단하고 이행동의로써 학생 4명이 찾아가 피해학생과 그 부모에게 사과하고 잠시 중단한 등교에 대해 다시 초대하기, 학교에서 통합학급에 있어서 학생들이 특수장애학생을 어떻게 대할지 전문가의 교육을 반 전체가 받기, 학급회의를 통한 이번 사건에 대한 성찰과 지원그룹 만들기, 그리고 미처 마련하지 못한 장애학생부모들, 학부모회에서 선임된 학부모, 교감과 담당부장, 및 특수장애아동교사 간의 모니터링 위원회를 신설하여 전 학년에 장애아동들에 대한 복지와 돌봄에 대한 시스템을 구축하여 정기적인 확인을 하기 등과 같은 새로운 이행약속들이 만들어졌다.

대화모임이 4시간이 넘게 끝나갈 때, 행위학생들 쪽의 어머니들의 미안함의 고백, 담임교사와 손상을 당한 어머니간의 눈물어린 긴 포옹, 학교 측의 시스템 미비로 인한 책임의 재확인 등으로 다행스럽게 잘 마무리가 되었다. 이번 사건으로 마음고생을 심하게 하고 있던 여학생들 4명에게도 다시금 웃음이 찾아졌고, 손상을 받은 아이의 학부모는 자녀에 대한 강력한 지원과 학부모간의 자연스러운 연결이 일어났다. 그리고 특수아동 어머니도 대화 과정에서 나중에 알게 된 사실인 자기 아이의 이상행동으로 인해 학급 모두가 매우 힘들어하고 있었다는 사실에 대해 깊은 미안함과 인내에 대한 고마움을 표현하였다.

장애아동이 특수반이 아닌 통합반에서 함께 생활하는 비율이 급속한 속도로 늘어가고 있다. 그리고 이와 관련한 갈등사례로써 일 년에 몇 건씩 큰 사건이 언론에 보도되어진다. 장애학생의 인권에 대한 민감성을 이해 못하거나 하여 학교장과 몇몇의 교사들이 전근을 가고 관여된 학생과 학부모들은 어느 쪽에 있든지 아물지 않은 마음의 상처를 입으며, 문제제기를 한 쪽 학생과 학부모는 법적권리에 이겼어도 자신들을 피하는 동료와 학부모의 눈길에 이중삼중의 고통이라는 후속여파를 당한다.

그렇게 사건이 비극적 결말로 도져지는 데는 옳고 그름에 있어서 무엇이 그른지에 대한 확신과 자신의 정당성에 의식과 에너지를 둘 때 그 진행과정은 이미 '자기충족예언의 법칙'처럼 처음에는 결과가 보이지 않지만 가다보면 이미 '장벽'에 부딪쳐 깨지거나, '낭떠러지'에 추락하는 비극적 상황을 맞이하게 된다. 아무도 중간에 그런 결과를 보려고 하는 것은 아니었겠지만 아쉽게도 안개 걷히고 나면 결국, 자신들이 운전해 나간 결과는 파손과 추락이다.

갈등이 일어나면 당사자들은 -학부모, 교사, 학교관리자는- 가장 손쉽게 그리고 자연적으로 생각하는 것이 '문제해결'을 위해 그 어떤 제안을 하는 것이다. 그리고 그 결과는 뜻밖에도 대부분 기대와 달리 비난과 원성으로 분위기가 전환되면서 상황은 한 레일에 마주보고 달리는 열차 꼴이 되어버린다. 누가 옳고 그른지 사건을 놓고 진검승부가 펼쳐지는 모양새로 어느새 바뀌어버린다. 그래서 휘발성 있는 사건으로 변질되면서 학교도 이 급류에 쓸려간다. 어느새 당사자중의 하나로 서있게 되면서 이로부터 탈출할 수 없는 '블랙홀'을 만들어 모두를 어둠속으로 끌고 들어가게 되는 것이다.

이러한 비극적인 결과로의 가속도는 심각한 것으로 보여지는 갈등일수록 어떻게 해결할 것인가에 의식이 가면서 생기는 논리적인 결과이다. 논리적이라 함은 해결에 대한 의식과 에너지를 갖게 되면, 해결의 '선한 의도'가 화해일지라도 문제해결방식에 대한 내용에 열중한 나머지 상대방의 분노와 무력감이라는 마음에 연결이 안 되는 '부적절한 행동유형'으로 인해 그 결과는 비극일 수밖에 없다는 것이다. 나는 이를 갈등에 있어서 '자기충족의 법칙'에 의한 필연적인 결과의 모습이라 말한다. 옳고 그름과 정당성의 씨앗은 그 어떤 선한의도에도 불구하고 '부적절한 행동유형'으로 인해 이미 그 결과는 손상과 분리, 무력감과 분노이며 이 목적지로 갈등사건이라는 열차는 비난과 논쟁이라는 '자기충족의 법칙'이라는 전류공급에 의해 그대로 돌진하며 나아가게된다.

갈등과 폭력에 있어서 -그것이 개인적이든 조직의 문제이든 혹은 크게는 국가 간이든- 그것을 인식하는 본성을 각자의 옳고 그름과 정당성을 따지는 문제problem로 볼 때, 당연히 논리는 문제해결/대답solution, answer에로 가게 된다. 그리고 마음이 연결되지 않은 상태에서 그러한 문제해결은 본인들도 의식하지 못한 비난과 주장, 듣지 않음과 감정적 차단이 일어나면서 지성의 작동은 실종하고 상대방에 대한 '적-이미지'만 강화되어 각자의 눈은 부당한 것을 꼭 쪼는 '송곳-눈'으로 바뀌면서, 누군가 승리하거나 패배하는 블랙홀의 자장력 공간 안으로 빨려 들어가게 된다. 그 모두가 갈등의 처음에 자극상황에 대한 옳고 그름, 정당성 그리고 이에 따른 문제해결에 기초한 잘못된 인식으로 발생하는 것이다.

그래서 누가 옳고 그른지 서로 상대방에게 말해주고 이에 대해 충분히 논의하며 각자의 정당성을 확인하면 덜 옳고 더 많이 그른 사람이 혹은 정당성을 잃은 사람이 '미안해요'라는 사과와, 더 옳고 더 정당한 사람에 대한 이해에 도달 할 것이라는 지금까지 한 번도 의심 없이 흔들리지 않은 '신화a myth'를 확신으로 지니고 살고 있음으로 오는 비극적인 결과들을 우리는 종종 목격한다.

옳고 그름의 생각 너머에 들판이 있네.
나는 거기서 그대를 만나리.

영혼이 들판의 풀 위에 누우면
세상은 말을 하기엔 너무 충만하네.
-루미(수피 시인)-

갈등이나 인간의 모호한 심리적 실재는 문제problem이 아니라 역설paradox이며, 따라서 그것은 긴장으로 끌어안고 각자의 진실이 들려질 때까지 숙성시켜야 한다. 이를 위해서는 문제해결이라는 해법answer을 추구하는 대신에 깊이 듣고 서로를 연결하는 과정이 필요하다. 역설은 잘못이 아니라 모순된 정확히 말하자면 그렇게 모순적으로 보이는 욕구들을 실현하는 전략의 충돌에서 발생한다. 역설을 다루는 것에 핵심은 연결을 통한 통합적이고 유기적인 전체성

wholeness에 도달할 때까지 대화의 과정을 만들어 내는 데 있다.

그렇게 통합적인 전체성에 도달하려는 과정을 밟을 때 역설로서 갈등은 개인과 공동체를 승화시키고 좀더 본질적인 것에로 돌파해 들어가도록 초대하는 선물이자 풍성함the flourishing of life에로의 안내자가 된다. 예를 들어, 이번 사건에서 보듯이 일반적인 학교폭력위원회의 9개 조치가 주는 강제적인 사회봉사 권고나 타 반으로의 이동 혹은 전학 등에 대한 엄중한 징계와 관련 교사나 관리자의 문책 등과는 다른 결과를 가져왔다.

관련 학생들은 이번 사건에 있어서 자기행동의 부정적 결과에 대한 충분한 자각과 비난으로부터 회복과 자기책임이행으로서 라포 재형성, 담임교사의 심각한 무력감과 손상을 당한 학부모간의 서로의 상처에 대한 깊은 위로와 화해 및 신뢰의 회복, 비장애학생들이 장애학우들과 함께 어울릴 때 일어날 상호행동들에 대해 전문가의 교육과 새로운 행동유형의 배움일반적으로는 통합반에서는 단지 잘 지내도록 당부하거나 일방적으로 참는 것을 관습으로 해옴이 있었다. 더 나아가서 이번 사건을 계기로 학교가 통합반 운영에 대한 선언은 있었지만 아직 구체적인 매뉴얼이나 시스템을 구축하지 못했는데 학교에서는 처음으로 정규적으로 모니터링하고 성찰하여 돌보는 정규적인 모임의 결성이라는 성과까지 오게 되었다.

결국은 이번 사건으로 인해 그동안 학급과 학교가 간과해온 돌봄의 구조와 문화에 대해 민감성을 갖고 대처해 나가는 성장과 배움의 기회라는 선물을 모두가 갖게 된 것이다. 이것은 언론에서 보도되듯이 장애학생의 갈등문제에 관해 일반적으로 학교장과 관련교사의 문책이나 임시 휴직, 학부모들간의 충돌과 의견대립, 장애학생에 대한 지속적인 따돌림의 재반복과 법적으로 이겼음에도 불구하고 피해학생부모의 무력감과 좌절감의 상승이라는 일반적인 행태와는 전혀 다른 결과인 셈이다.

갈등을 문제해결의 대상으로 볼 때 그 갈등은 조기진압이라는 에너지로 흐르게 되고, 여기서 불만과 상처를 받은 당사자들은 상대에 대한 비난과 자기 정당성의 주장으로 파열음을 일으키면서 결국은 모두가 승자 없는 '희생자'로 전락하게 된다. 오히려 갈등을 역설로 이해할 때, 우리는 갈등이 지닌 내재적인 의미와 외재적인 역동적 관계와 구조를 충분히 이해하고 이에 연결하는 지혜와 열정을 얻을 수 있다. 이것이 바로 내가 이해한 도미니크 바터의 '갈등을 꽃피우기'에 대한 의미이해이다. 갈등을 대화로 충분히 숙성시키고 거기서 얻는 모순과 대립의 에너지가 지닌 긴장을 충분히 이해하는 방향으로 끌어올릴 때, 갑자기 예상치 못한 방향과 순간에서 통합적인 전체성에로 전환이 일어난다. 갈등을 빨리 처리되어야 할 쓰레기나 위험물로 보았던 데서 생명력이 올라오면서 법과 원칙을 넘어 휴머니티라는 차원에서 자신안의 진정성과 삶에 대한 신뢰의 감각을 심화시킬 수 있다.

우리가 수피 시인 루미의 글에서 얻는 통찰은 갈등작업을 통해 옳고 그름이라는 덫과 프레임에서 벗어날 때, 그 옳고 그름이 에고의 중요한 작동 방식이었다는 깨달음을 얻는다. 그리고 그러한 옳고 그름의 프레임을 넘어설 때, 비로소 에고를 넘어서는 내적 자아, 곧 내면의 진정한 목소리라는 영혼에 대한 감각을 되찾을 수 있다. 거기서 우리는 동요되지 않는 중심과 휴식으로서의 안전한 내적인 공간을 확인한다. 이 영혼이라는 근저에서 비로소 우리는 '너Thou'라는 임을 만나고 또한 삶이 선물로 충만하다는 것도 인식하게 된다.

갈등작업이 문제해결이 아니라 역설의 날카로움으로 자신의 에고를 벗겨내는 작업이 될 때, 이미 이것은 영혼을 되찾는 연금술적인 수행으로 바뀌어진다. 영혼이 살아 움직이면, 결국, 세상은 자신의 본성인 충만함의 증여로 채워진다. 결국, 세상이 문제인 것은 자기의 에고의 투사에 의한 결과였음을 깨닫는다. 갈등작업이 세상의 문제해결이 아니라 휴머니티에 기초한 영혼을 만드는 작업soul-making work으로 승화될 때, 세상의 충만함과 더불어 나는 내 영혼의 차원에서 진정한 휴식을 얻는다. 이를 위해서는 옳고 그름과 자기 정당성의 언덕을 넘어서 〈경청과 연결〉의 빈 공간속으로 들어가야 한다.

갈등작업은 이렇게 해서 영혼이라는 꽃을 피우는 마음의 연금술적인 작업으로 변화된다. 그 영혼 속에서 개인이라는 분리와 두려움이라는 환상이 사라진다. 오직 충만한 세상으로부터 오는 실재감, 진정성 그리고 능동성의 향연이 자신을 감싼다.

모두가 그 아름다움으로 구원되기를 ….

2부

회복적 학급운영

회복적
서클현장이야기

회복적
서클현 장이야기

교실에서의 회복적 학급운영 시스템구축

문수정 | 서울 남부초등학교 교사

1. 나의 고군분투 교육관 찾아가기

나는 아이들이 배움의 장인 교실에서만큼은 누구의 눈치도 보지 않고 온전히 자기 자신이 되길 바란다. 그 공간에서 가장 큰 영향력을 가지고 있는 교사가 아이를 있는 존재 그대로 바라보지 못하면 아이는 교실에서 온전히 자기 자신으로 존재하지 못하게 된다. 교실에서 살아남기 위해 교사에게 반항하고 친구를 비난하며 자기 존중감 없는 말과 행동을 빈번하게 하여 학급문화를 혼란 속으로 빠뜨리게 된다. 교사는 교실이라는 공간속에서 절대적인 힘을 가지고 있기에 교사 자신이 정해놓은 사고의 틀에 맞춰 아이를 평가하고 재단하면 그와 같은 현상억압된 조용한 분위기 혹은 혼란스러운 분위기은 현실이 되고 만다. 그 사고의 틀로 아이들을 조종하고 지배하려-의도하지 않더라도-들기 때문이다. 나는 지금도 하루에도 몇 번씩 응보와 회복을 왔다갔다 한다. 아이들을 내가 옳다는 방식으로 가르치려 들고 평가하고 재단한 지가 15년이기 때문이다.

한계에 부딪혀 상담대학원도 다니고 학부모 상담과 학생상담을 공부한 대로 적용하기 위해 애를 써보기도 했지만 실패했다. 나는 중요한 것을 잊고 있었던 것이다. 그 존재를 있는 그대로 바라봐주고 인정해주는 기본적인 관점이 형성되어 있지 않았던 것이다. 2015년 회복적 생활교육을 공부하면서 나의 태도는 변화되기 시작하였고 학급 문화는 바뀌었다. 아이들을 내가 치료하고 바꿀 수 있다는 관점에서 아이들을 존재 그대로 바라보고 스스로 자기 돌봄을 할 수 있는 존재로 여기게 된 것이다. 씨앗이 나무가 되어 가는 과정을 볼 때 예전에는 씨앗은 불완전하고 나무는 완전한 존재라고 생각했다. 그러나 이제는 씨앗은 그 자체로 완전한 존재이며 자라가는 단계마다 완전한 존재라는 생각이 든다. 아이들도 부족한 면은 있을 지라도 현재 완전한 존재라는 생각이 들자 사고의 전환이 왔던 것이다. 아이들에게 자기 자신과 친구의 장점을 보게 하는 여러 서클 활동을 통해 아이들에게 주도권을 넘겨주었다. 공이 아이들에게 넘어간 것이다. 아이들은 공이 자신들에게 넘어오자 편안한 교실에서 자유롭게 놀고 공부하고 안정을 찾아갔다. 물론 매일매일 소소한 갈등도 있고 소란함도 있다. 그러나 모두 견딜 만한 것이고 있을 수 있는 매일의 일상이기에 우리는 행복한 1년을 보낼 수 있었다.

이러한 사고의 전환-회복적 생활교육과의 만남-이 일어나고 4년 동안 나 자신을 실험하고 학급 문화를 지켜보았다. 정말 예전과는 다른 학급 문화가 펼쳐졌다.

사회가 불안정하면 그 속에서 삶을 살아내는 부모가 힘들어지고 부모의 인격적 그늘 아래에서 살고 있는 우리 아이들이 영향을 받지 않을 수 없다. 교육당국과 학부모 학생의 다양한 요구를 온 몸으로 받으며 교육에 임하고 있는 교사는 그 만큼 어깨가 무겁다. 그렇다 해도 아이들을 사회 탓, 부모 탓만 하며 그냥 두고 볼 수는 없다. 암에 걸린 환자를 보고 의사가 '부모님이 어떻게 했길래 당신을 암에 걸리게 했나요?' 묻지 않고 치료에 전념하듯이 교사도 부모의 책무성을 나무라는 지점에서 벗어나야 방법을 찾는 것이 수월해진다. 그렇다고 교사는 이러이러해야한다는 콤플렉스SHOULD BE COMPLEX 빠진다면 교사는 또다시 진을 빼야 하기 때문에 학급 구성원 모두가 에너지를 소진하지 않고 교사와 아이들이 스스로를 돌보고 모두가 서로를 돌보는 교실! 모두가 특별해지는 교실! 교사의 마음도 편안하고 아이들도 평화로운 그런 학급문화를 추구하고 싶다.

2. 회복적 학급시스템 구축

가정과 사회의 역기능으로 인해 단절된 관계는 아이들이 정서적으로 힘들어질 수밖에 없다. 그 가운데 나는 만만치 않은 학부모와 아이들을 만나게 되었다. 그리고 교단에서 생존하기 위해 아슬아슬 "비행"해야 하는 나날을 보내게 되었다. 그 속에서 육체적·심리적으로 소진된 나는 다음과 같은 질문을 던지게 되었다.

교실에서 교사와 학생 모두가 누릴 수 있는 평화는 어디에서 오는가?
교실에서 물리적·심리적으로 안전한 공간은 어떻게 만들어지는가?
교실에서 교사와 학생 모두가 존중받는 공동체는 실현 가능한가?

회복적 생활교육은 물리적·심리적으로 안전한 공간을 구축하고 그 안에서 평화로운 공동체를 구축할 수 있는 바탕이 되지 않을까? 생각했다. 왜냐하면 회복적 정의가 추구하는 방식이 존중과 돌봄의 방식이고, 회복적 서클 대화 과정이 서로의 진심이 통하게 하여 발전적인 방향으로 나아가게 이끌기 때문이다. 그래서 회복적 서클을 힌트삼아 아이들의 다양한 욕구를 충족시켜줄 수 있는 7가지 서클 방식의 활동을 구안하였다. 즉, "돌봄지원서클, 자치서클, 독서서클, 교실놀이서클, 마음지원서클, 틈새서클, 회복적서클"라는 7가지 서클 레시피를 통해 학급시스템을 계획하여 운영하였다. 그 결과 정서적으로 힘들어하는 아이뿐만 아니라 학급구성원 모두가 회복적 학급시스템안에서 함께 살아가는 방법을 배우고 자기 존재의 소중함과 친구의 소중함을 아는 경험을 할 수 있었다.

돌봄지원서클은 교실에서 특별한 배려와 보살핌이 필요한 아이들을 공동체 안에서 자연스럽게 포용하는 방법으로 진행하였다. 특별하지 않으면서도 특별한 돌봄을 받을 수 있도록 하여 그 아이들이 평범하게 학교생활을 잘할 수 있게 되었다. 돌봄지원서클 수업은 자칫하면 마음이 여린 아이나 힘든 상황에 놓여있는 아이들에게 충분한 의견을 듣기 어려울 수 있다. 그래서 우편함을 만들어 말하기 힘들어 하는 내용을 편지로 적어놓으면 그 주제를 가지고 돌봄지원서클을 하는 방식을 적용하기도 했다. 또한 동영상, 역할극, 조각상 등의 연극적 요소, 포스트잇으로 의견 나누기 등 다양한 활동을 진행한 후 돌아가며 모든 아이의 생각을 나누었다. 수업 마무리 단계에서 공동체 놀이를 넣어서 충전하는 시간을 가졌는데 아이들이 특히 이 시간을 기다리는 것을 볼 수 있었다. 특별히 비폭력대화 방법, 공감 경청 등을 통하여 아이들의 자기 성찰이 조금씩 일어나는 것을 보고 보람을 느꼈다.

자치서클은 모둠 활동, 부서활동, 임원 세우기 활동을 중심으로 했는데 아이들의 자신감과 리더십을 키우는데 중요한 활동이었다. 특히 생일파티 재능 기부시간에는 자신의 장점을 키우고 친구들 앞에서 발표하는 시간을 통해 자기이해가 깊어지고 자존감을 향상시키는 기회가 되었다. 3학년의 경우 자치 활동을 자발적으로 효과적으로 하기에 어려울 것이라는 편견이 있었다. 그러나 둥그렇게 앉아서 토의하고 의견을 모으는 활동을 자주하면서 충분히 가능함을 알게 되었다. 아이들이 학급의 부서활동신문부, 체육부, 생파부, 꾸미기부을 통해 학급 세우기에 스스로 참여하는 것을 보고 보람이 있었다. 학급 임원들이 임원 역할 시작과 중간, 끝부분에 모여서 리더 모임을 했는데 임원으로서 계획과 반성을 하는 기회를 갖게 되고 책임감을 기르는 계기가 되는 것 같다.

독서서클 시간에는 국어책과 동화책에서 선택한 주제로 연극적 요소와 인형극, 조각상 등 다양한 형태의 수업을 하면서 아이들의 재능을 발견하였다. 아이들이 직접 대본도 쓰고 연극도 하면서 자신의 장점을 발견하고 평소 보이지 않았던 친구들의 장점도 보는 시간이었다. 국어 수업은 글을 통해 자기이해가 깊어지고 타인의 생각을 알아보기에 가장 적절한 과목이라는 생각이 든다. 다양한 이야기 소재와 토론 소재를 경청하고 연극적인 요소 등의 수업 모형으로 적용하기에 적당하다. 국어 시간에 독서활동과 독후활동을 가장 활발하게 적용하여 수업을 재미있었던 것 같다. 초등학교 수준에 맞는 인문학 수업을 하고 있는 듯한 느낌이 들었다. 독서 전후 활동으로 연극, 인형, 카드 나눔, 그리기 등을 활용한다면 더욱 더 풍성한 나눔이 이어짐을 느꼈다. 특히 교사가 구연동화로 읽어주니 훨씬 집중하면서 듣고 모든 아이가 돌아가면서 책의 느낌을 이야기하는 시간을 통해 각자 생각이 다름을 확인하는 시간이 되었다.

교실놀이서클은 교우관계를 향상시키고 놀이 활동 가운데서 자기이해와 자존감을 키우는 좋은 기회가 되는 시간이었다. 아이들이 교실놀이를 하면서 편안한 웃음을 되찾고 학습면에서 자신감이 없던 아이도 친구들과 놀면서 자신감을 되찾았다. 공감능력과 의사소통능력이 부족한 아이는 말하는 것이 많이 부드러워졌음을 볼 수 있었다. 쉬는 시간과 점심 시간은 아이들이 가장 신나는 시간이다. 이 시간을 이용하면 교우 관계를 향상 시키고 공동체 활동 안에서 자존감을 키울 수 있는 귀한 시간이었다. 특히 친구들과 관계 형성에 어려움을 겪고 있던 세윤이는 블록놀이를 하며 친구 사귀는 법을 배우고, 서형이는 인형 역할극을 하면서 편안한 웃음을 찾았다. 학습적인 면에서 많이 부족해 늘 자신감이 없던 윤영이는 교실놀이를 하면서 친구들과 잘 지낼 수 있다는 자신감을 얻었다. 고집이 세고 의사소통능력이 부족했던 기영이는 좋아하는 종이접기를 친구들에게 설명해주면서 많이 편안해지고 공감능력이 향상되는 것을 볼 수 있었다.

마음지원서클 시간에는 공감대화, 비폭력대화, 경청하는 태도를 배우고 자신의 필요와 욕구에 대해 이해하고 친구들에게 자연스럽게 표현하게 되었다. 특히 대화 방법을 몰라 친구 관계 형성에 어려움을 겪고 있던 아이들에게 도움이 많이 되었다. 나의 마음판, 공감밴드, 공감카드, 욕구말느낌말 카드놀이 등 다양한 방법으로 자기 마음을 표현하여 자기를 이해하고 자신에 대한 소중함, 자존감을 느끼게 하였다. 특히 등교하자마자 교사와 하이파이브로 서로 알아봐주는 의미있는 시간을 가졌었다. 유진이가 가정에서 짊어지고 오는 무거운 짐들로 인해 하루종일 날카롭게 지내는 편인데 하이파이브하는 그 시간만큼은 해바라기처럼 환하게 웃었다. 밀려오는 업무로 인해 하이파이브를 스톱하겠다고 아이들에게 말하고 싶었으나 그 아이 때문에 멈추지 못하고 1년 동안 하이파이브를 했다.

그리고 아침에 등교 전에 가정에서 있었던 일, 등굣길에서 있었던 일, 학교에 등교하자마자 있었던 일로 하루의 감정이 좌지우지 되는 경우가 많은데 아침 체크인서클을 하고 나면 아이들이 감정을 잘 정리하고 수업을 시작하는 것 같았다. 예를 들면 "아침에 엄마와 싸워서 기분이 좋지 않아 시무룩해 있었는데 체크인을 하니 좀 풀렸어요", "잠을 조금밖에 못자서 피곤해요", "감기 기운이 있어서 머리가 아파요" 등 자기의 현재 기분을 나누고 나면 훨씬 편안해 하는 것을 아이들의 표정에서 읽을 수 있었다. 아침체크인 시간을 매일 할 수는 없지만 가끔 할 때마다 하루가 다르다는 느낌이 든다. 또한 아침 시간에 친구들의 마음과 몸 상태를 알게 되면 우리 반 전체가 배려가 필요한 친구를 배려하게 되고 조심하게 되기 때문이다. 그리고 다양한 종류의 카드놀이는 사람의 감정의 다양성을 배우게 하고 표현하게 되는 시간이 되었다. 마음을 무언극으로 나타낼 때는 무엇인지 모를 뭉클함이 밀려오기도 했다.

틈새서클 시간은 주로 방과 후에 참여가 가능한 아이들과 함께 했다. 아이들은 여러 가지 틈새 활동 중 가장 재미있었던 것은 선생님, 친구들과의 서점, 도림천, 보라매공원 등 마을을 탐방활동 후에는 식당에 가서 국수, 김밥 등을 먹으며 우정을 키우는 시간을 가졌다. 그리고 생명존중모임 아이들은 친구들과 텃밭에 가서 잡초를 뽑고 방울토마토를 따 먹고 교실에서 미술 시간에 감자를 쪄먹었던 기억이 좋았다고 한다. 특히 그림을 그리며 김이 모락모락 나며 감자가 쪄질 때 향기가 넘 좋았다고 나중까지 이야기했다. 어떤 아이는 집에서는 찐 감자를 먹지 않는데 학교에서 친구들과 직접 기른 감자를 먹으니 맛있었다고 한다. 늦가을에는 땅콩을 수확해서 볶아먹었는데 흙두덩이를 높게 쌓지 않아 영양분을 많이 먹지 못해 생각한 것보다 크기가 작아 실망하기도 했다. 둥그렇게 앉아 도란도란 이야기하며 찐 감자와 땅콩을 먹는 아이들 모습 속에서 어렸을 적 내 모습이 그려지기도 했다.

회복적서클은 아이들 간의 갈등을 대화로 원만하게 풀어나가게 하는 강력한 도구가 되었고, 화해의 테이블은 교사의 중재 전에 아이들끼리 비타민을 먹으며 마음을 풀 수 있는 기회를 주는 자리가 되었다. 위기개입서클은 위기학생에 대해 학교공동체 구성원이 함께 모여 고민하고 지원해 주는 자리여서 의미가 있었다.

아래 소개하는 아이들은 7가지 서클 레시피로 학급에서 회복적생활교육을 구축하여 변화가 많이 일어났던 아이들 중 2명을 소개하고 싶다.

♡ 김재윤: 돌봄지원서클 시간에 처음 몇 번은 아무 이야기도 하지 않았으나 5번째인 오늘을 재윤이가 자기 감정을 짧게나마 이야기를 했다. 일기를 써 오라고 하면 1학기 내내 책을 그대로 보고 써오더니 7월에는 12줄이나 써와서 아이와 즐겁게 하이파이브를 했다. 그림그리기 시간은 책을 읽거나 엎드려 있었는데 드디어 2학기에 국화2송이를 보고 그리는 것을 마무리했다. "재윤아 이제 할 수 있겠지? 잘했어~" 재윤이도 환하게 웃었다. 1학기 내내 아이와 끊임없이 포기하지않고 잘할 수 있다고 희망을 불어넣어주었던 시간이 보석처럼 느껴졌다. 이제 재윤이는 글과 그림으로 감정표현을 할 수 있다!

♡ 이선형: "선생님 저 어린이집에 인형을 기부하고 왔어요", "우와 기분이 어땠어?", "기분 완전 좋았어요.^^" 선형이가 어린 시절 다녔던 어린이집에 혼자 가서 인형을 기부하고 왔다고 해서 칭찬해 주었다. 다문화 아이로 1학년부터 따돌림을 당하여 늘 자존감을 부족했던 아이인데 밝아지고 혼자서 어린이집을 찾아가서 기부활동도 했다. 그리고 체육시간에 대표준비체조를 하는 시간에 자꾸 뒤로 빠지고 했었는데 오늘은 자신감있게 나가서 대표체조를 했다. 이제 자신감이 붙은 모양이다. 자기가 알아온 게임을 체육시간에 친구들과 함께 할 수 있도록 했는데 선형이가 준비해온 게임을 친구들에게 설명하는 모습을 보고 마음이 놓였다. 이제 혼자 잘할 수 있구나!

1년이 다 지나가는 지금 우리 반 아이들은 여전히 말썽피우는 평범한 3학년의 특성을 가지고 있다. 그러나 다른 점이 있다면 교실의 다양한 문제들을 교사와 서클이라는 갈등해결 부엌으로 가져와서 모두가 둘러서서 대화로 요리를 하고 맛난 결과를 먹는 방법을 알고 있다는 것이다. 여기에서 아이들이 만들어갈 평화롭고 안전한 미래의 가능성을 본다.

그리고 지금까지 회복적 생활교육의 철학을 배우고 서클 프로세스로 수업을 하면서 교사로서의 가장 큰 변화는 인간관이 긍정적으로 변화하고 집단으로서 학생이 아닌 개인의 인간으로서 바라보게 되었다는 점인 것 같다. 학급의 변화는 서클에서의 힘의 분배로 위축되어 있던 학생은 자신감을 가지게 되고 말썽 피우던 학생은 차분해지며 서클을 통해 자기 성찰의 기회를 자주 갖게 되면서 스스로 행동수정을 하게 되는 것이었다. 회복적 서클 프로세스가 점점 힘들어지는 교육현장에 모든 문제의 해답은 아닐지라도 교사와 교사, 학생과 학생, 학교와 학부모를 연결하는 마중물이 될 수 있다고 생각한다.

3. 교사공감서클

교사는 아이들의 성장을 위해 도울 수 있는 연수는 많이 받지만 정작 그 주체가 되는 교사 자신을 위한 연수는 찾기 어렵다. 다른 직업군들 중에서도 특수한 직업군인 교사는 가장 친한 친구에게도 그 애환을 털어놓기 어렵다. 교사만이 교사의 아픔과 어려움을 이해할 수 있다. 본인은 새 학교로 전입해 가면서 어떻게 적응해 가야하나 고민하는 가운데 내가 먼저 교실을 열고 모이면 어떨까?라는 질문을 던지게 되었다. 내가 어떤 사람인도 모르고 과연 우리 반으로 오실까? 의심이 들었지만 동학년 선생님들만으로 구성되었던 모임이 1년후에 13명으로 늘어났다. 물론 학교행사나 출장으로 매번 13분이 모이시는 것은 아니었고 평균적으로 5-6분이 오셨다. 서클 방식으로 모여서 회복적 생활교육, 교직생활의 어려움과 힘들게 하는 아이들 및 학부모님들에 대해 불평보다는 마음이 얼마나 소진되었는지를 나누었다. 동료교사들과 하는 수다와 어떻게 다르냐는 질문에 교사공감서클에 오면 교사가 아니라 한 인간으로 대접받는 느낌이 들고, 치유받는 느낌이 든다고 하셨다. 어떤 분은 3월 2번 오셔서 하소연 한 것만으로 1년을 버틸 수 있었다고 하셔서 깜짝 놀랐다. 그리고 서클 프로세스에 근거한 공동체 대화 나눔을 매주 2년간 실천하자 나의 마음도 열리는 것 같았다. 이렇게 교사공감서클은 누군가 강의하거나 가르치는 방식이 아니라 집단지성과 공감의 분위기로 서로를 치유해가는 공간으로 자리매김하고 있었다. 교사공감서클이 2년 동안 지속적으로 참여인원수가 늘어나고 나눔이 깊어지는 이유는 서클이 가진 힘과 함께 자발성과 동료성을 바탕으로 했기 때문이 아닐까 생각한다.

4. 내가 희망하는 것

어느 지역교육청 학교폭력예방현장지원단 회복적 대화나눔 중 경찰관님께서 하신 말씀이 생각난다. 학교폭력건과 관련되어 흥분해 계시는 학부모님께 지금 당장 힘드시겠지만 아이들이 살아가는 '관계'를 한 번 더 생각해보시라고 하면 조금 진정되시는 경향이 있다고 하셨다. 그러시면서 '우리는 관계성 안에서 살고 있다'고 일갈하셨다. 그 분은 그날 회복적 대화나눔을 처음 참여하신다고 하셨지만 관계를 중요하게 생각하는 맥락은 연결되어 있다는 생각이 들었다. 관계와 연결은 만고의 진리인 것 같다. 지금 나의 가장 중요한 관심사는 교실이라는 공간에서 관계로 연결된 아이들이 회복적 생활교육 철학을 바탕으로 교실에서 정서행동 조절에 어려움을 겪고 있는 아이들과 행복하게 살아가도록 돕는 것이다. 또한 따돌림, 우울증, ADHD, 무기력증 등의 증상을 가지고 있는 아이들에 대해 그렇게 행동할 수밖에 없는 이유를 이해하고 섬세한 돌봄을 제공하는 것이다. 그리고 이를 위해 교사가 자극과 반응 사이에 있는 공간을 먼저 회복적으로 살고 싶다.

두려운 만남에서 감사한 만남으로

김민정 | 서울 항동초등학교 교사

지금 나는 작년에 이어 3년째 우리 반 학생들에게 회복적 서클을 적용하며 새로운 날들을 맞이한다. 내가 회복적 서클을 만나게 된 건, 교직 생활 중 가슴 아픈 두 가지 숙제에 대한 답을 찾으려는 마음에서 여러 가지 교육방법을 찾던 중 우연한 연수를 통해서였다.

나의 교직 생활 중에 가슴 아픈 두 가지 기억 중, 첫 번째 기억에 대한 이야기를 시작하려 한다. 나는 언제부턴가 교직에서 6학년을 담임하는 것에 대한 부담감이 생기기 시작했다. 사춘기에 들어서는 학생들을 대하는데 두려움이 생기기 시작했다. 그 두려움은 9년 전, 그러니까 2010년 6학년 담임을 하면서 경험했던 많은 사건들과 가슴 아픈 기억 때문이다. 그 해에는 정말로 많은 일들이 나에게 쓰나미처럼 일어난 해였고, 나는 그 폭풍의 가운데에서 사건들을 어떻게든 해결하려고 거의 두 달가량을 매일 저녁마다 부모님들과 상담을 하며 늦은 퇴근을 해야만 했다. 생계에 바쁜 부모님들은 아이를 학원과 학교에 맡겨놓고 밥만 잘 먹이면 자녀교육은 그 책임을 다했다는 생각을 갖고 있는 듯 했다. 가정에서 깊이 있는 대화와 가정교육 등이 제대로 이루어지지 않는 경우가 많아지면서, 사춘기에 들어선 아이들이 생각 없이 일으키는 사건 사고들의 정도가 상상을 초월하였고 이로 인해 부모님들이 받는 충격은 이루 말할 수 없을 정도가 되었다.

그때 우리 반에 일어났던 사건들은 가출 사건부터 시작해서 학교 기물 훼손, 왕따 사건, 도난사건, 거짓말, 학교 내 흡연 사건, 시험지 위조 사건, 마지막으로 폭력사건까지 그야말로 종목도 다양하게 나쁜 일들은 죄다 일어나는 듯했다. 그 당시 나는 교직경력이 13년 정도 되었을 때였고, 그때까지만 해도 나는 교직이 나의 적성과 잘 맞는다고 생각을 했었다. 발령 초기부터 나는 여러 가지 인성교육들에 관심을 가지며 배우고 연구하며 별 어려움 없이 교직을 이어왔다. 그런데 갑자기 불어 닥친 이 위기는 나에게 처음엔 도전의식도 일게 했지만, 반복적으로 일어나는 각종 사건들로 인해 나는 서서히 지쳐가기 시작했다. 대부분의 사건들은 학생들이 다행히도 본인의 잘못을 뉘우치고 좋은 방향으로 잘 마무리 되었지만, 유독 한 남학생만은 진정한 반성과 사과의 기회를 갖지 않은 채 회피하듯 6학년을 끝내야만 했다.

　　당시에 그 남학생은 성적도 가정환경도 다른 아이들에 비해 좋은 편이였고, 5학년 때는 전교 임원을 할 정도로 아이들에게 인기 있는 아이였다. 그러나 그 아이는 학급에서 가지려는 인기에 대한 욕망과 잘못된 리더십으로 인해 집단따돌림을 조장하고 온갖 비행을 저지르면서도 본인의 잘못을 반성하려 하지 않고 회피하거나 변명하려고만 했다. 나는 교사로서 그 학생을 진정으로 변화시키고 성장시키지 못하고 있다는 생각에 무력감을 느꼈다. 그리고 학급에서 일어나는 여러 가지 갈등과 문제를 일으키는 아이들을 보며 배신감과 자괴감을 느낀 적이 많이 있었다. '무엇이 어디서부터 잘못되었을까?'라는 생각을 하게 되었고, '그런 종류의 아이에게 나는 어떻게 하면 진정으로 다가갈 수 있을 것인가'에 대한 고민을 하게 되었다. 그때부터는 해마다 새 학기에 접어들 때면 학생들과의 만남에 있어 행운을 기대하는 마음을 가지게 되었다. 한동안 그 아이는 나의 기억 속에 교육자로서 해결하지 못한 숙제로 남아 있었다.

또 한 가지 기억은 몇 해 전 내가 속해있는 학교의 고학년 어린이 한 명이 학년에서 집단 따돌림을 당하게 되어 매뉴얼대로 학교폭력대책위원회를 열고 서면사과 및 공개사과를 한 일이 있었는데, 중요한 사실은 그러한 대책 뒤에도 여전히 아이들의 관계는 회복되지 않은 상태로 마무리되었다는 점이다. 따돌림받은 그 아이가 지나가면 아이들은 마치 바다가 갈라지듯 그 아이를 피해가게 되고 학생들은 더 이상 그 아이와 관계 맺으려 하지 않았다. 그 아픈 기억은 모두의 가슴에 상처만을 남기게 되었다.

서로의 마음이 진정 회복되는 길은 무엇일까? 이 두 가지 아픈 숙제와 같은 기억으로 인하여 이것저것 방법을 찾던 중 회복적 생활교육 연수를 받게 되었다. 연수 중 접한 회복적서클 대화 과정인 상대의 말을 듣고 반영하는 특이한 과정 속에서 신기하게도 갈등이 자연스럽게 해결되는 모습을 보고 참 신기한 생각이 들었다. 교사가 별로 힘을 들이지 않고도 누구 하나 억울한 마음 없이도 갈등이 해결되는 모습을 보고, 나는 어쩌면 내가 가져왔던 그 숙제를 해결할 수도 있을 거라는 희망을 가지고 회복적 생활교육을 그때부터 학생들에게 적용하기 시작했다. 그리고 회복적 생활교육 서울교과연구회에 한 달에 한 번씩 참여하면서 선생님들의 경험과 나눔을 통해 하나씩 배워가기 시작했다. 존재와 존재의 만남으로 학생들을 마주하는 것, 안전한 공간을 만들고 그 안에서 함께 대화 나누는 것, 경청하는 것, 존중의 일관성을 가지는 것. 회복적 생활교육을 알면 알수록 변화해야 할 대상은 '나'라는 생각이 들었다.

교직경력 22년 차이던 작년은 회복적 생활교육을 본격적으로 학급에 적용하기 시작한 지 2년째 되던 해이다. 학교를 옮기면서 당연히 맡게 되는 6학년, 그 두려웠던 6학년 담임을 두려움 없이 맡게 되었다. 체크인 체크아웃 서클을 적어도 1, 2주에 한 번씩은 꼭 하고, 수시로 일어나는 다툼과 갈등도 회복적 서클로 해결해서 우리 반에서는 갈등이 생겼을 때 대화를 나누는 과정은 하나의 문화로서 자리 잡았다. 그러나 한 가지 걱정스러운 모습이 보였다. 다른 아이들과 교류가 거의 없는 두 아이가 걱정되었다. 겉모습이 미국인처럼 보이는 엘리스라는 다문화 여학생 한 명과 보육원에서 살고 있는 이수연이라는 여학생 한 명에게는 아이들이 거의 접근하지 않고 아이들과의 교류가 없는 것이다. 유심히 지켜본 결과 엘리스는 친구들의 실수나 사소한 장난에 민감히 반응하며 심하게 질책하는 까칠한 모습을 보이므로 친구들이 별로 좋아하지 않는 경향이 있었다. 그리고 시설에 사는 수연이는 지능이 경계지능 수준이라서 대화 수준이 또래의 다른 아이들과 같지 않기 때문에 아이들이 가까이 하지 않는 것이었다. 두 아이가 다른 아이들과 함께 어울려 노는 모습은 볼 수 없지만, 그렇다고 다른 아이들이 그들을 따돌리는 것은 아니었기 때문에 개입하여 지도하기도 애매하여 걱정스러운 마음으로 지켜보고 있었다.

그러던 어느 날 그 두 아이에 대한 욕설이 카톡 단톡방에서 있었다는 제보가 들어온 것이다. 반 아이 하나가 알림장 내용을 알려주기 위한 좋은 의도로 단톡방을 만들었으나 그 안에서 욕설이 오갔다. 초대된 남자 아이들이 퇴장을 하자, 김도현이라는 여학생이 남자아이들이 퇴장하는 것을 막기 위해 카톡 공지사항으로 "여기 나가면 엘리스^{다문화 여학생} 좋아하는 거고 이수연^{시설 거주 여학생}과 사귀는 거임!" 이라는 말을 올린 것이다. 또 그 단톡방을 연 주인공인 김민서는 "이제는 하다못해 인성쓰레기 엘리스랑 사귀려고?" 등의 모욕적인 말을 하였다. 승기라는 남자아이는 자기가 퇴장해도 자꾸 초대하는 것에 화가 나서 많은 욕설들을 쏟아내었고, 그로 인해 단톡방에서는 더욱 심한 말들이 서로 간에 오가게 되었다. 여기에 초대된 다른 반 아이의 제보로 단톡방 카톡 사건이 교사에게 알려지게 되었다. 우려가 현실이 되어버린 것이다. 보이지 않게 소외된 느낌의 그 두 아이의 이름이 공공연히 단톡방에서 좋지 않게 거론되었고 이것은 명백히 사이버폭력 행위인 것이다.

나는 관련 당사자들인 도현이와 민서 그리고 승기를 방과 후에 불러 내용을 조사하고 그 일이 우리 반 친구들과 피해 어린이들에게 어떤 영향을 주었는지 생각하게 하였다. 김민서는 엘리스에게 '인성쓰레기'라는 말을 하게 된 이유가 5학년 때 엘리스가 자기에 대해 다른 친구에게 거짓 소문을 말한 것에 화가 나서 했다고 하였다. 그것을 올린 아이들은 사태의 심각성을 알고 진정한 반성을 하였으나, 문제는 단톡방에서 한번 내뱉어진 그 말로 인해 두 여학생이 진짜 공공연한 따돌림의 대상이 되어버렸다는 점이었다. 9년 전 그 아픈 기억 속 그 문제 남학생이 생각났다. 이 아이들이 피해자에게 진정으로 사과하지 않는다면 이 아이들도 잘못을 회피하려는 자세로 세상을 살아갈 것 같은 걱정도 들었다. 그때 생각난 건 얼마 전 교과연구회에서 배웠던 문제해결 서클이었다. 학급에서 해결하기 어려운 도난사건 등이 생겼을 때 비난하지 않는 방향으로 공동체를 돌보며 문제를 해결할 수 있는지에 대한 내용이었다. 그 문제해결 서클을 우리 반에 적용해 보기로 했다.

나는 다음날 서클을 열었다. 체크인 질문으로 "어제 단톡방에서 누군가를 욕하는 행위가 있었으며 단톡방에서 욕설을 하는 행위나 퇴장하는 사람을 계속 초대하는 일 등과 관련하여 우리 반 누군가가 상처를 입게 되는 일이 발생한 것에 대해 선생님은 매우 마음이 아파요. 그리고 이로 인해 우리 반 친구들끼리 서로 좋지 않은 분위기가 되는 점이 매우 걱정스러워요. 여러분은 이와 관련하여 지금의 심정이 어떠한지 말해볼까요?"

이 질문에 대해 그 단톡방에 있었던 10여명을 제외한 학생들은 그런 일이 있었다는 점에 놀랍다는 반응을 보였고, 사실 그 피해자인 두 여학생은 이에 대해 전혀 모르고 있던 상황이었다. 그리고 그 단톡방을 알고 있는 학생들은 "그 단톡방을 나온 것이 정말 잘한 일이라 생각해요", "핸드폰이 없는 게 다행이라고 생각해요", "친구에게 미안해요", "이런 일이 있었다니 놀라워요" 등의 반응이 있었다.

나는 두 번째 질문을 던졌다. "내가 만약 그 피해자라면 어떤 마음이 들까요?" 이 질문에 대부분의 학생들이 "정말 속상할 것 같아요", "학교 다니기 싫을 것 같아요", "복수하고 싶을 것 같아요" 등의 이야기를 해 주었다.

나는 세 번째 질문을 던졌다. "피해입은 어린이에게 해주고 싶은 말이나, 피해를 입은 어린이가 잘 생활할 수 있도록 응원해주는 말을 한다면 어떤 말을 해주고 싶은가요?" 아이들은 "힘내", "미안해"라는 말이 많이 있었다.

나는 마지막 질문으로 "앞으로 우리 반에서 친구가 은근히 따돌림 당하거나 비난받는 아이 등의 이 같은 상황을 목격했을 때 나는 방관자가 아닌 친구를 돕는 어떤 행동을 선택할 수 있을까요?"라는 질문을 하였다. 아이들은 따돌리는 아이에게 하지 말라고 하거나 너도 입장 바꿔 생각해 보라는 말을 해주고 싶다고 하였다.

나는 카톡방에서 두 여학생의 욕을 한 아이들이 피해 학생들에게 진심으로 사과할 기회가 있어야 하는데, 학급의 다른 학생들에게는 피해자가 누군지 알려지지 않은 상황이라 당사자들을 따로 불러 사과를 하게 하자니 다른 아이들에게 피해자가 공개되는 것 같아서, 피해자가 공개되지 않고 사과할수 있는 다른 방법을 쓰기로 했다. 진심 어린 사과편지를 써서 주도록 하려는 것이다. 그래서 학급의 모든 어린이들에게, 사건 피해 당사자들 또는 그 동안 우리 반에서 미안했던 친구들에게 진심 어린 사과편지 쓰기를 하도록 하였다. 학급의 여러 친구에게 사과할 일이 있다면 여러 장의 편지를 쓰도록 했다. 반 아이들 모두가 적어도 한 장 이상의 편지를 썼다. 그 사과 편지를 모두 걷어서 교사가 모든 아이들에게 대신 전해주고 내용을 집에 가서 읽어보고 각 부모님께 보여드리고 확인을 받아오라고 하였다.

정말 고맙게도 처음에 카톡에 친구의 욕설을 했던 두 여자아이가 쉬는 시간에 피해 여학생들을 화장실로 각각 불러서 개인적으로 사과를 하였다. 그 사건 이후에 다행히도 다른 아이들과 잘 어울리지 못했던 두 여학생 주위에 친구들이 하나둘 생겨나기 시작했다. 그 피해 어린이들에게 첫 번째 친구가 되어준 것은 바로 맨 처음 카톡에 그 친구의 욕설을 올렸던 김도현과 김민서였다. 도현이와 민서는 그 이후부터는 졸업 때까지 내내 학급에서 조용히 친구들을 돕거나 친구들의 말을 잘 받아주는 온화하고 좋은 친구 역할들을 해주었다.

9년 전에 일어난 것과 같은 집단따돌림의 상황에서 가해자의 변명과 회피가 아닌 진정한 반성과 사과가 이루어진 행복한 결말이 이루어진 것이다. 그 일에 대한 책임을 전적으로 가해 학생에게 돌린 것이 아니라, 구성원들이 함께 생각하고 만들었기에 가능했다.

자괴감에 빠져서 이 직업을 언제까지 할 수 있을까 고민하는 나에게 회복적 생활교육과의 만남은 나에게 내가 처음 교직에 처음 들어섰을 때 가졌던 순수한 사랑의 순수한 마음으로 아이들과 만날 수 있는 용기를 주었다. 그래서 그 만남이 감사하다.

끊어진 관계의 다리를 이어가며

임영옥 | 김제 검산초등학교 교사

회복적서클을 만나다

2013년 2월, 좋은교사운동에서 마련한 회복적생활교육 실천가 1년 과정에 참여하며 회복적서클을 처음 만났다. 배우는 과정 내내 감동이었지만 막상 배운 것을 학급에 적용할 때는 기대만큼 잘 되지 않아 실망하기도 하였다. 하지만 실패하고 실망한 마음으로 실천가 과정에 참여해서 서로 비슷한 경험을 나누다 보면 희한하게도 다시 해 볼 용기가 생겨났고 그래서 그 힘으로 다시 도전하고, 그런 과정을 되풀이하며 한 해를 보냈다.

그렇게 회복적서클을 만난 뒤로 학급에서 갈등이 생기면 갈등 당사자가 둘러앉아 회복적서클을 연다. 학년 초 미처 회복적서클을 소개하기 전에도 아이들 사이에 사소한 다툼이 일어난다. 그러면 그 아이들을 불러서 들은 대로 말해 보게 한다. 도미니크 바터의 회복적서클 모델 가운데 본대화모임을 간단히 하는 정도여도 아이들은 대화를 하니까 마음이 풀리고 편안하다고들 한다. 몇 번 그런 기회를 가진 다음에는 반 아이들 모두에게 회복적서클을 소개한다. 경험이 있는 아이들의 동의를 얻어 그 아이들과 시연을 보이며 이해를 돕는다. 소개가 끝나면 앞으로 우리 반에 갈등이 있을 때 회복적서클로 갈등을 평화롭게 풀어갈 것이고, 원하는 사람은 언제든지 와서 신청하라고 안내한다. 갈등이 있을 때 회복적서클로 푸는 구조를 학년 초에 만드는 게 도움이 된다.

아이들이 대화모임 할 일은 학교에서 자주 일어난다. 학년 초에는 담임이 진행을 하지만 시간이 지나다 보면 진행자 역할에 관심을 갖는 아이들이 보이고 친구 사이에 다툼이 있을 때 진행자 역할을 비슷하게 하는 모습도 보게 된다.

○○가 화가 난 아이에게 묻는다.
"잠깐만. 그러니까 너는 마음이 어때?"
대답을 듣고는 다른 아이에게 묻는다.
"너는 뭘 들었어?"
무엇을 들었냐고 묻는데 들은 대로 말해야 할 아이가 들은 대로 말하지 않고 자기가 하고 싶은 말을 하면 다시 말해 준다.
"아니, 네가 하고 싶은 말은 좀 있다가 할 수 있어. 지금은 얘가 방금 말한 것을 그대로 말하는 거야."

- 2학년 아이가 진행자 역할을 하는 모습 -

이렇게 하는 모습이 보이면 또래 진행자를 뽑아도 될 때가 온 거다. 반 전체 아이들에게 또래 진행자 역할을 안내하고 자원이나 추천을 받아 또래진행자를 뽑는다. 그리고 우리 반 친구들이 갈등이 있을 때 진행자는 선생님이 할 수도 있지만 또래 진행자가 할 수도 있으니 원하는 진행자에게 신청하라고 안내한다. 그러니까 아이들은 갈등이 있을 때 진행자 역할을 교사나 또래 진행자 중 원하는 사람에게 신청할 수 있는 거다. 실제로 또래 진행자에게 부탁하고 회복적서클을 여는 경우도 학급에서는 자주 있다.

생활 업무를 회복 중심으로 하기

회복적생활교육을 만나지 않았다면 과연 선택했을까 하는 게 있다. 6학년 담임과 생활부장을 신청한 일이 그렇다. 6학년 담임을 신청한 것은 회복적생활교육이 갈등도 많고 고민도 많은 6학년 아이들에게 도움이 될 거라는 기대가 있어서였고, 생활부장을 신청한 것도 학교폭력을 포함한 생활 업무에 회복적생활교육을 적용하면 좋겠다는 생각에서였다. 생활부장을 하지 않더라도 회복적생활교육을 제안할 수 있었다면 그렇게 했겠지만 그 즈음 학교 문화는 업무 담당자가 아닌 사람이 업무 담당자에게 어떤 것을 제안하는 것이 월권인 것처럼 여겨지는 분위기에서 생활부장이 아닌 내가 생활부장에게 회복적생활교육을 하자고 제안하는 것이 어려워서였다. 직접 맡아서 하면 회복적생활교육을 학교 차원에서 적용할 수 있고, 또 학교 현장의 어려움을 경험해 봐야 겉도는 생각이나 얘기를 하지 않을 수 있을 것 같아서 기피 업무이기도 했던 생활부장을 신청해서 맡았다.

생활부장이 되어 학교폭력 업무를 파악할 때 반가웠던 것은 전라북도교육청 학생생활교육지침에 회복 중심으로 하라는 내용이 들어있어서였다. 절차에도 회복중심 내용이 들어있었는데 학교폭력대책자치위원회가 열리기 전 경미한 사안으로 화해가 이루어지면 학교폭력전담기구 종결사안으로 처리할 수 있다는 말이 그것이다. 다른 시나 도에서는 반드시 학교폭력대책자치위원회를 열어야 한다는 내용이 그 자리를 채우고 있을 텐데 전라북도교육청은 이런 과정이 마련되어 그나마 다행이다 싶었다.

업무를 하면서 어려웠던 것은 아이들 사이에 갈등이 있을 때 학부모들이 자신들은 껄끄러운 얘기를 직접 하기 싫어하고 학교와 교사에게 그 역할과 책임을 떠맡기며 탓을 하는 분위기였다. 아이들 사이에 갈등이 있으면 그것을 풀려고 하지 않고 교사와 학교 탓으로 돌리며 거칠게 말하고 행동한다. 그러는 사이 교사들은 깊은 상처를 입고 무기력한 모습을 보인다. 어떻게 하면 학생과 학부모가 학교를 믿고 신뢰하며 갈등을 서로의 배움과 성장의 기회로 삼게 도울 수 있을까?

회복적서클 - 4학년 사례

4학년 피해 학생의 부모가 학교폭력으로 신고하고 싶다는 일이 있었다. 4학년 학부모는 6학년 학생이 자기 아이에게 욕을 하고 때려서 너무 속이 상하다고 했다. 접수를 하고 가해 학생 학부모에게 연락을 하고 사전대화모임을 했다. 그리고 만날 시간을 잡았다. 약속한 다음날 관련 학생과 학부모가 상담실에 둘러앉았다. 먼저 말문을 열었다.

"이 자리에 힘들게 와 주셨죠? 저는 생활 업무를 담당하고 있는 교사입니다. 이 자리는 지난 주 금요일 점심시간에 급식실에서 줄 설 때 있었던 일로 이야기를 나누려고 마련하였습니다. 학교폭력대책자치위원회로 바로 가면 들어야 할 이야기도 듣지 못하고, 하고 싶은 이야기도 할 수 없어서 학교폭력대책자치위원회가 열리고 조치가 내려져도 서로에게 상처는 그대로 남아있고 바라는 것도 이루어지지 않는 경우가 많습니다. 그래서 전라북도교육청에서는 회복 중심으로 하기를 권하고 있습니다. 이 자리는 서로 하고 싶은 이야기를 하고 들어야 할 이야기도 듣는 자리로 마련하였고, 이 자리에서 이야기를 다 마치고 나면 원하시는 대로 이후 절차를 진행하려고 합니다."

부모들도 고개를 끄덕인다. 피해 학생의 부모가 학교폭력으로 접수하고 싶다는 뜻을 비쳐서 학교폭력대책자치위원회에 대한 안내도 해야 했다. 그리고 본대화모임을 진행했다. 들은 대로 말하는 대화방식은 학부모들 사이에서는 중간중간 지켜지지 않고 흘러가기도 했지만 상호이해와 자기책임, 동의된 약속을 정하기, 모두가 말하고 싶은 것을 말할 기회를 갖는 큰 흐름은 잘 지켜졌다. 처음에는 거칠게 대화가 오갔으나 한 시간 반에 걸쳐서 이야기를 나누는 사이 긴장이 풀리고 연결되는 것이 전해졌다. 대화를 다 마치고 부모님들께 의견을 물었다.

"그럼 이후 절차를 어떻게 진행하기 바라시는지 의견을 말씀해 주시면 그대로 진행하겠습니다."

피해자 부모는 학교폭력대책자치위원회까지 원한 건 아니었다며 여기에서 종결하면 좋겠다고 했다. 그렇게 하기로 의견을 모으고 자리에서 일어나서 서로가 아이들을 안아주고 웃으며 인사를 나누고 헤어졌다.

학교폭력대책자치위원회를 열기 전 회복적서클 자리는 꼭 필요하다. 학교폭력 업무를 하며 힘들었어도 그렇게 힘들지 않다고 느낀 것은 아마도 학교폭력대책자치위원회를 열기 전 회복적서클을 열어서 서로의 진심을 전하고 관계가 회복되는 모습을 지켜보아서일 것이다. 회복적서클 없이 학교폭력대책자치위원회 지침대로 가해자 따로, 피해자 따로 분리해서 듣고 자치위원들이 결정해서 조치를 내리는 방식으로만 했다면 애는 썼겠지만 마음은 더 힘들었을 것이다. 다행히 회복적서클로 학교폭력대책자치위원회까지 가지 않고 갈등이 평화롭게 풀리는 경험이 있었기에 마음이 힘들지 않을 수 있었다. 이것 또한 생활부장을 맡아서 해 볼 수 있는 시도였다. 생활부장을 맡은 사람이 할 수 있는 여지들이 있다. 학교폭력 업무를 맡아 보니까 회복적생활교육을 실천하는 선생님들이 이 업무를 담당하면 그 흐름을 회복적으로 바꿔 갈 수 있다는 생각에 권하고 싶은 마음이 들었다.

물론 모든 경우가 다 그렇게 평화롭게 풀리지는 않는다. 서로의 이해관계나 상황, 처지들이 서로의 마음을 온전히 연결하는 것을 또 얼마나 많이 방해하는가? 그렇지만 관련된 학생과 학부모가 한자리에 모여서 회복적서클을 열고 나누는 것만으로도 평화롭게 풀 수 있는 것들 또한 학교 현장에서는 많이 일어나고 있다. 안타깝게도 그럴 수 있는 일들이 학교폭력대책자치위원회로 넘어가서 학생과 학부모, 교사에게 깊은 상처를 남기는 경우가 늘고 있다. 갈등이 있을 때 둘러앉아 회복적서클을 열어서 진심을 나누면 서로 이해가 되고 바라는 것을 이룰 수 있다는 믿음과 신뢰의 경험을 쌓아가는 게 무엇보다 필요할 것이다.

학부모가 학교폭력으로 신고를 하고 싶다고 할 때 말고도 다른 학년에서 아이들 사이에 큰 갈등이 있을 때 생활부장에게 요청이 오면 그 아이들과 회복적서클을 한다. 회복적서클을 하면 아이들은 어른보다 더 잘 푼다. 처음에는 인상 쓰고 말도 짧게 하던 아이들이 이야기를 하다 보면 어느 순간 얼굴 표정이 편안해지고 장난기 있는 모습이 돌아오고 몸을 자유롭게 움직이려고 한다. 풀렸다는 표시다. 우스갯소리도 하고 장난도 친다. 서로 약속도 정하고 사후대화모임 계획을 세우고 헤어진다. 사후대화모임 때 만나면 대부분 관계를 잘 맺고 지낸다는 이야기를 듣곤 한다. 회복적서클을 하려면 시간을 내야 한다. 하지만 세상 대부분의 일이 그러하듯 쉽고 빠르고 과정이 생략되는 것들이 당장엔 좋아보일지 모르지만 어디 좋은 게 있던가. 회복적서클도 당장은 시간이 오래 걸리고 힘들고 더딘 것처럼 보여서 도대체 되기는 되는 건가 싶어도 충분함이 가지는 가치가 그러하듯 그 안에서 변화를 만드는 힘을 본다.

더 강한 제재와 회복적서클 - 5학년 사례

생활 업무를 하면서 문제 행동을 일으키는 아이들을 많이 만나는데 한 아이 이야기를 해 보려고 한다.

5학년인 이 아이는 저학년 때부터 등치가 좋고 힘이 좋아서 다른 아이들을 힘들게 하는 행동 때문에 이야기를 많이 들어왔다. 학년이 올라가면서 인상도 더 많이 쓰고 행동도 거칠어졌다. 반 친구들은 그동안 학습된 것인지 그 아이가 그런 행동을 해도 별말 하지 않고 겁먹고 조심한다. 전년도까지도 담임이 아이가 보이는 문제 행동을 아이 엄마와 상의하려고 하면 아이 엄마는 오히려 이렇게 물어왔다고 했다.

"제 애가 왜 그랬겠어요?", "선생님은 제 애를 어떻게 대하셨는데요."

"다른 아이들은 어떻게 했는데요?", "우리 애가 그럴 만하니까 그랬겠죠."

담임에게 욕을 했다고 하고 화장실 문을 부쉈다고 해도 아이 엄마는 오히려 자기 아이가 피해자인 것처럼 말한다. 학교에서는 가정과 연계할 필요를 크게 느꼈지만 아이 엄마가 아이를 제대로 보지 못하고 인정하지 못하는 상황에서 더 나아가 말하는 게 조심스럽고 더 권하기도 어려운 상태였다.

다행히 5학년 때 담임과의 관계는 좋았는데 화가 날 때 거친 행동이 나오고 담임이 그런 행동을 지도하려 하면 빈정거리고 욕을 해서 지도가 어렵고 힘들다며 담임이 어려움을 호소해왔다.

다음 날 담임과 교육복지사와 이야기를 나누었다. 먼저 담임 선생님 이야기를 듣고 공감하고 지지하는 시간을 가졌다. 그리고 도움이 될 방법을 함께 찾아보았다. 먼저 나는 그 아이와 만나서 자신이 한 일이 어떤 영향을 주는지 돌아보는 시간과 앞으로의 약속을 정하고 도움이 필요한 게 뭐가 있는지 이야기를 나누기로 했다. 책임에 대해 좀 더 구체로 알려주는 것도 필요하니 생활규정도 구체로 얘기하기로 했다. 교육복지에서는 교육복지프로그램을 알아보기로 했다. 학급에는 다른 아이들의 평화로운 힘을 키우는 게 중요하므로 강사를 모셔서 학급 서클을 진행하면 좋겠다고 했다. 지금 학기말이니 2학기 시작하면 바로 동학년 두 학급을 대상으로 학급 서클을 열어서 존중약속을 정하고 관계의 어려움을 풀어가는 것을 생각하는 시간을 갖자고 했다. 함께 하니 담임 선생님이 힘을 낼 수 있겠다.

아이 엄마에게 생활부장인 내가 연락하고 상담실에서 담임과 교육복지사와 함께 만났다. 아이 엄마 이야기도 충분히 듣고 이야기를 하자고 맘먹고 시작했다. 아이 엄마도 시작할 때는 불편해 보였다.

"어머님, 이 자리를 마련한 것은 아이가 학교에서 보이는 행동들이 다른 아이들에게 영향을 미치는 게 많아서 어머님 이야기도 들어보고 학교에서 저희들 이야기도 드리고 해서 어떤 게 도움이 될지 찾아보자는 뜻에서입니다."

아이가 보이는 행동에 대해서 담임 선생님이 먼저 이야기를 했다. 그동안 많이 참고 아이를 만나왔다고, 그래서 아이도 마음을 여는 모습을 보이기도 한다고. 아이 엄마도 아이가 올해 선생님께 마음을 열고 다른 모습을 보이는 걸 느꼈다고 한다. 그래서 담임 선생님이 상담을 권했을 때 했다고도 한다. 담임 선생님도 아이가 학년 초보다 바뀐 게 느껴지는데 그래도 여전히 다른 아이에게 거칠게 하는 모습이 반복되고 있어서 다른 아이들이 힘들어하고 분노가 찰 때는 심한 말을 담임에게도 해서 상처가 되고 힘들다는 얘기를 했다. 아이 엄마는 묻는다.

"선생님이 학년 초보다 아이가 달라졌다고 했는데 왜 달라졌을까요?"

아이 엄마 말은 아이에게 잘 대해줘서 아이는 달라졌는데 그 전까지는 선생님도, 친구들도 자기 아이만 나무라고 그렇게 안 좋게 대해서 아이가 그런 행동을 하는 게 아니냐며 탓을 다른 사람에게 돌린다. 자기 아이는 그럴 수밖에 없었다는 것이다. 아이 엄마가 아이 입장에서만 생각하니 아쉽다. 교육복지사 선생님도 개별상담 때 보이는 아이 모습을 얘기하고 나도 아이를 만나며 느낀 점을 얘기했다. 그리고 아이에게 했던 것처럼 학생생활교육위원회와 학교폭력대책자치위원회가 있어서 원치 않아도 책임을 져야 하는 경우가 생길 수 있으니 아이가 잘 할 수 있게 돕는 방법을 서로 나눠보자고 했다. 아이가 보이는 긍정의 모습들, 좋은 모습들도 나눠보고 아이가 학교에서 보이는 거친 모습들도 있지만 밝고 편안한 모습도 있으니 그런 모습을 더 살려나가게 가정에서도 돕고 학교에서도 함께 힘을 모으겠다고 했다. 아이 엄마는 계속 울고 세 시간 가량 이야기는 아이를 위해서 할 수 있는 것을 같이 해 보자며 마쳤다.

　11월, 담임 선생님이 찾아왔다. 아이가 다른 아이를 심하게 때려서 지도하려고 했는데 담임에게 욕을 했다는 것이다. 계속 말로만 하니 아이에게 통하지 않는 것 같고 강한 제재가 필요할 것 같다고 한다. 다른 몇 선생님도 학교폭력대책자치위원회를 열면 좋겠다고 한다. 피해를 받은 아이 부모는 학교폭력대책자치위원회를 원하지 않는다는 것을 알고 있었지만 아이와 아이 부모가 이런 상황을 이해하는 데 도움이 되기를 바라며 학교폭력을 접수하고 이후 절차를 진행했다.

　관련 학생과 학부모에게 학교폭력이 접수가 되었고 사안 조사를 할 것이며 사안 조사 후에 절차는 화해가 이루어지면 학교폭력전담기구 종결사안으로 마무리되지만 화해가 이루어지지 않고 피해자 쪽에서 학교폭력대책자치위원회를 열기 원하면 학교폭력대책자치위원회를 열며 자치위원들이 내리는 조치를 받게 된다는 것과 조치는 서면 사과부터 강제 전학까지 있다는 것, 조치받은 내용은 생기부에 기록되고 졸업 때 삭제된다는 것, 조치 내용에 이의가 있을 때는 재심을 요구할 수 있다는 것을 안내했다.

　이 때 기대했던 것은 무엇이었을까? 너무 아이 입장에서만 생각하고 아이가 하는 행동의 영향에 너무 관대한 아이 부모에게 이런 상황을 좀 더 객관으로 보기를 바라는 마음이었을까? 그래서 이후에는 아이가 그럴 만하니까 그랬을 거라느니, 선생님과 다른 아이들이 우리 애를 안 좋게 대했으니까 우리 애가 그렇게 하는 거 아니냐느니에 머물지 않고 좀 더 다르게 가기를 바라는 마음이었을까?

관련 아이들은 회복적서클을 해서 잘 풀고 약속도 정해서 관계가 회복되었고, 피해 받은 아이와 부모가 학교폭력대책자치위원회를 원하지 않아서 학교폭력전담기구 종결사안으로 처리했다.

하지만 이 일과 관련해서 아이에게 뭔가 더 강한 것이 필요하지 않겠냐고 해서 학생생활교육위원회를 열기로 했다. 학교폭력과 관련한 것은 학교폭력대책자치위원회에서 다루어야지 학생생활교육위원회에서 다룰 수 없고 학생생활교육위원회는 학교폭력을 제외한 다른 생활과 관련한 일을 다루어야 하므로 아이가 수업방해행동을 하는 것과 담임의 지도에 따르지 않고 담임에게 욕을 하는 행동에 대해 학생생활교육위원회를 열기로 했다.

아이 엄마에게 학교폭력에 대해서는 피해 학생 쪽이 원하지 않아서 학교폭력전담기구 종결사안으로 처리한다는 것을 먼저 전했다. 그리고 다음으로 아이가 수업을 방해하고 담임에게 욕하는 행동에 대해 학생생활교육위원회를 열기로 했다고 얘기하고 날짜와 시간이 괜찮은지 물었다. 아이 엄마는 불편해하며 말한다.

"선생님은 그 자리가 아이에게 도움이 되는 자리라고 하셨는데 정말 그러는 게 아이에게 도움이 될까요? 지난번에 상담실에서 선생님들과 만나서 얘기할 때 그때는 불편하다고 했지만 나중에 생각해 보니 도움이 되더라고요. 그런 자리라면 모르겠지만 이런 자리는 도움이 될지 모르겠네요."

"그러면 어머님은 어떤 게 도움이 될 거라고 생각하세요?

"저는 반 아이들끼리 약속을 만들고 아이들이 함께 얘기해서 하면 좋을 것 같은데요."

아이 엄마는 위원회가 열리는 게 불편할 것이다. 그렇지만 그냥 넘어가는 게 도움이 되지 않는다는 말을 해야겠다 싶어 말을 이었다.

"어머님, 그렇게 그동안 많이 해 봤잖아요. 어머님 불편해하시는 건 알지만 어머님도 아시다시피 아이가 하는 말과 행동이 학교폭력대책자치위원회가 열릴 수 있는 일들이 많이 있잖아요. 언제까지 상대 아이가 이해하고 받아주기만 바라실 건가요. 어머님께도 아이가 귀하듯이 다른 아이들도 집에서 귀한 아이들이잖아요. 지금까지는 다행히 아이가 한 말과 행동을 이해하고 넘어가는 사람들을 만났지만 앞으로도 계속 이해하고 받아줄 거라고 기대만 하실 건가요? 어머님, 더 크게 책임져야 하는 상황이 오면 그때 어쩌시려고 그러세요."

어머님께 이 자리가 아이가 스스로 자기 행동을 돌아보고 앞으로 다르게 갈 수 있게 돕기 위해 가정과 학교가 함께 마음을 모으는 자리가 될 수 있게 최선을 다하겠다고 말했다. 아이 엄마도 알겠다고 하고 통화를 끝냈다.

학생생활교육위원회를 준비하면서 나는 그 자리가 그냥 너 잘못했네, 그럼 너 조치 몇 호, 이런 과정이 되지 않기를 간절히 바라는 마음이었다. 그래서 위원회가 열리는 날 아침 교사 위원들에게 모이자고 해서 말했다.

"오늘 오후에 여는 학생생활교육위원회는 아이에게 도움이 되는 자리로 마음을 모으면 좋겠어요. 아이가 잘못한 것을 지적하고 조치를 내리는 과정은 쉽지만 그런 과정이 아이에게 도움이 될지 생각해 보면요. 그 과정 자체가 아이에게 도움이 되는 과정으로 마음을 모으면 좋겠어요. 아이에게 어떤 노력이 필요하고 그러기 위해서 가정과 학교에서는 어떤 도움이 필요한지 마음을 모으는 자리가 되면 좋겠어요. 그럴 수 있게 부탁하고 싶어요."

선생님들도 그러겠다고 한다.

오후에 위원회가 열렸다. 처음에 위원들에게 내용을 안내했다. 그러면서 오전에 교사 위원들에게 했던 말을 다시 했다. 이 자리가 아이에게 도움이 되는 자리가 될 수 있게 마음을 모아달라고 말이다.

아이를 먼저 불러서 이야기를 나누었다. 다음은 아이 부모가 와서 이야기를 나누고 아이와 아이 부모가 함께 와서 이야기를 나누었다. 나는 중간중간 위원들과 아이와 아이 부모에게 이 자리가 조치만 내리는 자리가 아니라 아이가 정말 앞으로 잘 할 수 있게 도움이 되는 자리가 될 수 있도록 마음을 모아달라는 얘기를 하며 그쪽으로 갈 수 있게 애를 썼다. 그래서인지 학부모 위원들도 아이를 진심으로 생각하고 위하면서 말을 해 주었고 나는 그런 게 무척 고마웠다.

그 다음에도 아이는 종종 폭발한다. 그때마다 이런 얘기를 종종 듣는다.

"선생님, 회복적서클도 좋지만 아이가 말로만 하니까 별 거 아니게 생각하고 계속 하는 것 같아요. 애가 쉽게 생각하는 것 같아요. 좀 강하게 하는 게 필요한 것 같아요." "선생님이 말하는 거 다 좋지만 반에 다른 아이들이 계속 피해를 보고 있잖아요. 계속 기다려주는 건 안 될 것 같아요." "좋아지는 것 같다가도 다시 또 반복되니까요. 학교폭력대책자치위원회를 열어버리게요."

얼마나 답답하고 힘들면 이렇게 말할까? 이렇게 말하는 선생님들이 이해가 된다. 그래서 그럴 때마다 이야기를 충분히 공감하며 나누고 난 뒤에는 이런 말을 한다.

"선생님, 선생님이 원하는 대로 할 거니까 선생님이 정말 바라는 것을 생각해서 얘기해 줘요. 학교폭력대책자치위원회를 열기를 바라면 학교폭력대책자치위원회를 열 거예요."

그렇지만 나는 그 아이의 작은 변화들이 보이는데, 그 아이의 긍정의 모습들이 보이고 점점 조금씩 그 모습들이 더 자라고 있는 게 보이는데, 난 그 작은 변화를 소중하게 생각하는데 다른 선생님들에게 그것은 보이지 않는 것 같다. 그 아이가 예전에 100을 잘못했다면 지금은 95, 90, 이렇게 잘못은 조금씩 줄고 좋은 모습들은 조금씩 늘고 있는데. 문제는 5, 10의 긍정의 모습보다 여전히 95, 90의 문제 행동이 더 잘 보이고 선생님들은 5, 10의 변화된 가치를 인정하기에는 95, 90의 문제 행동이 여전히 너무 커서 "또 그랬어?"의 반응이 먼저 나온다. 기다려주기에는 계속 반복된다는 느낌이 강하기에 기다린다는 자체에 회의감을 느낀다. 그래서 뭔가 강한 것, 강한 제재를 떠올린다. 강한 제재가 있으면 이 아이가 더 이상 그런 행동을 하지 않을지도 모른다는 막연한 기대감으로 쉽게 던진다. 서로가 갖고 있는 회복적생활교육에 대한 신념이 다를 때 내 신념이 흔들리지는 않지만 어떻게 그 지점에서 조화를 이루어갈 수 있을까? 그런 선생님들에게, 또 그런 상황에서 나는 어떻게 해 주어야 할까? 11월초, 그 고민이 내 머리를 가득 채웠다. 답답하기도 하고 내가 그 사이에서 무엇을 할 수 있을까 싶었다.

그러다가 피스빌딩에서 열린 '회복적 학교 만들기 - 세계 최초로 회복적 도시를 선언한 영국의 헐 시티로부터 배운다' 전략 워크샵에 참석했는데 영국 회복적 정의 협의회 회장인 크리스토퍼 스트레이커 선생님은 공동체에서 회복적생활교육을 받아들이기 힘들어하는 목소리가 있다면 그들이 원하는 대로 해 주고 작은 것부터 회복적생활교육을 시도하고 또 그 작은 시도가 좋은 변화를 보였을 때 그 작은 변화들을 공유해서 서로가 인지하고 점점 확대하는 것이 필요하다고 했다. 처음부터 쎈 것을 하려고 하면 어려워지므로 작은 것부터 하고, 작은 변화, 성공 경험들을 공동체 구성원과 나누라는 말이 뭔가 숨을 고르게 하고 다시 갈 수 있게 하는 힘을 주는 것 같았다.

생각해 보니 회복적생활교육으로 해도 문제행동을 반복해서 하지 않느냐고 질문하는 그들에게 나도 이런 질문을 하고 싶다. 그럼 응보로 한다면 반복 행동이 일어나지 않을 거라고 기대하는지, 얼마만큼의 변화가 있을 거라고 기대하는지, 변화에 필요한 시간이 어느 정도 걸릴 거라고 생각하는지 말이다. 생각해 보면 강하게 제재하는 게 필요하지 않냐고 말하는 선생님들도 지금 당장 원하는 모습이 보이지 않으니 힘들어서 막연하게 제재가 더 필요하지 않냐고 하는 거라는 생각이 들었다.

며칠 뒤에도 교무실에서 찾는 전화가 왔다. 그 아이가 또 같은 반 친구를 때리고 심한 욕을 해서였다. 한 선생님이 이번에는 확 학교폭력대책자치위원회를 열어야 하지 않겠냐고 또 얘기한다. '원하는 대로 해 주고 작은 긍정의 변화를 공유하는 자리를 자주 가져라!' 그것을 떠올리며 아이들과 먼저 회복적서클을 열었다.

그리고 담임 선생님과 교육복지사와 내가 모여서 이야기하는 자리를 가졌다. 먼저 그동안 아이에게 어떤 변화가 있었는지 돌아보고 우리가 무엇을 할 수 있을지 이야기를 나누었다.

"노력하는 모습을 보이기도 하지만 여전히 화가 날 때 문제 행동을 심하게 보여요" "반 아이들이 힘들어해요" "그래도 맘 먹을 땐 잘 하려는 모습을 보여요"

나는 크리스토퍼 선생님 이야기를 들으며 느꼈던 것을 이야기하고, 우리도 작은 긍정의 변화들을 서로 나누며 가면 좋겠다고 얘기했다. 한 번에 원하는 기대치만큼 가기는 어렵기에 작은 긍정의 변화를 이야기하자고 하니 그런 이야기들이 나눠진다.

"전에는 진심으로 사과한 적이 없었는데 지난 주에 진심으로 사과하는 모습을 처음 보았어요. 그런 점은 좋아진 것 같아요." "기분 좋을 때는 애들하고 잘 어울려서 놀고 표정도 밝아진 것 같아요." "기분 나쁠 때 화장실에 가서 마음을 가라앉히고 오곤 하더라고요."

그런 이야기를 나누니 에너지가 긍정으로 가는 느낌이 들었다. 그러면 과정에 있는 그 작은 변화들을 앞으로 어떻게 잘 이어가게 도울 수 있을지 또 함께 찾아보았다. 먼저 아이 엄마를 오라고 해서 아이와 교육복지사, 담임, 내가 같이 있는 자리에서 이야기를 나누고 공감하며 어려움을 나누고 방법을 함께 찾자, 아이가 화가 나 있을 때는 화장실에서 마음을 진정시키고 오니까 화장실에 도움이 되는 글귀를 코팅해서 붙여놓자. 선생님들이 아이를 복도에서 만날 때 이름을 불러주고 짧게라도 일상을 이야기 나누어서 아이가 더 친근함을 느끼고 즐겁게 생활하게 돕자. 아이의 긍정의 작은 변화를 공유하는 시간을 갖자. 이런 것들을 떠올려 보았다.

며칠 뒤 아이와 아이 엄마, 교육복지사, 담임과 함께 모여 이야기 나누는 시간을 가졌다. 아이 엄마는 처음 이런 자리를 가졌을 때 불편했지만 돌아가 생각해 보니 선생님들이 우리 아이를 위해서 도우려는 마음으로 하고 계시구나 생각하고 무례하게 했던 게 죄송하고 고마웠다고 얘기하신다. 확실히 처음 불신하고 경계하는 모습보다는 눈도 잘 맞추고 편안하게 잘 받아들이며 솔직하게 이야기를 하신다. 작지만 또 다른 긍정의 변화가 내 눈에 들어왔다. 이 작은 변화를 볼 수 있고 작은 성공들을 함께 나눈다면 우리는 믿고 기다릴 수 있는 힘이 생겨서 앞으로 한발 더 나아갈 수 있을 것이다.

회복적서클이 주는 선물

서로 갈등이 있을 때 회복적서클을 열어 진심을 나누고 관계가 회복되는 것을 본다. 학교에서 학교폭력이 일어났을 때 생활 업무를 맡아서 회복적서클을 열고 갈등을 평화롭게 풀어가게 도울 수 있었다. 회복적서클은 끊어져

서로 보지 못하는 맥락을 다시 연결시켜서 관계를 평화롭게 만들어가는 힘이 있음을 느낀다. 갈등을 마주할 때 순간순간은 애쓰고 힘들었다. 하지만 관계를 회복하게 돕는 그 과정이 돌아보니 참 따뜻하고 소중한 시간이었다. 회복적서클이 주는 선물! 고마운 마음이 가득하다.

회복적 서클로 평화로운 관계 맺기

심선화 | 광주 광산중학교 교사

1. 회복적 서클로 학년 · 학급 운영하기

2011년 회복적 갈등 해결 방법인 회복적 서클은 배우고 나서 바로 진행자로서 학교에서 가장 유용하게 적용할 수 있는 도구였다. 매일 크고 작은 갈등으로 폭력 사고가 발생하는 중학교에서 교사로 살아가며 내게 꼭 필요한 도구를 만난 반가움에 배운 즉시 바로 학교에서 적용하기 시작해서 지금까지 사용하고 있는 도구다.

남학생들 사이의 크고 작은 다툼들이 발생했을 때 중립을 지키며 회복적 서클을 진행했을 때 놀라운 관계회복이 이루어지는 것을 보며 이 도구에 대한 신뢰가 커졌다. 여학생들 사이의 오래된 갈등의 사례들을 다루며 갈등의 발생 시점에 즉시 서로의 진심을 주고받는 대화를 하는 것이 얼마나 중요한 일인지 알게 된다. 즉시 발생된 갈등을 그때그때 해결하고 지나가면 깊은 갈등을 지속하며 지옥을 살아가지 않아도 된다. 그러나 여학생들의 경우 가슴에 묻어두고 참아온 분노, 표현하지 못한 서운함이 쌓여서 따돌림이나 더 큰 갈등으로 확장된다. 초등학교 때부터 3년 이상 쌓아온 원망과 두려움이 중학교에서 반전에 반전을 거듭하며 갈등으로 반복하여 드러난다. 이런 갈등은 해결이 쉽지 않다. 회복적 서클을 적용하여 이러한 갈등을 해결하기도 했다. 이 경우에는 본서클만 3회 이상 진행해야 할 만큼 긴 이야기들이 쏟아진다. 그럼에도 불구하고 이러한 대화의 과정을 거치고 나서 아이들은 편안한 삶의 여정을 찾아간다.

학급을 운영하면서 규칙 세우기와 학급의 다양한 의사 결정, 그리고 갈등 해결을 모두 학급서클을 통해 진행하였다. 학기 초에 경청 훈련을 통해 서로 말하고 듣는 연습을 하고 나서 학급에 자연스러운 서클 문화를 경험하게 했다. 물론 그 바탕에는 매일 발생하는 사소한 갈등들을 모두 회복적 서클로 해결함으로써 아이들이 회복적 서클을 경험하고 신뢰하게 하는 활동으로 시작했다. 한 학기 동안 5회의 학급 서클을 진행했다. 학기 초에 학급 내에 힘이 강한 학생의 말과 행동들에 대해 불편함을 겪어온 학생들이 학급 서클을 요청하여 그날 오후 8시까지 학급 서클을 진행하였다. 이 과정에서 아이들은 서로 솔직한 표현을 안전하게 함으로써 느끼는 홀가분함을 경험했다고 말했다. 그리고 그 안에서 힘이 강한 학생이 자신의 외로움과 억울함을 이야기했고 아이들은 그 이야기를 온전히 반영하고 들었다. 어떤 학생은 자신이 따돌림 당해지고 있는 것 같아 외롭고 힘들다는 이야기를 했고 거기에 대해 다른 남학생은 유치원 시절 따돌림으로 힘들었던 경험을 이야기하며 눈물을 흘렸다. 자신의 솔직한 이야기를 들려주고 반영하는 이 과정에서 아이들은 서로 같은 점이 많다는 것을 알게 되었고 또 친구들의 마음을 알게 되어 안심이 된다는 피드백이 있었다. 그래서인지 학급 내에서 힘에 의한 괴롭힘과 위축은 한 학기 동안 발생하지 않았다. 또한 우리 반 학생들은 사소한 갈등에서 회복적 서클 요청을 자연스럽게 했다. 심지어 학급에 들어오시는 모든 선생님들과 회복적 서클을 하고 싶다는 요청을 학기말에 했다. 이것은 아직 해결하지 못한 나의 과제다. 회복적 서클을 경험해보지 못한 대다수의 선생님들이 이러한 제안을 받아들이기 쉽지 않기 때문이다.

이렇게 안전한 공간에서 중립적인 진행자의 진행으로 이루어지는 서클을 경험하는 아이들은 자신들이 갈등이나 위험에 처할 때 신뢰하는 마음으로 교사에게 다가올 수 있다고 나는 믿는다. 이러한 활동을 통해 서로를 신뢰하고 그 진행자가 교사인 경우에는 동등한 한 명의 사람으로 안전하게 다가갈 수 있는 어른을 경험하게 된다. 그것이 바로 안전한 학급, 안전한 학교의 바탕이 될 수 있다는 확신이 있다.

학기 초 3월에 서로 갈등해 온 두 그룹의 여학생들 사이에 자신들과 친한 두 그룹의 선배 언니들을 개입시켜 서로 심각한 갈등이 발생했다. 이때 선배들로부터 심한 공격을 받은 한 학생의 요청으로 전체를 초대하는 서클이 이루어졌다. 서클 후 서로의 마음을 말하고 반영해주면서 아이들은 다시 친밀한 관계를 회복하였다. 그 사건 이후 여러 그룹의 여학생들이 회복적 서클을 요청해 왔고 갈등과 관계회복을 반복하며 학교폭력으로 인한 심각한 갈등은 발생하지 않았다.

결국, 회복적 서클을 통해 갈등을 평화롭게 해결하기도 하고 더 큰 폭력을 줄일 수 도 있다고 본다. 우리는 이 기나긴 과정을 매일 살아가며 경험하고 있는 중이다.

1) 학급 내 따돌림으로 인한 관계 파괴 다루기

학급 서클을 통해 학생들의 관계 문제를 다루는 것은 많은 에너지가 필요하다. 중학교 1학년 학생들의 경우에는 학교에 새로 적응하는 과정에서 친구 관계가 새롭게 형성되면서 수없이 많은 갈등이 발생한다. 이때 학급 서클을 활용해서 서로의 진심을 솔직하게 나눌 수 있는 관계회복의 시간을 갖는 것으로 관계의 전환을 경험할 수 있었다. 1학년 학기 초에 전학을 온 학생이 있었다. 이 학생의 경우에 분노, 즉 화난 감정을 말과 온몸으로 표출하는 학생이었다. 그리고 자신의 감정에 대해 솔직하고 눈치 보지 않고 표현했다. 이로 인해 여학생인 전학생이 조심성 없이 나댄다는 이유로 반 전체 학생들로부터 따돌림을 받게 된 상황이 발생했다. 이 문제를 해결하기 위해 학급 서클을 열었다. 학급 서클은 몇 개의 열린 질문에 대해 돌아가며 이야기하고 주제에 따라서는 반영해주기를 요청하는 활동을 했다.

가. 우리 학급에서 생활하며 즐겁고 행복했던 경험은?

나. 우리 학급에서 생활하며 힘들고 마음 아팠던 경험은?

이 질문에서는 반영해주기를 사용했다. 학생들은 자연스럽게 자신의 고통을 표현한다. 따돌림을 받던 여학생이 자신의 감정을 솔직하게 표현했다. 학생들은 각자 자신들의 힘들었던 경험을 표현하고 친구들이 반영해주는 경험을 한다. 따돌림 당한 학생의 이야기를 들은 다른 학생들은 그 학생의 문제행동에 대해서 솔직하게 표현한다. 그것이 해당 학생이 반영한다. 그러면서 서로 불편하고 힘든 지점에 대한 이해가 이루어진다. 또 어떤 학생은 자신이 이전에 경험한 따돌림의 경험을 고백하며 따돌림 당한 학생의 마음에 대한 이해를 고백한다. 이런 솔직한 고백 뒤에 관계회복을 위한 새로운 아이디어를 나눈다.

다. 우리가 학급 안에서 서로 안전하고 편안하게 지내기 위해 나 자신이 할 수 있는 일과 친구에게 부탁하고 싶은 제안은?

이 질문에 대해 학생들은 다양한 아이디어를 제시했다.

  - A가 한숨을 크게 쉬는데 그것을 멈추면 좋겠다.
  - A가 화가 나면 남학생들을 주먹으로 때리는데 말로 이야기하면 좋겠다.

- A의 말 : 친구들이 나에 대해 불편한 일이 생기면 직접 말해주면 좋
  겠다.
- 나에게 @@이라는 별명을 부르지 말았으면 좋겠다.
- 나는 키 작다고 놀리는 것이 싫어요.
- 각자 듣기 싫은 말 리스트를 작성해서 붙여놓고 친구들이 서로 그것을
  지켜주면 좋겠어요.
- 친구들이 나를 일진이라고 하는데 나는 그 말을 듣기가 힘들어요.(반
  에서 가장 힘센 학생이 울먹거리며 말함)

이런 아이디어들은 학급 친구들 전체의 동의를 얻어서 이행 합의를 통해
학급의 새로운 규칙으로 만들어졌다.

2) 학급 수업 붕괴문제 해결을 위한 학급 서클

한 학급이 교실 붕괴에 가까운 수업붕괴현상이 지속되었다. 이 교실에 수
업을 들어가는 모든 선생님들이 매우 힘겨워했고 아이들은 매시간 교사들로
부터 비극적인 훈계를 들어야만 했다. 이 학급에는 주의력 결핍이 심각한 수
준에 이르는 남학생이 3명 있었고, 여학생들은 수업시간에 잠을 자거나 화장
을 하고 수업시간 내내 자기들끼리 이야기를 하며 참여하지 않았다. 학년 초
에는 주의력 결핍으로 보이는 남학생들에게 교사들의 시선과 분노가 집중되
었다. 그러나 점점 교사들의 피로도가 높아지고 학생들에 대한 부정적 훈계
가 더해졌고 학생들은 집단적으로 교사집단 전체에 대한 저항과 수업 거부에
가까운 행동들을 했다. 매시간 훈계하는 교사들에게 자극적인 도전의 언행을
했고 그 정도는 날이 갈수록 심해졌다. 담임교사는 기간제 교사로 처음 담임
을 하는 교사였다. 아이들에 대한 동료 교사들의 지속적인 부정적 피드백과

하소연으로 담임교사의 피로도가 가장 극심했다. 동료 교사들의 힘든 교실 경험을 들을 때마다 담임교사는 더 학급 학생들을 나무라고 강한 어조로 지도할 수밖에 없었다. 그러나 이로 인해 담임교사와 학생들의 관계는 회복하기 어려운 수준으로 악화되었다. 결국, 학년 전체 교사 회의에서 대책을 강구해야 했다. 우리가 내린 결론은 학급서클이었다. 당시 학년부장으로서 나는 학급서클을 직접 진행했다.

질문1 우리 학급에서 행복하고 즐거운 경험은?

- 모든 학급 친구들이 친하다.
- 매순간 우리는 즐겁다.
- 친구들이 착하다.

질문2 우리 학급에서 생활하면서 힘든 경험은?

- 모든 선생님들이 수업시간에 화를 내신다.
- 담임선생님이 우리를 미워하신다.
- 수업시간에 너무 떠들어서 수업을 잘 들을 수가 없다.

질문3 나는 어떤 교실에서 공부하고 싶은가?

- 선생님들이 화내지 않는 교실 - 존중받고 배려하는 관계.
- 안전한 공간 - 서로 믿을 수 있고 즐거운 교실.

질문4 우리가 원하는 교실을 만들기 위해 내가 할 수 있는 일과 친구들이나 선생님들께 부탁하고 싶은 것은?

- 수업시간에 친구에게 수업과 상관없는 말 걸지 않기.

- 수업시간에 친구에게 수업과 상관없는 말을 걸어오면 대꾸하지 않기.
- 수업시간에 말 걸어서 대답하지 않아도 화내지 않기.
- 선생님들은 수업시간에 화내지 말고 웃으면서 말씀해주세요.
- 다른 반과 비교하지 마세요.
- 다른 반에 가서 우리 반 험담하지 마세요.
- 다른 반 수업을 보게 해주세요. 어떻게 다른지 알고 싶어요.

이 학급서클을 진행 한 후 학년 교사들은 모여서 학생들의 솔직한 이야기와 부탁에 대해 논의했고 세 가지 약속을 했다.
- A학급에 들어가서 집단을 대상으로 화내거나 훈계하지 않고 칭찬과 격려의 언어를 많이 사용하기. 수업 후 1대1 대화하기.
- A학급에 대해 모든 교과가 수업을 개방하고 수업 빈 시간에 교사들이 동료교사의 수업 관찰하기.
- A학급 학생 중 희망학생 1~2명을 타 학급 수업에 참관하게 배려하기.

이 약속은 즉시 이행되었다. 교사들은 해당 학급에 들어가서 화내는 것을 멈추고 칭찬과 격려의 언어를 의도적으로 더 많이 사용했다. 그리고 A학급의 학생들이 돌아가며 4회에 걸쳐 다른 학급의 수업에 참여하여 자기들의 교실 수업과 비교했다. 수업을 참관한 한 여학생은 "우리 반 아이들이 불쌍해요. 그동안 우리는 교실 같지 않은 교실에서 수업 같지 않은 수업을 했다는 생각이 드네요"라고 말했다. 그리고 학급에 들어가서 친구들에게 자신들의 수업 참관소감을 이야기 하고 변화시키겠다고 약속했다. 이 약속 또한 지켜졌다.

학급서클을 열고 이행동의를 이끌어낸 후 이를 시행하고 A학급은 놀라운 변화를 보였다. 학급의 수업은 안정되고 학생들도 교사들과 편안한 관계를 회복했다. 그 후 학생들은 또다시 원래의 모습으로 돌아가기도 한다. 한 번의 학급서클로 모든 문제를 해결할 수는 없다. 하지만 교사들의 이러한 노력을 경험하는 학생들은 학교와 교사에 대한 신뢰가 커진다. 무엇보다도 자신들이 소중한 존재로서 존중받고 있다는 것을 경험한다. 이를 통해 학생들의 교사에 대한 존중과 신뢰가 커지는 것을 볼 수 있다. 이후에도 지속되는 서클의 경험이 지속되면서 학생들은 차츰 신뢰할 수 있고 평화로운 관계를 배우고 성장시켜가는 경험을 한다.

그러나 안타까운 점은 교사들도 마음이 조급하다는 점이다. 이러한 한 번의 배려로 학생들이 온전한 사람이 되리라고 기대하는 것은 기적을 바라는 일일 것이다. 학생들은 다시 불완전한 행동을 반복하면서 성장하고 배워나간다. 그래서 교사의 노력 또한 지속적으로 반복되어야 한다. 힘들지만 견디며 홀딩holding하는 힘을 우리 교사들은 발전시키고 유지해야 할 필요가 있다. 학생들에 대한 무조건적인 수용과 방치가 아닌 교실을 이끌어가는 리더로서 안전하게 돌보며 평화로운 관계를 형성시키기 위해 견뎌내는 노력이 필요하다. 그래서 교사집단 역시 외로운 섬이 아닌 교육공동체를 이루고 이를 통해 힘을 얻는 것이 필요하다.

3) 중학교 여학생들의 갈등 다루기

여학생 1명이 지난해에 급식실과 수련회 숙소에서 친구에게 뺨을 맞았다는 학교폭력 신고가 있었다. 조사하는 과정에서 피해자라고 하는 학생의 친구들이 그 사실을 함께 신고하고 뺨 때린 친구를 처벌해 달라고 찾아왔다. 가해자라고 지목된 학생은 사실과 다르다고 울었다. 수련회에서도 급식실에서도 장난으로 때린 것이고 평상시에 친구들끼리 서로 친밀감의 표현으로 뺨을 때리고 놀았다고 한다. 그래서 신고한 학생도 가해자라는 학생의 뺨을 먼저 때리기도 했다고 한다. 가해자라고 하는 학생의 친구도 찾아와서 가해자가 아니라고 한다. 함께 장난치고 놀았는데 갑자기 힘들었다고 피해 받았다고 하니 당황스럽다고 한다. 그러면서 자신과 친구들 4~5명이 함께 서로 친해서 서로의 뺨을 만지듯이 때리며 놀았다고 한다. 피해자라는 학생의 학부모는 아이가 그동안 너무 고통스러웠다며 강력하게 처벌해달라고 한다. 가해자라고 하는 학생과 학부모는 일방적인 가해자가 아니라며 가만있지 않겠다고 한다. 그래서 양쪽 부모님과 양쪽 당사자 학생들, 그리고 양쪽 친구 2명씩을 초대해서 대화모임을 했다.

분노했던 양측 학부모와 친구들은 서클에서 만나 서로의 진심을 이야기했다. 놀이와 폭력 사이에서 각자가 느꼈던 복잡한 감정들이 안전한 공간에서 처음으로 솔직하게 나누어졌다. 자신의 아이가 일방적 피해자라고 생각하던 학부모도, 자신의 아이가 억울하게 폭력학생 취급받는다고 화를 내던 학부모도 아이들의 마음속 진심을 온전히 들을 수 있었다. 자신이 피해자라고 생각하던 학생도, 자신이 억울하게 몰리고 있다고 생각하던 학생도 솔직한 자기 심정을 이야기하고 상대의 아픈 마음을 온전히 들을 수 있었다.

학생들은 불신 속에서 힘든 시간을 보낸 아픔을 딛고 새로운 관계의 형성을 위한 부탁과 약속을 공유했다.

서로가 피해자라고 생각하던 학생들은 서로에 대해 이해하고 원망에 가득 찼던 마음에서 풀려났다. 아이들의 솔직한 자기표현과 그 속에서 각자가 가해자와 피해자가 아닌 신뢰할 수 없는 관계 속에서 아프게 살아온 아이들의 진심을 들은 부모들은 참석한 모든 아이들을 안아주며 모임을 마무리했다.

함께 대면하지 않고 각자의 상상으로 서로에 대한 분노와 원망에 가득 찬 생각의 지옥을 살아가는 아이들과 그 지옥을 함께 살아가고 있는 부모들의 모습을 보며 답답하고 함께 힘겨워지는 순간이 많다. 이 경험은 관계회복을 통한 평화로운 관계 형성에 대한 새로운 희망을 보여준다.

2. 또래조정 동아리 활동

또래조정 동아리로 상설동아리 활동을 운영하며 회복적서클 또래중재를 위한 훈련과 중재활동을 실시했다. 또래조정 동아리는 학교가 일찍 끝나는 매주 수요일 방과 후 1시간씩 함께 모여 훈련하고 있다. 2015년에는 당시 1학년 학생들 10명을 교사가 매주 수요일에 훈련시켰다. 이렇게 훈련받은 학생들이 2학년이 되어 2016년 1학년 또래조정 동아리 후배들 10명과 2학년 중 새로 합류한 5명을 포함해 15명의 신입 또래조정 활동가를 직접 훈련시키고 있다. 또래조정 훈련 프로그램은 자신들의 사례를 바탕으로 이루어지는 회복적서클 진행 연습, 공감 연습, 경청 연습, 서클프로세스로 회의 진행하기 등으로 이루어진다. 이 활동 그룹에는 회복적서클 진행이 가능한 학생과 돌봄이 필요한 학생들이 함께 있다. 이 안에서 학생들은 안전한 관계 속에서 서로에게 도움을 주고받는다. 성숙하고 안전한 또래 친구들과 자연스럽게 함께 어울리고 이야기 나누면서 정서적 돌봄이 필요했던 학생들이 의식적인 돌봄 없이 자연스럽게 돌봐지는 과정에서 관계에서의 건강성을 회복해가는 모습을 확인했다. 이 중에 친구들과 어울리지 못하고 관계를 스스로 차단하던 학생이 2년 동안 함께 하면서 날마다 얼굴을 가리던 마스크를 벗고 밝은 웃음을 회복하고 친구들과 건강하게 어울리는 모습을 보았다.

3. 회복적 서클 교사 동아리로 서로 돌보기

회복적 서클을 배우고 실천하면서 내가 근무하는 학교에서 꼭 하는 일이 회복적서클 교사동아리를 만들고 함께하는 것이다. 아무리 바빠도 2주에 한 번은 만난다. 2월이나 3월에 6시간 이상의 연수를 실시하고 연수에 참여했던 선생님들과 함께 꾸준히 함께하는 연습모임을 만들었다. 교사들의 바쁜 생활 속에서 잠시의 틈을 내는 것이 쉽지는 않다. 그래도 이 만남을 꾸준히 함께하며 서로의 마음을 경청으로 들어주는 연습을 하면서 이해하고, 자신을 회복하는 경험들을 나눈다. 각자의 힘든 사례를 풀어놓고 그 사례 중 하나를 주제로 연습하는 과정을 반복한다. 그렇게 함께하는 동료 교사들은 막상 실제로 해보니 어려웠던 마음들을 털어놓으며 좌절하기 도 하지만 또 도전하고, 실패하고, 만족하고 그런 다양한 경험들을 나누며 서로를 의지하고 함께해간다. 놀랍게도 아이들을 탓하다가 각자 자신의 내면을 들여다보고 솔직한 성찰을 나누는 사람까지 다양한 나눔을 통해 우리는 또 함께 배우고 성장해간다. 학교 안에서 함께하는 동료들이 늘어갈 때 우리는 이 활동을 시스템으로 정착할 수 있다.

아직도 학년 내에, 학교 전체에 시스템으로 정착하는 것을 이뤄내지 못했다. 시스템으로 정착해가기 위해서는 집단 내의 이해와 동의가 필요하다. 그러나 함께 연수를 통해 경험해도 필요를 느끼고 이를 실천해보려는 용기를 갖는 사람은 늘 소수이기 때문에 여전히 어려움이 있다. 교사 개인의 실천은 개인의 만족으로 끝나기 쉽다. 공동체가 함께 행복하고 안전한 곳이 되기 위해 동료들이 서로를 신뢰하고 의지하고 서로 격려하면서 함께 도전해나가는 노력이 더 필요해 보인다. 소수의 전문가에게 의존하는 시스템이 아니라 다수의 소박한 실천이 문화를 변화시켜갈 것이라 믿기에 앞으로도 동료교사들과 함께하는 동아리를 지속하면서 모두의 소박한 실천이 지속되어 학교 안에 시스템으로 정착될 수 있도록 실천해가고 싶다.

3부

회복적 학교 세우기

복적
회 서클현 장
이야기

서울 관악중학교 4년간 펼쳐진 상주 갈등 지원 사례

이은주 | 사회적협동조합 평화물결 간사

2012년부터 비폭력평화물결은 회복적 정의가 학교에서는 어떻게 구현될 수 있을지 구체적 실현 아이디어들을 꺼내어 현장에 연수 형태로 교사와 학부모, 학생 모두에게 전수하기 시작했고, 이윽고 2014년 초에 경기도교육청 위탁을 받아 '회복적생활교육 매뉴얼'을 세상에 선보였다. 보상과 처벌로 학교가 움직여지는 것이 아니라, 구성원들이 서로를 돌보고 학교 스스로가 성공과 실패로부터 배움으로써 자체적으로 성장해 나아가는 운영 방식을 제안한 것이다. 이는 전국적으로 영향력을 끼치게 되어 그간 돌봄의 장소로 학교를 만들어 나가는 데에 갈급하고 있던 여러 사람들을 움직이게 하는 데 큰 역할을 하였다.

2015년 서울시교육청에서는 회복적생활교육 선도학교로 신길초등학교와 관악중학교를 지정하여 실제 운영해보도록 하였다. 신길초등학교에는 교사 전체 연수와 학부모 연수, 그리고 학생들 가운데서도 학급 임원들을 대상으로 평화로운 리더십 발휘에 도움이 되는 프로그램들을 제공하였다. 관악중에서도 신길초와 마찬가지로 교사, 학부모, 학생 대상의 워크숍 진행을 기본으로 하고 추가로 또래조정 동아리 지원과 상주 갈등 지원자 시스템을 작동시켰다. 매주 목요일 1교시부터 스텝 중 한 명씩 경우에 따라 협력 진행자 한 명과 함께 학교 1층에 만들어놓은 '회복적 대화모임방'에 상주하였다. 이후 2018년 12월까지 우리는 4년이라는 상주 갈등 지원 역사를 남기게 된다.

2015년 초, 단체의 반은기 선생님과 몇 명의 멤버들이 관악중 창고로 버려져 있던 공간 하나를 '회복적 대화모임방'으로 만든 일은 내내 우리에게 깔깔 웃음을 선사해주는 추억거리이다. 청소는 물론이고 학생들이 오고 싶은 공간으로 만들기 위해 게시판 장식에도 신경을 썼다. 언제든 서로에게 자기 마음을 열고 이야기를 꺼낼 수 있는 문화가 형성되기를 원했고, 그것이 학교의 중요한 시스템이 되도록 시간과 에너지를 들였다. 그 시스템이란 결국, 본인들 안에 얽힌 실타래들은 스스로가 직접 풀어 나아간다는 것이다. 처음에는 연결자라는 다리 역할로 비폭력평화물결이 자리 하지만, 그러한 '자기 돌봄'이라는 시스템이 익숙해지면 우리는 언제든 떠난다는 시나리오였다. '당신들은 이제 필요 없으니 가세요'라는 말을 듣는 것이 우리의 최종 목표인 것이다!

초반에는 모두가 엉성하고 낯설고 모르는 것투성이였던 것 같다. 회복적 생활교육을 담당한 부장 선생님도 그러했고 담당 스텝과 단체도 그러했고, 학생들과 교사들도 응보적 정의와 회복적 정의 둘 다가 공존하는 사이에서 혼란 아닌 혼란을 겪었다. 특히 갈등 전환 시스템의 중심인 '회복적 대화모임방'을 둘러싼 갖가지 일들이 그것을 보여주었다고 생각한다. 갈등이 있을 때 관계의 전환을 돕는 사람들이 학교에 상주하고 있으니, 많은 선생님들이 이를 주목하고 '골치 아픈' 학생들을 보내고 싶어 했던 것 같다. 이미 학생들이나 선생님들로부터 신임을 받고 다양한 정보와 소식들을 전달 받고 있던 부장 선생님에게 더욱 많은 일이 모여들었다. 약간의 삐꺽거림이라도 있는 관계나 사건들은 부장 선생님에게 '도움을 줄 만한 일'이 되는 것이다. 사건이 수면 위로 드러나고 그 소식이 누구로부터였든 부장 선생님께 들려 우리 상주 갈등 지원자에게 지원 요청으로 들어오기까지, 그 과정은 지난했을 것이다.

그리하여 자고로 '도움'이란 자발적 요청이 있을 때 효력이 있다고 믿는 비폭력평화물결에게 초반에 접하게 되는 여러 사례들은 혼란스러움을 주었다. 혼이 날 각오를 하고 오는 학생들부터 일 대 일 상담만을 원하는 학생들까지, 이곳에 와서 사전서클부터 진행되는 것이 아니라 어떻게 오게 되었고 어떤 도움이 필요할지 살피는 일부터 먼저 해야 했다. 처음에는 회복적 시스템이 잘 정착되기를 바라는 마음이 커서, 억지로 등 떠밀려 오는 학생들의 경우에는 자발적 선택으로 온 것이 아니라는 확인이 되면 부장 선생님께 학생들의 자발적 선택을 존중해 달라고 재차 말씀 드리고 퇴근하곤 했다. 지금 돌이켜보면 기존 학교 시스템에서는 자의로든 타의로든 '회복적 대화모임방'을 이용했다는 것 자체가 용기였고 부장 선생님이 어떻게든 진행해보시려고 노력하신 일들이 참 대단한 시도이셨다는 생각이 든다.

　스텝 다섯 명이 매주 돌아가니까 그래도 다섯 번에 한 번 꼴로는 상주 갈등 지원자로 있었다. 사례가 매주 있던 것은 아니라서, 지금까지 대략 열 가지 정도의 사례를 다룬 것 같다. 상주 일정이 미리 세팅되는 편이라 사전서클 또는 본서클은 내가 진행하였으나 본서클이나 사후서클은 다른 분이 진행하시곤 했다. 1학년 분노 조절이 어려운 남학생을 둘러싼 갈등과 1,2학년 여학생 선후배 사이의 트러블, 1학년 한 반 여학생들 내의 관계 형성, 2학년 똑똑이 남학생 둘 사이의 다툼, 1,2,3학년으로 구성된 동아리 내부 갈등, 2학년 여학생 서너 명의 관계 회복, 3학년 남학생들 몇 명의 오래된 오해들, 그리고 본서클까지는 연결되지 못한 사전서클 몇 개. 모든 사례들이 내 마음 속에 잔잔한 여운과 미소를 남겨주었는데, 이중 두 가지 사례를 나눠볼까 한다.

1. 진행자가 투명인간이 되는 순간, 그 짜릿한 순간

2학년 남학생 둘이었다. 두 학생 모두 제법 늠름하고 총명해 보였다. 학급에서 너무도 사이가 나쁜 둘이 학급에 큰 영향을 끼친다고 하시며 담임선생님께서 특별히 부탁하셨다. 사전서클 할 새 없이 본서클로 바로 들어가야 하는 상황이었다. 그런데 대화 시작 전에 한 남학생이 약간 격양된 목소리와 떨리는 손으로 꾸깃꾸깃한 종이를 한 장 나에게 주는 것이다. 누런 종이로 인쇄된 '가정통신문'인데, 그 뒷면에 몹시 작은 글씨로 무언가를 빼곡하게 적어놓았다. 그 친구 말인 즉, 옆 친구가 자신에게 했던 안 좋은 행동들을 하나도 빼놓지 않고 모두 적어놓았으니 미리 한번 보라는 것이다. 내 손에 쥐어준 그 쪽지를 나는 펴볼 생각도 없이 바로 두 사람을 자리에 앉히고 곧장 본서클로 들어갔다.

둘의 이야기를 듣자 하니, 자기 마음에 들지 않는 상대의 태도가 불만이라서 상대가 자기 마음에 들도록 말투와 행동을 바꾸지 않고서는 서로 대화하거나 상대해줄 마음이 없다는 것이 둘 모두의 요지였다. 몇 가지 사건들을 놓고 진심을 확인하여도 평행선을 달리는 느낌이었다. 진행자인 나로서는 일단 과정을 신뢰한다는 바탕 위로, 서클의 세 번째 단계인 '이행 동의'로 순서를 넘겨보았다. 가장 어렵고 시간이 오래 걸렸던 항목은, 둘의 주변 친구들에게 오늘의 서클 대화 '사건'을 어떻게 설명해주어야 할지에 관한 것이었다. 사실 두 학생 각각이 친하게 지내고 있는 친구는 동일 인물이었다. 그것도 두 명씩이나. 사실 중간에서 이들이 몹시 괴로웠을 듯! 진행하다 보니 둘 사이에서 각자가 원하는 바들을 잘 조율해주는 것에 나도 흥미가 느껴지고 있던 터라, 우리 셋은 제법 속도를 내서 제안 나온 대여섯 가지를 빠르게 하나씩 정리해 나갔다. 둘 다 워낙 체계적이고 논리적인 사람들이었고 나 또한 뒤질세라 그간 쌓아 왔던 나름 깔끔한 회의 진행자로서의 면모를 다해 이행 동의 단계를 진행하였다.

마지막으로 사후서클 날짜를 정하는 차례였다. 그런데 예상치 못하게 두 학생의 관계는 거기서 확 전환이 되었다! 3주 후 목요일, 언제가 괜찮을지를 묻는데 둘 다 수학 시간은 포기할 수 없다는 것이다. 한 친구가 갑자기 씨익 웃더니 이렇게 말했다. "야, 너도 수학 좋아했냐? 역시~~" 하더니 느닷없이 둘이 수학 과목과 함께 요즘 둘이 하고 있는 어떤 심도 있는 게임인지 프로그래밍인지에 관해 대화를 시작하는 것이다. '이게 무슨 상황이람? 나는 있는 줄도 모르네?' 한 5분간은 진행자인 내가 투명인간 같은 상황이 되었다.

　'아싸~' 날라 갈 듯한 기분이 들었다. 진행자라면 그토록 바라게 되는, 바로 제3자가 필요하지 않은 상황이 온 것이다. 더 통쾌했던 건, 둘이 그렇게 대화하면서는 자연스럽게 자리에서 일어나 밖으로 같이 나가는 것이다. "야야야~ 그래도 오늘 어땠는지 소감은 간단히 나누고 가면 좋겠는데~" 막 나가버리는 둘의 등에 대고 진행자가 외치니 돌아보면서 얼른 "좋았어요~" "안녕히 계세요~" 하고는, 지금 이 순간 둘이 서로 대화하는 것 말고는 아무것도 중요한 건 없다는 듯 가버렸다.

　조용해진 '회복적 대화모임방'에 홀로 남은 나에게 감사함과 만족스러움과 즐거움, 뿌듯함이 찾아왔다. 이 방에 나 말고 또 남은, 그 학생이 준 쪽지를 그제야 펼쳐보았다. 일, 이, 삼, 사 숫자를 앞에 달고 빼곡히 써내려 간 내용에는 상대방이 했던 말과 행동이 얼마나 구체적으로 담겨 있던지, 정말 감탄스러웠다. 하루 종일 자신이 싫어하는 이의 일거수일투족을 관찰해 온 그 남학생이 어떠한 마음으로 이것을 작성했을지, 그리고 지금 이 방을 나가면서 그와 웃으며 대화하는 그 마음은 어떠할지 헤아려보았다. 상대방이 궁금하고 서로의 관심사를 확인하고 싶은 호기심 어린 마음이 애초에 씨앗처럼 담겨 있던 것이 아닐까? 자의가 아닌 타의로 대화의 장이 마련되긴 했지만, 둘 사이에서 어떤 판단이나 개입 없이 오롯이 서로를 경청하도록 돕는 이의 연결로 그 씨앗이 움직여졌고, 상대를 향한 인간적인 관심과 애정의 꽃이 피워진 것이다. 지금은 15살, 앞으로 살아가면서 숱한 이들을 만나게 되겠지! 사회생활을 해 가면서 언젠가 문득 오늘 이 시간이 떠오를 거라 생각하니 미소가 절로 지어진다.

2. 진행자의 눈물을 흘리게 한 동아리 대화모임

오랜 역사를 지닌 스포츠 동아리다. 훈련이 주요 활동이기 때문에 한 살 차이라도 선후배 사이에는 큰 산이 있기 마련이다. 1학년 2명, 2학년 3명, 3학년 1명, 총 6명이 전체 구성원인 동아리 내부에서 이렇게 저렇게 서로에게 쌓인 서운함 들을 꺼내고 앞으로의 생활에 관해 이야기해보는 자리가 생겼다.

이 동아리는 '가족 같은 분위기' 아래 일방적으로 지적하고 혼을 내는 선배들과, 속수무책으로 야단맞는 후배들이 매일 얼굴을 맞대고 오랜 시간을 함께하고 있어야 했다. 내가 대화의 진행자로 있는 자리였는데도 그러한 행동들이 워낙 익숙해 있던 터라 초반에 너무 자연스럽게 나타났다. 처음부터 안되겠다 싶어서 이 시간만큼은 서로의 이야기와 말하는 차례에 대해서 존중할 수 있도록 마음을 써 달라는 부탁을 했다. 그렇게 시작된 대화는 쉴 틈 없이 거의 두 시간을 향해 달렸다. 서로가 동아리 활동에 있어서 중요하게 생각하는 게 뭔지, 서운했을 때 무엇을 기대했었는지, 앞으로 그런 상황일 때 구체적으로 어떻게 말하고 행동하면 좋을지 등을 두루두루 돌아가면서 나누었다. 아주 짧고 간단한 제스처이나 자주 반복되는 것들 속에서 주로 서운함과 오해들이 생겼었음을 확인할 수 있었다. 나는 서로가 보도록 놓치기 아까운 중요한 키워드들을 열심히 받아 적어 서클 중앙 바닥에 깔았고, 힘의 불균형이 있던 관계라서 각자가 발언 기회를 동등히 갖는 것에 특히 주의를 기울여 진행하였다.

제법 다양하고 구체적인 실행 아이디어들이 쏟아졌고, 이야기 뒷부분은 아이디어들을 중복되지 않고 잘 기억하기 쉽게 정리해 가는 과정이 이어졌다. 모두가 좋다고 고개를 끄덕이는 것들 아니고는 재차 동의를 확인한 뒤에 최종 결정문으로 그 내용을 올리곤 했다.

결정문들도 거의 정리가 되고 대체로 만족해하는 마음들을 확인하여서 마지막으로 돌아가며 이 시간 어땠는지 소감과 서로에게 하고 싶은 말을 같이 전하는 시간으로 넘어갔다. 동등하게 순서를 번갈아가며 이야기를 하던 터라, 이번에는 진행자의 오른쪽 사람이 시작할 차례였다. 1학년이었는데, 이번 대화모임이 열리게 된 배경에 있어 매우 중요한 역할을 한 사람이었다. 말하기 도구를 들고서 잠깐의 침묵을 하는 그 짧은 순간에, 공간 안에는 복잡 다양한 기류가 흘렀던 것 같다. 무슨 이야기로 마무리 발언을 할까, 오늘 시간이 어땠을까 너무 긴장이 되었다. 이 친구는 두 시간 내내 말도 짧고, 비교적 차갑게 이야기하는 편이었기 때문에 더 그랬다. 그래도 도움이 되었다는 말을 해주면 좋겠는데 바라면서 잠시 기다렸다.

드디어 입을 열었다. 생각지도 못했는데, 갑자기 왼쪽에 앉은 선배부터 직접 이름을 불러가면서 그 사람이 자기와 처음 만났던 순간을 묘사하더니 무엇이 그동안 고마웠고 그 사람이 지닌 장점이 무엇인지를 말하기 시작했다! 본인도 감동스러웠는지 눈물을 흘려 가며 이야기했다. 우리 전부는 진짜 무장 해제된 기분으로 꼼짝 못하고 숨 죽여 이야기를 듣게 되었다. 한 사람에 대한 이야기가 끝나자 바로 또 그 옆 사람에 대해서 언제 처음 만났고 무엇이 고마웠으며 어떤 장점을 가진 사람인지에 관해 이야기했다. 사람들이 전부 울먹이며 울기 시작했다. 그렇게 다섯 명에 대해 전부 이야기를 하고, 앞으로 약속한 대로 실천하겠다는 자기 다짐과 함께 진행자인 나에 대한 감사 인사까지 전하고 발언을 마쳤다. 전혀 예상치 못했는데, 이러한 급진적 표현이 첫 번째 사람에게서 터지고 나니 나머지 다섯 명이 돌아가면서 소감을 나눌 때는 아주 감동의 도가니였다. 서로가 얼마나 가까운 사이인지, 얼마나 한 몸으로 움직이고 있는지를 확인할 수 있는 농도 짙은 순간이었다.

마지막으로 진행자로서 내가 소감을 이야기했다. 갑자기 나의 중학교 방송반 동아리 적 생각이 나면서 울음이 터졌다. 그때 내가 못살게 군 후배들 얼굴, 미운 정 고운 정 들었던 동료와 선배들 얼굴이 떠올라서 그랬다. 지금 생각하니 왜 그때 따뜻하게 서로를 대하지 못했는지, 즐겁게 지내도록 애썼다면 수십 배 더 방송반 생활이 재밌었을 텐데 하는 뒤늦은 후회가 밀려왔음을 고백했다. 그때로 다시 돌아갈 수는 없지만 지금 이렇게 한 동아리 선후배 사이의 대화를 도와줌으로써 그나마 작은 책임을 지는 듯한 시간이었다고, 고맙다는 인사를 남겼다. 한 달 뒤, 다시 두 시간 동안 사후서클을 진행하였다. 너무도 달라진 화기애애한 분위기와 서로에 대한 사랑스러운 눈빛들을 보면서 보람을 느꼈던 것이 기억이 난다.

아쉽지만 비폭력평화물결은 2018년 12월을 끝으로 관악중학교 상주 갈등 지원을 마무리하였다. 부장 선생님과 교장 선생님, 그리고 3분의 1 가량의 많은 교사들이 바뀌시고, 학폭위 운영이 늘어나면서 회복적 대화모임방 이용자가 현저히 줄어드는 상황들을 지켜보면서 어렵게 지원 중단을 결정하였다. 기존에 굳어진 응보적 정의에 의한 시스템이 공존하며 회복적 생활교육은 아직은 두루두루 과도기인 것 같다. 학생들은 3년 있다가는 어김없이 학교를 떠나고, 선생님들도 길어야 4년만 계시고 교장, 교감 선생님도 금방 바뀌는 현실에서 완전히 정반대의 패러다임을 지닌 시스템 쪽으로 체제를 변화시키기란 오래 걸리고 쉽지 않다는 것을 안다. 일부 남아 있는 사람들에게라도 회복적 생활교육 시스템이 비교적 익숙하고 해볼 만했었다면 흔들림이 적었을 텐데, 새로운 것을 지키고 유지시키는 데에 시간과 에너지가 필요한 것이 현실이었기 때문에 아쉬운 마음이 들지만 이해가 가는 게 사실이다.

시스템 구축이 쉽지 않음을 알고 있음에도 불구하고 조금씩 하나라도 시도해보려는, 회복적 생활교육을 사랑하고 아끼는 여러 사람들에게 존경과 감사를 표한다. 이들은 언젠가는 결국, 우리가 회복적 정의를 택하고 시스템을 바꾸어 갈 것이라는 믿음을 가지고 움직인다. 잠깐 스쳐가듯 이 패러다임을 경험했어도 이에 대한 그리움이 들고 작게라도 시도해보고 싶은 사람들이 씨앗처럼 여러 학교 곳곳으로 퍼져, 양분과 바람, 햇빛 같은 몇 가지의 도움으로 싹을 틔우고 있다. 그러다 보면, 미처 기대하고 예상하지 못한 순간과 공간에서 우리가 바라던 모습이 느닷없이 나타나는 것 같다. 사람들은 따뜻하게 자신을 받아들여주고, 서로를 돌보면서 살아가는 공동체를 늘 원하고 필요로 하기 때문이다.

그래서 늘 준비하고 있어야 한다는 생각이 든다. 때는 느닷없이 찾아온다. 그때를 위해서 우리는 믿음직하게 그 자리에 버티고 있어야 한다. 씨앗이 우리도 모르는 새 얼마나 곳곳으로 퍼졌는지, 지금의 눈으로는 확인할 수 없기 때문이다. 잠재력은 생각보다 크고, 예상치 못할 때 발산된다. 이러한 것들을 느끼고 배우도록 기회를 열어주신 관악중학교 회복적 생활교육 담당 선생님들, 내부 스텝과 갈등 상주 지원팀 여러분에게 감사의 인사를 전한다.

회복적서클에서 독서그룹서클까지

신만식 | 용인 보정고등학교 수석교사

삐뚤삐뚤

날면서도

꽃송이 찾아 앉는

나비를 보아라

마음아

- 함민복 -

서클을 만나다

2011년 나는 학습 연구년을 지냈다. 일종의 안식년 시기이다. 회복적 정의 연수를 들으며 그 매력에 빠져 관심이 깊어지던 차에 '도미니크 바터의 회복적 서클 국제워크숍'에 참여하였다. 외국에서 온 3명의 트레이너가 공동 진행하여 통역과 실습을 병행하는 워크숍이었는데 제법 큰 비용을 내야 했기에 갈까 말까 여러 번 망설였던 기억이 새롭다. 이후 도미니크 바터가 진행하는 심화워크숍에 참여하면서 커뮤니티를 돌보는 좀 더 유연한 접근에 대해 배웠다.

그 시기는 학교 폭력이 나라의 이슈로 부각되면서 학생과 부모의 고통이 고조되고 있었지만 교육부는 물론 어느 곳에서도 시원한 대답을 내놓지 못하는 형편이었다. 이 워크숍에서 진행자가 '갈등의 폭풍우 속으로' 들어가 온전히 현존할 때 새로운 전환이 일어나는 회복적 서클을 경험하면서 나는 호기심이 충족되었고 그와 함께 작은 희망도 발견하였다. 이듬해 학교에 복귀할 약간의 자신감도 얻었다. 기대와 불안을 품은 채 복직을 하였고 그 무렵 동료들과 함께 사단법인 '좋은교사'에서 회복적 생활교육 운동을 시작하였다.

서클을 적용하다

복직 첫해 나에게는 중학교 2학년 학급 담임과 학생자치부의 학교폭력 및 선도위원회 업무가 주어졌다. 신도시 아파트 단지 내 제법 규모가 큰 학교였는데 부서 인원이 5명이나 되었으나 그렇게 업무 분장이 되었다. 복직한 학교에서 1년 동안 눈코 뜰 새 없이 분주한 일상을 보내던 중 폭력적 갈등에 휩싸여 학교의 처벌을 받는 학생들이 관계가 좋아지는 것은 보지 못했다. 사안이 발생하여 학교폭력 신고가 접수되면 서로 상대방을 만나지 못하도록 하는 '분리' 조치가 내려지므로 관련 학생들은 답답한 상태로 봉사활동도 하고 강제 전학도 갔다. 수업에 들어가 대화의 장을 마련해보고 싶은데 관심이 있는지를 물으면 대부분 그런 자리가 있으면 직접 만나서 이야기하고 싶다고 호소했다. 그러면 나는 사전 서클을 통해 학생과 보호자의 희망을 받아 관련 당사자를 한 자리에 둘러앉도록 하였다. 그렇게 열린 회복적 서클은 입소문이 나서 점차 여러 학생들이 서클을 신청하였다. 대인관계 문제로 수업에 집중하지 못하는 학생들도 이런 기회를 이용하고 싶어 했다.

수석교사가 되어 학교를 옮겨서도 회복적 서클을 교사 메시지와 학급 및 복도 게시판을 활용하여 홍보하였다. 학생부장과 담임교사들은 처음에는 내가 무엇을 시도하는지 잘 이해하지 못하였다. 2월에 열리는 교직원 연수와 3월 말에 마련한 전입교사 연수 자리에서 함께 서클을 경험할 기회를 마련하였고 학생들의 갈등 사안에 관하여 대화 모임을 진행해드린다고 홍보하였다. 그러면 대인관계가 복잡하게 얽혀 담임교사의 골머리를 앓게 한 사안들이 나에게 맡겨졌다. 학교폭력 사건 접수가 되어 정식 절차를 거치는 동안에도 대화의 자리를 갖고 싶은 학생들이 있는 경우 서클을 열었다. 더러 학교폭력 사안으로 신고하지는 못하지만 교실 수업을 들을 수 없을 만큼 긴장이 고조되어 서클을 신청하는 사례들도 있었다. 그러면 새로운 시작을 위한 자리를 마련하는 것을 많은 시간이 걸리지만 힘든 줄을 모르고 진행하였다. 내가 마치 급한 불을 끄는 소방관 역할을 하는 것 같았다. 이전 학교들에서 오랜 기간을 그렇게 지냈다.

교사들은 대체로 학생들의 폭력적 갈등을 다루는 것을 버거워하므로 그들이 회복적 서클에 관심을 보일 것이라고 여겼다. 그러나 일상이 바쁘고 갈등을 다루는 것이 주된 업무가 아니다보니 그다지 호기심을 보이지 않았다. 여기서 나는 수석교사로서 본질적 직무인 '교수·연구 활동 지원'이 진정 무엇이어야 하는지, 그것이 학교에서 수행하는 역할과 어떻게 연결되는지, 그리고 과연 어떻게 해야 교사들의 근원적 필요에 다가갈 수 있을지 또 다른 고민이 시작되었다. 평소의 문제의식이었던 '효능감이 그다지 높지 않은 교사의 내면 세계를 어떻게 북돋워줄 수 있는가'에 대해 적절한 돌파구를 찾고 싶었다. 내가 근무한 학교마다 교직원 사이의 불협화음은 늘 있었고 서로를 향한 뒷담 문화도 늘 있었다. 이런 모습은 진정한 학교 커뮤니티 형성에 도움이 되지 못한다고 늘 생각했었다. 어떻게 하면 학교를 학생들의 즐거운 배움터이자 교사들이 출근하고 싶은 공동체가 되게 할 수 있을지를 고민하였다. 물론 신우회 활동을 여러 학교에서 했지만 모임의 성격상 다양한 필요를 가진 교사들을 아우를 수는 없었기에 그만큼 아쉬운 마음이 남아 있었다.

비폭력 평화운동을 만나다

회복적 정의 진행자 훈련을 받으면서 마치 가고 싶던 여행지를 온 것처럼 신선한 느낌을 받았다. 하워드 제어는 사진을 찍을 때 렌즈를 바꾸면 세상이 다르게 보이는 것처럼 정의를 인식하는 패러다임을 바꾸면 좀 더 안전한 사회가 될 수 있다고 하였다. 그 패러다임이 회복적 정의의 개념이며 이는 국제 사회의 평화 운동을 역사를 새롭게 바라볼 수 있는 관점을 제공해주었다. 가·피해자 대화모임 훈련이 학교의 심각한 갈등 상황에 대한 중요한 대안으로 여겨졌다.

비폭력 대화에 기초한 중재 훈련은 다양한 모의 실습으로 일상에서 비폭력 대화를 활용하여 '개인간 갈등, 나와 다른 사람간 갈등, 그리고 나의 내면의 갈등'을 어떻게 중재할 수 있을지에 대하여 의미 있는 안목을 주었다.

동북아시아 젊은이들을 위한 NARPI SUMMER CAMP에 몇 번 참여해 본 경험은 평화 운동을 위한 아시아 주변의 다양한 활동가들을 만나는 계기가 되었다. 군사적 긴장과 외교적 갈등이 상존하는 아시아 지역에서 청년 세대들이 매년 여름에 만나서 서로 소통하고 교류하며 평화를 꿈꾸는 현장이었다. 평화학을 연구하고 실천하여 국제적으로 권위 있는 교수진이 진행하는 여러 워크숍에 참여하고 전쟁 피해가 남아 있는 역사의 현장을 답사하는 동안 만난 평화 활동가들과 생존자들의 증언은 나에게 역사적 감각을 새롭게 일깨워주었다.

비비폭력평화물결에서 진행하는 청소년평화지킴이프로그램과 서클 타임 등을 배우는 동안 나는 학교 현장에서 적용할 수 있는 감각을 익혔다. 무엇보다 한국협동학습연구회 동료들과 함께 20여 년 동안 교사연구모임을 지속하면서 교실 수업을 살려보고자 애쓰는 끈기와 열정, 동료들의 소중함을 배웠다. 물론 함께 시작한 '좋은교사 회복적 생활교육센터' 동료 실천가들과 함께 했던 여러 워크숍 경험들은 너무나도 소중한 마음의 자산이기도 하다.

이러한 나의 경험들은 커뮤니티의 소중함과 함께 갈등을 좀 더 깊게 이해하고 공동체적으로 대처할 수 있는 자신감을 제공해주었다. 내 자신이 관련된 문제를 잘 해결하지는 못하지만 학교 현장에서 실천해보면서 느끼는 것은 회복적 서클이 일반적인 교양인이라면 누구나 실천할 수 있는 적정 기술이라는 점이다. 일정한 프로세스를 익히고 과정의 힘을 신뢰하며 서클에 현존하면 심각한 갈등일지라도 새로운 전환을 맞이할 수 있다는 점을 깨달았다.

학교에서 나의 모든 수업이 공개 대상이기도 하지만 주기적으로 수업 공개를 해왔다. 모든 교사의 공개수업에 대하여 사전에 만나서 수업과정안과 학습활동지에 관해 대화를 나누고, 본시 수업에 참관하여 학생들의 모습을 관찰하고, 그 후 내가 보고 들은 것에 대해 수업비평문을 작성하여 제공하였다. 주로 학생들의 배움이 도약하는 지점과 수업 흐름에서 좋은 점과 교수 스타일의 강점을 파악하여 칭찬하는 일에 집중하였다. 그러나 나는 학생부장의 직무를 맡은 것이 아니므로 학교폭력 사안을 대할 때는 현실적인 한계가 있다는 점을 인정하지 않을 수 없었다. 이 지점에서 나 스스로 선택한 진로에 대하여 고민이 깊었다. 회복적 서클을 통해 학생들의 갈등을 전환시키는 것이 많은 시간과 에너지를 소진하더라도 나 자신에게는 의미가 컸지만 의외로 동료 교사들은 잘 이해하는 것 같지도 않았고 이것을 배우고자 하는 열의를 보여주지도 않았다. 이것은 누구를 탓할 수 있는 문제가 아니었다. 구조적으로 학교 조직 안에서 수업과 학급관리 그리고 일상 업무만으로도 힘들어하는 교사들의 모습이 내 눈에 보였다. 몸도 마음도 지쳐서 잘 가르치고자 하는 의욕마저도 약해져 가는 교사들을 적지 않게 보았다. 많은 교사가 임기를 미처 채

우지 못하고 퇴직을 선택했다. 지쳐가는 교사들, 새롭게 시작하고 싶은 교사들, 이제 막 교직을 시작한 신규 교사들, 누군가로부터 마음을 다친 교사들 …. 그들을 돕는 것이 바로 나를 일으키는 것이었다. 나는 새로운 시도가 필요했다.

독서 서클을 열다

신뢰 서클을 만난 이후 국내에 번역된 파커 파머의 저작들을 모두 탐독하였다. 교육센터 마음의 씨앗에서 진행하는 사계절 피정, 심화 피정, 교사신뢰 서클, 함께 이끌기 과정을 참여하며 다양한 삶의 이야기와 그 내면세계의 다채로움을 만났다. 여러 과정에서 홀로 그리고 더불어 대화하는 마음비추기 세션들을 경험하면서 나의 내면이 조금은 더 말랑말랑해진 것 같았다. 여기에 수차례에 걸친 독서 서클 참여 경험으로부터 학교 안에서 교사들의 마음을 다시 북돋워 주는 방법과 아이디어를 얻을 수 있었다.

이전 학교의 교장은 새로 출근한 둘째 날 법정 시수보다 더 많은 수업을 맡으라고 나에게 소리를 질렀다. 그리고 한 달 정도 지나서 어떤 문제로 또다시 호통을 쳤다. 이유도 분명치 않았다. 너무 화가 나서 잠을 설쳤지만 학교를 막 옮겼던 때여서 표현하고 싶은 마음은 들지 않았다. 더욱이 그런 분에게 화를 표현하는 것은 아무런 의미도 없다고 생각했다. 돌이켜보면 그 일은 오랫동안 마음 한쪽에 웅크리고 있던 나의 내면을 일깨우는 계기가 되었다. 새로운 도전을 하고 싶었다. 그런데 내향적 성향 때문인지 또다시 주춤거리며 스스로를 검열하였다. 사회관계망서비스에서 독서서클 운영을 해보고 싶은 내 고민을 읽은 어느 목사님께서 용기를 내보라고 하셨다. 이 일은 하나님이 기뻐하시는 일이며 공동체를 세우는 일이므로 망설이지 말라고. 반드시 성공할 것이라고. 다음날 메시지를 통해 진심을 담아 서클 초대장을 보냈고 10명이 넘지 않으면 시작하지 않겠노라 적었다. 그런데 신청하신 분이 10명이 넘었다. 한 달에 한 번 5년 동안 지속해온 독서서클은 이렇게 시작되었다.

서클에 누가 왔는가

서클은 자발성이 안정적인 기초이다. 먼저 교내 메신저를 통해 초대하는 글을 보낸다. 서클을 여는 취지와 도서 선정, 일정별 주제와 참가비 등을 포함한다. 참여하고 싶은 마음이 들기를 기대하면서 작성한다. 신규교사와 저경력 교사들은 강하게 초대하였고 망설이는 분이 있다면 적절한 동기유발이 되도록 호기심을 자극하는 것이 중요하다.

처음에는 몇몇 부장교사들이 힘을 실어주는 차원에서 신청하였지만 숫자만 채웠을 뿐 거의 참석하지 않았다. 이후에는 처음부터 끝까지 참여하실 수 있는 분들만 신청하시라는 내용을 포함하였다. 그동안 신규교사, 기간제 교사, 보건교사, 특수교사, 교육복지사, 전문상담사, 복직교사, 고경력 교사, 학생부장 교사, 중국어 원어민 교사 등 다양한 분들이 참여하였다. 대체로 신청 인원이 15명 안팎이었는데 이는 학교 교직원의 1/3에 해당하는 숫자이다. 서클이 열리면 때로는 서클 놀이도 하고 통역 지원을 받으면서 서클을 진행하기도 했다. 처음에는 호기심으로 참석했지만 나중에 해를 걸러 다시 참여하신 분도 있다. 연속 3년을 함께한 신규교사도 있고 한 달만 근무하신 기간제 선생님은 딱 한 번을 참여하고 가셨다. 그때는 1박 2일 야유회 때였다. 햇빛이 잘 들어오지 않는 교육정보실에서 늘 음지에서 양지를 지향한다는 자세로 살아온 나에게 그들은 모두 깜깜한 밤하늘에 빛나는 별과 같은 분들이다. 별빛은 화려하지는 않지만 뭔가 영롱하고 새로운 꿈을 꾸게 한다. 서클을 열면서 나는 종종 학교를 동화 같은 상상이 실현되는 공간으로 만들어보고 싶은 꿈을 꾸었다.

서클에서 무엇을 하였는가?

주로 선도위원회를 열던 특수교실은 학교에서 가장 아늑한 공간이었다. 특수교사를 서클 멤버로 초대하고 그곳을 빌려서 모였다. 처음에는 내가 서클 공간과 진행 내용까지도 모두 준비했으나 이듬해부터는 한 분이 총무를 맡아 간단한 다과를 준비하시도록 했다. 특수교실에 문을 열고 들어오면 잠깐 차담회가 진행되다가 모두 둘러앉았다. 나는 늘 드립 커피 세트를 들고 내려가 손수 커피를 내렸다. 커피는 유튜브로 배웠으나 5년 동안 내렸더니 최근에는 가끔 커피가 아주 맛있다고 칭찬을 듣는다.

그동안 읽은 책들은 파커 파머의 글이 주 텍스트이고 보조 텍스트는 교육이나 서클 관련 글이었다. 『다시 집으로 가는 길』, 『가르칠 수 있는 용기』, 『비통한 자들을 위한 정치학』, 『모든 것의 가장자리에서』, 『창조적 대화론』, 『비폭력대화』, 『교사월령기』, 『서클의 힘』 등이었다. 파커 파머의 책을 읽는다는 것이 간단치 않기 때문에 1년에 2권을 소화해내는 방식으로 읽었다. 파머의 책은 내가 각 장별로 내용을 요약해오고 다른 텍스트는 참가자들이 순번을 정해 정리해 왔다. 시작과 마무리를 위해 늘 마음에 감동을 준 시를 준비해갔다. 서클에서 함께 읽은 몇몇 시를 어떤 분은 책상 유리 속에 끼워 두셨고 사회관계망서비스의 소개 사진으로도 올려두셨다. 그만큼 그들의 마음도 움직인 것이리라.

서클이 시작되면 여는 질문에 맞추어 원하는 참가자들이 자기 이야기를 나누었다. 이후 준비해간 요약문을 읽고 다가온 부분을 다시 읽거나 삶과 연결된 이야기를 나누었다. 그리고는 둘 또는 셋, 넷이 대화하는 소그룹 대화 시간을 가졌다. 잠깐 간식 타임을 갖거나 다른 텍스트를 읽고 대화를 이어나갔다. 마무리할 때는 다시 삶으로 가져갈 적용할 점이나 문장, 단어 등을 돌아가며 나누며 다음 달에 만날 것을 기약하였다. 때로는 노래를 부르며 서클을 닫았다. 매달 메시지를 보내 서클 초대를 하므로 적게 오실 때는 분위기가 다소 위축되었으나 좀 더 깊은 대화를 나누는 기회가 되었다. 많이 오실 때 또는 누군가 맛있는 간식을 가져왔을 때는 분위기가 고조되었다. 매학기 종강 서클 때는 분위기 좋은 카페에 가서 추억거리를 만들었다.

서클은 어떤 의미가 있는가

서클은 나에게 수석교사로서 학교 커뮤니티 문화 형성을 돕는 의미가 있다. 파커 파머의 표현처럼 늘 '부서져 열린 마음'을 갖고 싶고 어느 정도는 얻었다고 생각한다. 물론 5년 동안 모든 교사의 공개수업을 참관하고 피드백으로 수업비평문을 써 드렸으니 제법 역할을 했다고도 볼 수 있다. 담임교사 모두가 교실 배식을 하는 관계로 서로 소통할 시간이 부족한 학교에서 여러 부서에서 근무하는 교직원들에게 대화의 장을 마련하는 일이 의미가 있었다. 그러나 무엇보다 독서서클을 통해 몇몇 교사들이 교직 생활의 의미를 되찾고 다시 교실을 향해 자신 있게 걸어갈 수 있게 되었다고 고백한 점은 평소 여러 실천에 대한 나름의 결실이기도 하다. 물론 나만의 의미 부여임을 부인하지 않는다. 다만 다른 분들에게도 그랬기를 바랄 뿐이다.

매 학기 종강 모임에 참여하신 선생님들의 이야기를 기록해두었다.

"학교생활에서 나만 힘든가 했으나 신뢰서클에 와서 함께 이야기하다 보니 서로의 진솔한 마음을 알 수 있게 되었으며 마음이 정말 힘들었을 때 큰 격려와 지지를 받았다."

"새로 와서 별실에 근무하므로 아는 분이 적었는데 여러 부서의 선생님들과 자연스럽게 만나고 교류하며 소통할 기회가 되어 좋았다."

"3년째 참여하면서 준비 과정을 자주 보고 들으며 신뢰서클이 얼마나 소중한 시간과 공간인지를 알게 되었으며 학교에 적응하고 내 모습을 찾아가는데 귀한 경험이 되었다."

"학교 밖에서 마음 챙김을 위해 많은 시간을 사용하였는데 이 공간에 와서 돌봄을 위한 소진된 마음에 큰 위로를 받았다. 회복적 정의 프로그램을 배웠으나 차마 해볼 용기를 내지 못했는데 신뢰서클에서 그 실체를 경험할 수 있었다."

"무엇보다 다양하게 마음에 간직하고 프로필 사진에도 띄울 수 있는 시를 받게 되어 좋았다. 정말 정성과 마음이 담긴 시를 받았다. 삶의 중요한 방향 전환에 도움이 되었다."

"신뢰서클 초대 문자가 오면 벌써 한 달이 지났는가 하고 시간의 빠름을 인식하게 되며 올 때까지는 부담감으로 망설이기도 했지만 서클 참여 이후 돌아갈 때는 매번 다시 힘이 나고 뿌듯하고 내가 대단한 사람이 되는 기분을 느낀다."

"누군가에게 나의 이야기를 말할 기회가 부족하고 또 누가 나의 이야기를 찬찬히 들어줄 일도 거의 없는데 서클에서 이야기하면서 큰 지지와 위로를 얻었다."

한 걸음 더 나아가기

최근 몇 년 동안 내가 무엇을 하며 지냈는지 되돌아보는 시간이 앞으로 어떻게 살아가면 좋을지 생각을 다듬어보는 기회가 되었다. 올해 중학교에서 고등학교로 근무지를 옮겼다. 초임 시절의 고등학교로 돌아온 것이지만 그동안 변화된 일반계 학교의 실정에 대한 이해가 부족함을 느낀다. 또한, 고등학교 선생님들의 필요가 무엇인지 잘 이해하지 못한다. 학교를 옮기면 늘 신규 교사가 된 것 같아 모르는 것 투성이다. 내 안에 뭔가 불안하고 초조한 감정들이 있다. 그동안 추구해온 여러 시도를 계속할 수 있을까? 독서서클 초대의 글을 보내면 과연 희망하는 분들이 얼마나 있을까? 그들에게 의미 있는 공명이 있을까? 조만간 다시 새로운 시작을 위한 용기를 내보고 싶다. 무엇을 선택할 수 있을지 또한 어떤 일들이 일어날지 지금 알 수는 없다. 열린 창가의 촛불처럼 생각이 여러 갈래로 춤을 춘다. 그러나 자연스럽게 '커뮤니티의 장을 열고 교사들의 열정'을 북돋우고자 애써온 지난 여정이 진정으로 가고 싶은 길이라면 다시 힘차게 내딛는 한 걸음이 그다음 걸음을 이끌어 줄 것이라고 믿는다.

우리가 사랑하는 아름다움이 우리가 하는 일이 되게 하십시오.
무릎을 꿇고 땅에 키스하는 방법은 수백가지가 있습니다.
Let the beauty we love what we do.
There are hundreds of ways to knee and kiss the ground.

-루미-

교사, 학교에서 안전한 공간을 경험하다!

정동혁 | 서울통합형회복적생활교육연구회 대표

모든 노력은 단지 바다에 붓는 한 방울 물과 같다.

하지만 만일 내가 그 한 방울의 물을 붓지 않았다면

바다는 그 한 방울만큼 줄어들 것이다.

당신에게도 마찬가지다.

- 마더 테레사 -

학교의 일상은 아주 평범하다. 출근해서 수업을 하거나 수업이 없는 시간에는 업무와 수업준비로 바쁘다. 점심시간이 지나면 다시 수업과 업무가 기다리고 있다. 잠시 틈을 내서 서로 이야기를 나누지만 바쁜 마음에 깊이 들을 수 있는 여건이 되지 못하니 필요한 정보를 주고받는 것이 일상이 되고 만다. 이런 상황에서 대화는 주고받는 정보의 양과 질, 관심도의 차이에 따라 마음으로 이어지기보다는 표면적으로 흐르기 쉽다. 판단과 조언, 비난하고자 하는 의도가 아님에도 대화의 불균형은 함께 있는 공간을 어색한 공간으로 경험하게 한다. 이처럼 학교에서 동료 교사와의 대화는 한명과 하던 여러 명과 하던 이야기를 독점하거나 혹은 상대방의 말을 끊고 내 이야기를 먼저 하기 쉬운 구조적인 상황에 놓여 있는 경우가 많다. 이런 구조가 주는 어려움을 넘어서서 서로가 존재로 바라보며 교사의 마음으로 서로 연결될 수는 없는 것일까.

서로의 이야기 속에 같은 교실이지만 조금씩은 결이 다르게 다가오는 공간의 풍경과 그 공간에서 만나는 아이들과의 수업을 어떻게 함께 나눌 수 있을까.

한 선생님과의 관계에서 안전함을 누리다

학교의 상황이 그러하니 동료 교사들과 수업나눔을 주제로 교사공감서클을 시작하게 된 과정을 돌이켜 보면 그저 고맙고 신기할 뿐이다. 학생들 앞에서 늘 흐트러짐 없는 모습을 보여야 하는 교사가 만약 같은 교사들 사이에서도 자신을 필터링하면서 말을 해야 한다면 얼마나 피곤하고 지칠까. 서로가 깊이 생각하지 않고 떠오르는 대로 편안하게 말할 수 있고, 개인의 사적인 이야기뿐만 아니라 교사의 본질인 수업과 생활교육에 대해서도 서로의 생각을 툭툭 던지듯이 편안하게 말할 수는 없는 건지. 그렇게 하더라도 우리가 던진 말들이 돌고 돌아서 다시 오지 않고 서로의 진심으로 연결되는 관계는 어떻게 가능할까. 그런 학교와 교사문화에서는 어떤 일들이 일어날까.

회복적 서클이 주는 힘은 단순하다. 회복적 서클은 대화할 때 관심을 내게 두지 않고 이야기하는 상대방에게 두게 함으로써 말하는 사람이 자신의 이야기를 끝까지 할 수 있게 한다. 대화에서 그런 작은 배려와 인내는 둘 사이에 안전한 공간을 내어준다. 말한 사람의 관점에서 끝까지 들어주고, 비록 대화의 내용에는 동의가 되지 않더라도 서로 들은 내용을 판단하지 않고 들은 만큼 돌려주는 방식의 대화는, 둘 만의 안전한 공간을 누리기에 충분한 경험을 준다. 이와 같이 안전한 공간에서 서로의 마음이 연결되기 시작하면 '어떻게 이야기를 하고', '어떻게 이야기를 듣나'에 서로 거부감을 느끼지 않게 된다. 혹 내면에 있는 취약한 부분이 이야기 중에 드러나더라도 쉽게 공감을 표현하거나 조언을 선택하지 않고, 서로가 들려주는 이야기의 진정성에 마음을 기울이고 상대방의 취약한 부분에 그저 머무르며 온전히 집중하여 들을 뿐이다. 그러다 보면 대화의 주제가 학교생활의 주변 이야기에서 아이들과의 수업으로 자연스럽게 이어지면서 참여한 교사는 모두 알게 모르게 하나의 대화 공동체로 연결된다.

학교에서 한 선생님과의 대화는 늘 나를 회복적 서클 프로세스로 이끄는 시간이었다. 평소라면 대화 중에 이야기를 독점하거나 혹은 상대방의 말을 끊고 이야기를 할 텐데, 그런 순간에 말하고 싶은 욕구를 내려놓고 상대 교사의 이야기를 끝까지 들어주는 것을 선택할 수 있었던 것은 내면에서 작동되는 회복적 서클 프로세스의 힘이었다. 때로는 이야기 중에 다른 생각이 올라지만 가로채듯 하는 이야기는 상대방을 늘 불편하게 할 뿐이어서 이내 그런 마음을 내려놓게 되었다. 우리가 주고받는 방식의 일상화된 대화를 할 경우 선한 의도와는 다르게 가슴 시원한 대화로 이어지지 않고 둘 사이에 어색한 공간을 만드는 경우가 많다. 결국, 대화에서 중요한 것은 말하는 방식이 아니라 상대방의 이야기를 듣는 방식에 있다. 바로 이런 인식의 전환이 회복적 서클을 내면에서 작동하게 하는 힘이다.

안전한 공간에 대한 경험이 확산되다

처음에는 특정 교사와의 관계 속에서만 그랬었는데 회복적 서클프로세스에 익숙해지면서 그러한 관계를 나누는 교사들이 하나둘씩 늘어나기 시작했다. 그리고 그 무렵에 학교문화를 바꾸고 싶은 소망을 가지고 새로운 시도를 하기 시작했다. 학교가 교사를 중심으로 앞으로 나아가지 못하고, 서로의 말이 돌고 돌뿐 들려지지 않는 답답한 교사문화로 정체되어 있던 때였다. 이런 교사문화에 변화를 일으키고자 전체 교직원 연수를 사람책living library 방식으로 진행하기도 하고, 교사아카데미라는 이름으로 탁월한 외부 강사를 초청하여 연수를 실시하고, 희망하는 교사들을 대상으로 회복적 생활교육을 주제로

워크숍도 실시하였다. 하지만 한계에 부딪혀 있는 학교문화의 중심부를 변화
혁신의 방향으로 나아가게 하는 일은 결코 쉽지 않았다. 학교 문화는 여전히
상명하달식이었고 학생들을 대할 때에도 위에서 내려오는 교사중심의 지도
가 일반화되어 있었다. 모든 구성원의 마음을 듣고 함께 일을 해나가는 방식
은 우리 학교에서 불가능한 일처럼 보였다.

그런데 아무 성과가 없는 것처럼 보였던 작은 시도-서로 답을 주고받는 정
보교환의 방식이 아니라 온전한 관심으로 상대방에게 머무르는 과정이 있는
대화-를 통해 교사들은 안전한 공간에서의 대화를 경험하고 있었다. 무엇보
다 서클 프로세스 방식의 대화를 통해 관계를 맺고 있었던 교사들이 개인적인
대화뿐 아니라 좀 더 큰 공동체 안에서도 안전한 공간이 가능하다는 경험을
갖게 된 것은 중요했다. 공동체 안에서 안전한 공간을 경험한 교사들은 말의
의도와 의미에 머물러 주는 교사공동체에 대한 갈급함을 갖게 되었고, 결국,
교사로서 영원한 과제일 수밖에 없는 수업을 주제로 '수업나눔연구회'라는 교
사학습공동체를 만들게 되었다.

'수업나눔연구회'를 만들다

서로가 자신의 이야기를 하는 것이 부담스럽거나 낯설지 않고, 자신의 취
약함을 드러내도 그것이 부끄러움과 자책감으로 다가오지 않는 공동체를 갖
는다 것이 우리를 얼마나 살아나게 하는지 모른다. 서클 방식의 대화는 교사
들 사이에 단순하게 물리적인 편안함만이 아니라 심리적으로나 관계적으로
공감하고 내면의 진심을 서로 연결하는 힘을 준다. 마치 마른 땅에 물이 스며
들 듯 몸과 마음이 서클 대화 방식에 익숙해지면 자연스럽게 서로의 이야기에
귀 기울일 수 있게 된다. 듣는 것이 익숙해진 교사들은 서로 공감하고 연결하
는 대화 과정에서 관계성과 공동체성을 깊이 경험하며 공동의 지혜를 탐색해

간다.

수업나눔연구회를 시작했던 첫 해의 일이 생각난다. 연구회원 중 한 명인 역사교사가 수업을 공개하고 워크숍을 하기로 했다. 역사교사의 수업진도는 조선시대 후기였고, 관련 수업 내용을 촬영해서 연구회원들이 사전에 보고 모였다. 나눔이 시작되었다. 기존의 강평회와 같이 부족한 부분을 지적하는 것이 아니라 그 수업에서 교사가 학생들과 나누고 싶었던 가치와 그것을 나누는 방법을 공감하고 공유하는 자리였다. 그러다 한 교사가 "수업을 하던 중에 피지배층의 어려움에 대해서 많이 강조하는 것 같았어요. 그 부분을 설명할 때는 목소리도 커지고, 여러 번 되풀이해서 말씀해 주셨어요. 특별히 그 부분을 강조한 이유가 있나요?"라는 질문을 했다. 특별한 의도 없이 한 평범한 질문이었다. 그런데 역사교사는 그 질문에 답하지 못했다.

나중에 알게 되었지만, 그 질문은 그 동안 교사도 미처 모르고 있던 내면의 상처를 건드리는 것이었다. 그 교사의 내면 깊은 곳에는 '고통 받는 사람들과 함께 하지 못한 미안함'이라는 상처가 있었다. 역사교사는 대답 대신 오랫동안 눈물을 보였다. 그리고 대학 시절 친구들이 시위할 때 함께 하지 못했던 것에서부터 시작한, 고통 받는 사람들과 함께 하지 못한 미안함에 대해 이야기하기 시작했다. 이야기는 세월호 참사의 희생자들에 대해 공감하지 못하는 학생들과 자녀들에게 받았던 상처에까지 이어졌다. 이야기하면서 그 교사는 스스로도 몰랐던 자신의 내면을 깨달았고, 자신이 왜 수업 시간에 그토록 어렵고 힘든 이들의 삶을 공감하도록 가르치고 싶었는지에 대해 이해하기 시작했다. 그것은 그 교사에게 놀라운 경험이었다. 그 교사가 눈물을 보이며 이야기하는 동안 연구회원들은 함께 침묵으로 공감하고 가끔은 함께 울기도 했다. 아무도 충고하고 조언하지 않았지만 그 교사는 스스로 자신과 자신의 수업을 이해하는 소중한 경험을 했다. 그리고 그것은 연구회원들에게도 소중한 경험이었다. 그 공간이 안전했기 때문에 가능한 일이었다.

수업나눔연구회 공동체 안에서 안전한 공간을 경험했던 역사교사는 최근 수업 시간에 교실을 안전한 공간으로 만들기 위해 고민하고 있다. 서툴지만 서클 방식으로 학생들의 말을 듣고, 서클 방식으로 수업을 진행하지 않더라도 학생들이 안전한 공간을 경험하도록 노력하고 있다. 그 교사는 교육청에서 강조하는 '질문이 있는 교실'이 어떤 특별한 수업 방법이나 구조가 아닌 교실을 안전한 공간으로 만듦으로써 이루어질 수 있다고 믿게 되었다.

함께 수업하는 문화를 만들어 가다

교사가 자발적으로 교실을 공개하는 것이 쉬운 선택은 아니다. 왜냐하면 수업 공개를 통해 배우고 성장하고 싶은 선한 의도가 공격의 빌미나 조언을 듣는 자리로 변질될 수 있어, 굳이 그런 부담을 안고 다른 교사에게 약점을 보일 이유가 없기 때문이다. 부끄러움을 감수하며 성장하기보단 배움을 내려놓더라도 공개하고 싶지 않은 속마음이 현실이다. 이런 현실을 거스르고 수업나눔 워크숍을 통해 교사의 아픈 부분을 자발적으로 내보이는 것은 자신을 새롭게 알게 하는 기회가 되었다. 비록 다른 교사에게 수업을 이렇게 하고 싶었는데 하지 못했던 내 속살을 드러내는 일이지만. 아픈 부분을 공유함으로써 서로 가까워지고 공동체로 성장해 온 것이다. 공동체 안에서 새로운 것을 시도할 수 있는 용기는 공동체의 지지와 공감을 경험하는 과정이 있을 때 가능하다. 적어도 교사 내면에서 부끄러움과 비난받는 것에 대한 두려움을 넘어서게 하는 안전함이 공동체 안에서 경험되어야 한다.

최근에는 수업나눔연구회 안에서 역사교사와 사서교사가 만나 연계 수업을 하고, 음악교사와 건축교사는 함께 공동의 수업을 기획하는 경험이 계속되고 있다. 이와 같이 연구회원 교사들은 자신의 수업을 매년 공개하는 것을 원칙으로 타 교과 교사들과 공동 수업지도안을 함께 만들어 보고, 뭔가 이게 손발이 꼭 맞진 않지만 바른 방향이고 해볼 만한 일이라고 도전하는 모습으로 성장해 오고 있다. 이렇게 할 수 있는 힘은 바로 공동체 안에서 서로가 존중과 돌봄이라는 회복적 서클 방식으로 공동의 대화를 실천하고 있기 때문이다.

작년에는 사서교사와 상담교사, 디자인 담당교사가 서로 연합하여 '○○ 잡화점의 기적'이라는 프로그램을 기획했었다. 힘들고 지친 학생들의 고민을 듣고 사서교사는 그 고민에 맞는 책을 소개하고, 디자인 교사는 엽서에 그림을 그리고, 상담교사는 위로와 지지의 글을 써서 학생에게 주는 방식이었다. 이러한 수업에 대한 공동의 도전과 실천은 신규 교사들에게 새로운 희망이 되고 그들이 공동체 안의 연대로 나아가는 계기가 되고 있다. 올 해 연구회에 새로 가입한 음악교사는 오페라의 아리아를 가르치는 수업에서 선배 건축교사와 함께 오페라의 배경이 되는 시대의 건축양식을 주제로 통합 수업을 준비하고 있다. 수업나눔연구회는 공동체 안에서 존중과 돌봄의 경험이 없는 새로운 교사들에게도 영향을 미쳐 안전한 공간을 함께 경험해 가고자 하는 소망을 주고 있다.

교사공감서클[1]의 미래를 발견하다

몇 년 간 교육청에서 추진하는 교육혁신의 핵심 정책인 교사학습공동체교사공감서클은 교사들이 서로의 삶과 마음을 나누는 것이 어색하거나 불편하지 않고 교사로서 학생과 수업에 대해 더 이야기 하고 싶어질 때 시작된다. 교사로서 성장하고 싶은 마음과 필요가 연결되는 안전한 공간이 경험될 때 일어나는 교육 본연의 모습이다. 교사가 몸으로 느끼고 마음으로 알 수 있는 방식

---

1) 사)좋은교사운동 회복적생활교육센터에서 펼치는 학교 안 교사 모임 운동.

의 정책이어야 척박한 학교 문화도 서서히 혁신의 공간으로 변화될 수 있을 것이다. 좋은 토양에 씨앗이 뿌려지면 그 씨앗이 자라서 꽃을 피우고 열매를 맺듯이, 교사에게 내면의 심리적 배낭을 내려놓을 수 있는 안전한 공간이 먼저 확보되는 것이 중요하다. 그 안에서 교사의 마음도, 학급의 공간도, 대화의 꽃을 피우고 존중과 돌봄의 공간으로 학교를 회복시켜 나갈 수 있을 것이다.

학교의 변화, 학교시스템의 혁신이라는 큰 주제가 평범한 동료 교사와 만나는 일상에서 시작될 수 있다는 것은 우리가 나누는 대화에서 내면의 연결이 일어나는 과정이 얼마나 중요한지를 말해준다. 일상의 관계에서 시작된 작은 대화가 헛되지 않고 공동체의 협력이라는 열매로 나타날 수 있었던 밑바탕에는 스스로를 필터링하지 않고 이야기를 할 수 있는 관계의 온전함이 있다. 이런 진정한 대화의 과정에는 이전에 아팠던 경험에 치유가 일어나고 미처 말하지 못한 내밀한 감정과 내면의 취약성에도 서로 공감이 일어난다.

실제적으로 몸과 마음으로 온전히 들어주는 것만으로도 관계의 변화는 일어난다. 이는 관계의 핵심에는 들어주고 반영하는 방식의 대화가 있다는 회복적 서클의 인식과 일치한다. 관계는 논리적인 설득과 감성적인 호소로 연결되는 것이 아니다. 오히려 상대의 말을 먼저 들으려할 때 관계는 시작되고, 내가 들은 것을 반영할 때 관계는 깊어진다. 들은 말에 묻어있는 상대의 감정과 마음을 돌려주는 대화를 통해 존중과 돌봄은 연결된다. 평소 행했던 작은 실천이 큰 물줄기를 만들어 내는 것이다. 더욱이 교사들의 공감서클은 시기적으로 교육청의 교사학습공동체 정책과 맞닿아 시너지 효과를 내며 학교에 작지만 의미 있는 변화의 바람을 불러일으키고 있다.

불확실한 미래를 두려워하지 않을 이유를 갖게 되다

어떤 이야기를 하더라도 그 이야기를 들어주고 지지하는 신뢰의 공간을 경험한 교사들이 자연스럽게 공동체를 구성하고 교육과 수업을 그 공동체 안에서 풀어내는 이 이야기는 아직 미완성이다. 중심이 되었던 교사가 공동체를 나오더라도 서로가 어떻게 마음을 연결해 갈지, 안전함을 어떻게 이어갈지, 사람이 비는 자리에 대한 고민이 있다. 서로를 연결할 수 있는 공동의 리더십에 대한 성찰은 오늘도 서클 안에서 실험되어야 한다. 한 사람, 한 사람의 목소리가 동등하게 존중받고, 어느 한 사람의 존재로 인한 것이 아닌 모두의 참여로 리더십이 운영되는 공동체에 대한 실험은 더 이상 낯선 풍경이 아니어야 한다. 한 번도 가보지 않은 공동체 리더십에 대한 새로운 길은 이미 열려있다. 무엇을 선택할지는 우리의 몫이다.

학교의 문화를 바꾸려는 노력이 아무 성과도 없는 것처럼 보이더라도 두려워할 필요는 없다. 중요한 것은 그러한 노력이 성공과 실패를 떠나 교사들에게 안전한 공간을 경험하도록 한다는 것이다. 안전한 공간을 경험한 사람은 누구나 그러한 공동체에 갈급하게 된다고 믿는다. 몇몇 선생님과의 개별적인 만남이 수업나눔연구회라는 공동체로 이어진 것은 그런 이유에서였던 것 같다. 공동체 안에서 안전한 공간을 경험한 것은 우리 삶을 살만하게 하며, 그 경험은 그냥 사라질 만큼 작지 않다. 그러므로 학교 문화를 바꾸어 가려는 우리의 노력은 어쩌면 마더 테레사가 말했던 '바다에 붓는 한 방울 물'과 같을지도 모르겠다. 그 작은 노력이 우리 학교를 풍요롭게 할 텐데, 그것이 없으면 우리 학교는 그만큼 척박하게 될 뿐이다.

덕양중학교 학부모 회복적 서클 연구모임

이금주 | 고양 덕양중학교 학부모, 평화감수성 훈련센타 대표

1. 여는 마당

특별한 만남, 2012년 회복적 대화 서클을 접하다.

나는 청소년기 건강한 삶을 일구는 평화 감수성 훈련 센터에서 터전을 꾸리고 있다. 학령기 때 삶을 누리던 환경은 사람에 대한 태도와 사유 방식의 영역을 확정한다고 생각한다. 일상이 대척점에 서 있듯 끝없는 경쟁을 강요하는 초스피드 시대를 건너가는 길이 만만치 않게 여겨져 내 아이의 행복한 중학교 생활을 위해 2010년 안전한 공간을 찾아 혁신을 표방한 덕양 중학교 학부모가 되었다.

'더불어 행복한 삶을 일구는 학교'의 조력자로 2012년 제1회 혁신 학교 포럼에 학교 홍보를 자처하며 킨텍스 행사장을 온전히 담당할 정도로 학부모회가 활성화되었다. 주 활동으로 학생들의 정서, 돌봄의 한축을 담당하기 위해 이모되어 주기, 방과 후 학습코어로 참여하며 '함께해서 즐겁다'는 연대감이 표출될 즈음, 경찰까지 출동하게 된 사건으로 학교는 경직되었다. 학교 방침에 늘 앞장서서 응원하던 부모는 당사자가 되자, 강력한 전사의 모습으로 돌변하여 교무실이 들썩이게 된다. 그 시기 학교는 '평화'를 주제로 모든 교육과정 커리큘럼을 구상하고 연결하고 있었기에 이 사건에 대하여 대한민국 최초로 응보적 관점이 아닌 회복적 대화 서클로 개입이 이루어지게 된다. 첫 사

례 당사자 부모는 "외부인이 뭘 안다고 우리 아이에 대해 이야기 하냐?"는 거친 저항이 있었다. 갈등의 고리는 깊어 사전서클 조차도 쉽지 않았고, 본 서클에서 진행자, 당사자들을 만나고 오면, 주고 받은 말에 대한 자신의 해석을 달아 집단 패싸움처럼 편이 갈리고 정제되지 않은 감정까지 덕지덕지 붙여져 갈등이 증폭되는 것처럼 보이게 되었다. 낯설었던 회복적 서클 방식의 공동체 접근에서 당사자들의 갈등 해소에 대한 의문을 갖게 되고, 당사자 부모의 '기존 방식으로 처음부터 사과하고 끝나면 쉬웠을 것'이라는 회의적인 푸념이 이어졌다. 그러나 서클에 참여했던 학생들이 '언제 그랬냐'는 듯 사이좋게 지내는 것을 보면서 '아! 서클은 더디고 지켜보는 과정은 힘들었지만, 어찌 보면 이것이야 말로 배움 공동체 주체가 함께 습득해야 할 과제 아닐까?'라는 공동체 자성이 인다. 그리하여 협력하던 주체들 사이에서 회복적 대화 서클에 대한 호기심이 증폭되어 워크샵을 요청하는 절반의 성공을 거두게 된다.

현재는 졸업, 재학생 부모들과 '마을을 잇는 소통 부엌' 컨소시엄을 형성하여 배움 공간 및 마을 주민들의 갈등현장에 다가가는 적정기술을 익히기 위해 비폭력 평화 물결의 박성용 대표의 피드백을 받고 있다. 한길 앞을 예측하기 힘든 고통스런 절망감에 몸부림치던 마음 밭을 함께 붙들어 긍정의 빛으로 전환하는 마법 같은 선물을 체화한 서클 진행자로 활동하며 받은 보배로운 이야기를 펼치고자 한다.

2. 펼치는 마당

평화의 영역을 확장하기 위해 마련된 2014년 4월 18일 '제1회 혁신학교 학부모를 대상으로 한 회복적 대화' 첫 워크샵에서 박성용 대표의 온전한 경청과 공감에 대한 안내를 접하게 된다. 낯선 툴에 대한 참여자들의 질문과 호기심에 이어 '함께 배우는 것이 어렵지만 울림이 남는다'는 평으로 정기 학부모

연구 모임으로 연결된다. 워크샵 자료를 가지고 15명이 두 개조로 나눠 잘 듣기 연습을 통해 마음이 연결되는 지점을 알아차리게 된다. 그것을 통하여 가정과 학교에서 만나는 주 갈등을 테이블에 꺼내놓을 수 있는 든든한 신뢰관계로 전환된다. 더 나아가 자기 이야기를 할 때 '잘 들어주기만 해도 이렇게 편안하다'는 깨달음으로 "학생들과 학교에 기여해 보는 게 어떨까?"라는 제안이 받아들여져 '온전히 듣겠습니다'는 캐치플레이를 펼치게 된다. 후속 연구 모임이 6개월 쯤 되었을 때 매주 화, 목요일 학생들의 안전한 쉼터가 될 '청개구리방^{청방}'을 열게 된다.

그로부터 6년째 학생들의 정서 지원의 한 축을 담당하게 되는 회복적 대화 연구 모임은 부모들이 접하게 되는 주된 자녀, 부부, 가족 간의 갈등을 중심으로 마음 속 깊은 이야기를 솔직하게 나누면서 타 모임과는 달리 구성원간의 결속력이 공동체의 기여 욕구로 강화된다. 참여하는 부모들은 한 결 같이 말한다. '안전하고 평화로운 공간을 만들기 위해 공동의 약속을 매주 나누는 것만으로도 차분해진다. 상호 존중하는 마음들로 견인할 수 있어 좋고 다른 모임의 성격과는 달리 삶의 중심을 잃지 않도록 가정에서 회복적 대화 툴을 시도해 보았더니 작은 것들이 변화되기 시작한다. 작은 의미를 불씨 삼아 서로 축하하고 격려하며 당면한 갈등에 적정거리를 유지할 수 있는 자기 돌봄의 즐거움을 찾게 된다. 매주 빠지지 않고 간식까지 바리바리 싸들고 참여한다'는 벗들의 고백에는 따뜻한 사람과 연결되어 평화로운 공간에 '존재로 더불어 즐겁다'가 확장된 모임이 이어지는 이유다.

정서, 돌봄 지원의 한 축을 담당하는 '청개구리 방'이 지속될 수 있었던 것은 협력 방식과 방향을 조율하고 한 달에 한 번씩 박성용 박사님과 1년여 피드백을 통해 훈련된 청방지기들이 배움 공동체에 마음을 내어 그림자 함성처럼 학생들이 찾고 싶은 공간으로 탈바꿈한 점이다. 한 학기동안 학생들의 반응을 지켜본 교사와 학교에서도 정서영역의 협력을 위해 서클 연구모임의 협조를 요청한다. 그리하여 안전한 공간이 부족한 학교 상황에서 학생들의 모습이 자연스레 표출되는 배움터 '청방, 평화 지킴이'로 이어지는 돌봄 프로세스의 한 축으로 자리 잡는다.

청개구리 방(청방) : 새로운 공간에 대한 호기심으로 찾아온 학생들의 소소한 갈등과 고충을 온전히 경청해 주니 학생들 사이에서 불편한 감정이 생기거나 가족들과는 꼭 집어 딱히 말로 표현하기 어려운 미묘한 갈등 상황에 처하면 자연스레 청방을 찾아오게 된다. 당시의 억울한 심정을 이야기 하면서 차한 잔 또는 사탕 하나 까서 먹다가 불편한 감정을 쓰레기통에 배출하듯 툴툴 뱉어버리고는 "또 올께요.", "아 시원하다."며 수업 종에 맞춰 달려가는 학생들 사이에 청방은 편안한 공간으로 회자된다. 학교의 이해 당사자로 이중 관계인 부모들이 직접 학생들을 만날 수 있도록 학교의 신뢰를 얻기까지는 시간이 필요했다. 청방지기들의 따사로운 마음결이 '내 아이만이 아닌 우리들의 아이'로 차이와 다름을 포용하자, 학생들에 대한 안심이 교사들에게 전달되었고 이에 청방지기들의 성실과 집단지성이 결합된 단단한 세 겹줄이 안전한 학교의 평화지킴이 역할을 수행하게 된다.

이후 덕양 중학교 학부모 연구모임은 졸업생 부모들과 재학생 부모들간 팀 웍이 되어 존중서클로 학생들을 만나게 된다. 학기 초는 '마음을 여는 활동'으로 안전하고 평화로운 공간을 만들기 위해 학급, 학년 단위 존중 서클을 안내하고, 교사가 정신없이 바쁜 학기말에는 서로에게 감사를 전하는 '평화 감수성 서클'로 서클의 진행자가 되어 매년 학생들을 초대하는 학교 3주체의 롤 모델이 되고 있다.

재학생 학부모 연구모임 : 기존 청방지기와 새내기 학부모들은 학기 말, 존중서클의 코어리더로 참여하면서 학교를 신뢰하며 연결하고 싶은 욕구가 표출, 결속된다. '입소문을 듣고 학교에 대한 높은 기대치를 가지고 입학시킨 자녀들이 청소년기에 들어가면서 '네, 아니요' 등 단답식으로 변한 자녀의 성장만 지켜보니 답답한 면이 많았는데 서클을 통해 학생들을 직접 만나며 툭툭 뱉어져 나오는 차원이 다른 성장 폭의 놀라움을 표현한다. '학교에 대한 의구심이 많았는데, 공동체의 평화로운 배움 문화가 중요하고, 모든 교사가 협력하여 힘쓰고 있는지를 보았고 고유한 특성을 지닌 내 아이가 성장하기까지 시간과 노력이 필요하다는 사실을 재발견하였다. 아이를 믿고 기다릴 수 있겠다는 마음이 생겨 참 기쁘다' 등 함께 하며 터득된 배움 공동체에 대한 애정 어린 고백이 즐거운 탄성이 되어 '깊이 있는 서클 배움을 통해 학교와 연계된 지역에 기여하고 싶다'는 선물을 공유한다.

소통부엌 : 3년여 동안 300여 시간 이상 청방 자원 활동가로 참여하며 즐거운 공동체 경험을 몸에 익힌 졸업생 학부모들이 지역단위 소통 창구 역할을 하고자 '소통 부엌' 법인을 결성해 학교와 지역 주민들을 초대해 평화프로세스 시스템 확충의 한 축을 열어가고 있다.

덕양 중학교 학부모 연구모임 오늘을 회고하다.

첫 만남부터 서로를 재미있는 별칭으로 부르며 그 날의 의미와 솔직한 감정을 기록하는 당일 모임의 소회를 밴드에 공유하는 습을 즐겁게 들일 수 있도록 연결한 당해 이끔이들의 솔직한 감회를 중심으로 성찰 일지를 아래 예명으로 소개한다.

사랑 : '따르릉' 쉬는 시간을 알리는 종소리가 들리자, '드르륵' 문이 열리며 '들을 청廳'-청방에는 학생들이 삼삼오오 모여든다. "어서 와!"라는 한 마디로 '청방지기들'은 그들을 따뜻하게 맞아준다. "배고파요, 먹을 것 없어요?"라며 배를 채우면 그만인 친구, "우이씨! 희동이가 내 물건을 가져가서 돌려주질

않아서 짜증나요"라며 하소연하는 친구, 어색한 표정으로 들어와 소극적으로 앉아있기에 이름을 물어보니 그제야 겨우 이름만 남기고 가는 친구, 짧은 십 분의 쉬는 시간도 너무나 길게 느껴져 기대어 볼 누군가를 찾으려는 심산으로 문을 두드린 친구, 계속되는 가정폭력 내지는 친구와 갈등으로 마음이 상하고 지쳐있는 친구 … '청방'이라는 안전한 공간에서는 친구들의 크고 작은 고민과 갈등이 환대되기까지는 소통과 관계의 단절로 혼자 두려움을 경험했다면, 이제는 공감과 소통을 통한 관계의 연결을 경험하게 된다.

'회복적 질문'을 통해 그들 속의 갈등을 초대하여 어떤 일이 일어났으며, 당시 무슨 생각을 했는지, 당시의 행동을 통해 누가 영향을 받았는지, 바르게 해결하기 위해서는 무엇이 필요한지, 공동체 속에서 누가 무엇을 도와주기를 바라는지를 물어보고 화답하는 경청과 공감의 과정에서 갈등 당사자인 친구가 스스로 내면의 힘을 찾아가며 배우고 성장하며 회복이 되는 모습을 볼 수 있게 된다.

갈등에 있어서 부모나 교사와 같은 권력자가 옳고 그름을 판단하고 무조건 따르게 하는 방식이 아닌, 갈등을 평화롭게 풀어갈 수 있도록 잘 듣고, 공감하고 협력하는 공동체 일원으로서 역할을 하는 것이 청방지기의 일이다.

회복적 대화 방식을 배워 청방을 찾아오는 학생들에게나 우리 스스로에게 적용하고자 노력했던 우리 학부모 봉사자인 청방지기들에게 갈등이 전혀 없었느냐 하면 결코 그렇지 않다. 청방을 찾아왔던 많은 친구들 중 몇몇은 안전한 공간으로서의 청방을 만들어가기 위해 모두가 함께 정한 규칙을 말해줘도 전혀 지켜주지 않아 해결해보려고 백방으로 시도를 해보았으나, 2년여가 지나도 여전한 문제로 남아 곤란했었고, 청방지기들 중의 몇몇은 약속한 봉사 시간에 나타나지 않거나, 혹은 지각을 하거나, 중도에 할 수 없게 되었다고 봉사 중단을 선언한 경우도 있어 난처함을 겪었으며, '안전한 공간'으로 서기 위해 청방 안의 대화 내용은 청방 내에 머물러 있어야 함에도 불구하고, 누군가 외부로 누설하는 경우가 있어 청방이 학교 공동체의 골칫거리로 여겨지던 아찔한 기억들도 있었다. 급기야 청방 활동이 성찰 시간을 갖고자 3개월여 중단되는 사태를 겪기도 했다.

회복적 대화 방식을 익혀감에 학생들과 학부모 다수가 소통, 협력, 평화 그리고 회복을 경험했음에도 '안전한 공간' 만들기라는 명제 앞에서는 서툴렀던 것이다. 살아 움직이는 생명체들이 모인 공동체에서 '갈등'이란 늘 뗄 수 없는 존재이므로 오히려 그 갈등을 환대해서 평화적으로 풀어나가자는 것이 바로 회복적 대화의 소중한 가치임을 다시 한 번 몸소 확인할 수 있었던 소중한 경험이었다.

한 단위 공동체가 회복적 대화와 회복적 생활 교육을 이해하고 그것이 정착되기까지는 오랜 시간이 걸릴 것이다. 덕양중 학부모 상주실에서 매주 1회 만나는 '회복적 대화 학부모 모임'에 개인적으로 처음으로 참여했던 2014년의 어느 금요일부터 시작해서 어느새 자녀들이 덕양중을 졸업했음에도 2019년 '소통부엌'으로 6년째 이어지는 이 기막힌 회복적 대화 모임과의 인연은 갈등을 적대시하는 것이 아니라, 환대하게 만들어 주었고, 갈등의 해결 여부와 상관없이 조급함에서는 멀어지고, 여유로움에는 가까워지게 만들어 주었으며, 내가 속한 어느 공동체에서든 갈등을 환대하며 평화로운 관계를 구축하는 주춧돌과도 같은 역할을 하는 공동체의 일원이 되도록 해주었다. 이 소중한 인연이 있기까지 기여한 모든 분들과 이 인연을 만나게 하신 하나님께 감사드리며 영원하길 소망해본다.

태양 : 아들이 중학교를 입학 할 즈음 회사를 그만둔 나는 덩달아 중학생이 됐다. 아들이 초등학교를 다닐 때는 회사 다니는 엄마라는 이유로 학교활동을 전혀 할 수가 없었던 나는 이번에는 무엇이든지 도움 되는 일을 하나는

해야겠다는 다짐으로 학교 총회를 참석했다. 그 자리에서 학부모 회복적 서클을 만났다. 생전처음 들어보는 단어였고 무엇을 회복하자는 의미인지 알지 못했지만 아이들을 위한 활동이라는 소개를 들으며 막연히 나도 할 수 있을 것 같았다.

그 후 아이가 학교에서 회복적대화 모임 신청서를 가지고 오기만을 하루 이틀 기다리다 참지 못한 나는 학교로 찾아갔다. 청방활동을 하고 싶어 찾아왔는데 어디로 가면 되는지 교무실을 찾아가서 묻고, 도서관을 찾아가서 물었다. 학부모 활동을 정확히 알지 못하는 선생님들은 어떻게 안내를 해야 할지 어리둥절해 하며 난감한 얼굴로 오늘은 청방 활동이 없으니 다른 날 찾아오라는 말만 남기며 돌려보냈다. 다른 날 다시 학교를 찾은 나는 함께 하고 싶다는 의지를 내보였다. 학교에서 아이들을 만나는 작업이 얼마나 세심하고 신중함이 필요한지 말하며 당시 이끔이었던 꼼지락은 주저하였다. 회복적 워크샵을 수료하지 않은 사람이 아이들을 만나는 것에는 더욱더 주의가 필요하다는 그의 말을 통해 믿음이 갔다. 그렇게 나는 회복적대화 모임에 함께하여 덕양중학교를 졸업할 때까지 학교에서 실시하는 모든 워크샵에 참석하였다. 그와 함께 학교 폭력위원회에서도 활동을 하였는데 회복적대화를 실천하는 학부모 위원에 대하여 선생님들께서는 안심하는 마음을 보였다. 그러나 나는 많은 워크샵에 참석하고 매주 연구모임에 참석하면서도 나의 회복적 대화 능력에 대하여는 믿음이 부족하였다. 아이가 고등학교에 입학하고 다시 학교 폭력위원회에서 활동을 하면서 덕양 중학교와는 다른 수준의 학교 폭력 위원회의 진행 모습을 지켜보며 놀라지 않을 수 없었다.

그 자리에 참석한 학교 폭력위 위원들은 이미 자신이 경찰의 모습으로 변신이라도 한 듯 가해자라고 명명된 아이들에게 추궁하듯이 사건의 진위 여부를 캐묻고 있었다. 더 놀라운 것은 위원들이 하는 말이었다. 참석한 학생에게

다 들어 줄테니 하고 싶은 말을 다 하라고 하면서도 실제로는 아무것도 듣지 않았다. 계속적으로 말을 자르며 딱딱하고 사무적인 말투로 자신이 궁금한 것을 질문하기만 했다. 제대로 듣기가 무엇인지 전혀 알지 못하는 모습이었다. 그 학생의 진술 시간이 그렇게 흘러가는 모습을 바라본 나는 안타까운 마음으로 "원하지 않는 사건이 일어났고 지금의 심정은 어떤가요?"라는 질문을 던지자 놀랍게도 분위기가 순간 바뀌었다. 아이들은 자신이 잘못한 부분이 무엇인지, 책임져야 하는 부분과 억울한 부분을 구분하여 말하기 시작하는 것이었다. 처음 시작부터 목소리 높여 학생들을 심문하듯 말하던 위원의 목소리가 어느 순간 잘 들리지 않을 정도로 낮아져 있었다. 회복적 대화의 힘을 몸으로 체험하는 놀라운 순간이었다. 학교에서 학교 폭력 위원회를 없앨 수 없다면 최소한 회복적 서클을 접하고 듣는 귀를 가진 사람들이 이 자리에 앉아있어야 한다는 생각을 굳히게 된 경험이었다. 다행히 2019년 국회에서 학폭 활동에 대한 교육청 이관이 일부 이뤄졌다는 반가운 소식이 들린다.

앵두 : 삶의 근거지를 이루는 가정의 갈등 중심으로 회복적 대화 서클 적용을 시작하여 직장에서 소모임 서클을 열어 주제를 연결해 이끌어 안내해 가니, 구성원들이 처음에는 '이거 뭐지?'에서 서클이 한 순배 돌 때마다 표정이 살아났다. 나눔 시간에는 "평등하게 존중 받는 기분이 든다"는 소회 전달과 맡은 역할에 따라 다양한 이야기가 더 많이 나왔다. 배움이 일회성 지식으로 그치는 게 아닌 삶과 연결되어 자생적으로 발현 실제 적용하는 사례가 늘어가는 재미를 알아간다.

나무 : 시절 인연들이 안전하고 평화로운 세상을 함께 향유하며 살아가길 꿈꾼다. 그러나 삶의 현장은 녹녹치 않은 갈등과 고통으로 우릴 시험에 들게 하고 낙심에 빠지게 한다. 생애 주기별 삶에 따른 당면한 고통은 참는 게 아니라 서로 쪼개어 나눠야 살아내지는 거라 생각한다. 고유한 존재로 귀하게 여

기며 신뢰 회복을 통해 비통한 시대를 살아가는 분단된 한반도 공동체가 더욱 유연해지길 희망하는 평화의 꿈을 꾼다. 개인적으로는 평화 감수성 훈련 센터를 찾아 색채 심리 세션으로 만나게 되는 특별한 상황의 심리적 갈등을 접할 때, 개별 세션에 집중하는 것이 아닌 주 요청된 사건에 영향 받은 당사자들을 모두 초대하여 서클 툴로 접목하는 친구, 연인, 부녀, 모녀, 가족들의 신뢰를 회복하는 경험이 축적되었다. 이에 첨예한 갈등을 환대하여 당사자의 필요와 협력 주체 간 결합을 연결할 적정 기술을 지녀 온전한 마음 밭을 일궈 호흡을 되살리는 서클 진행자로 성장을 꾀하려 하고 있다.

3.닫는 마당

평화의 바람 타고 서클로 나아가기

이해계층이 다양한 공동체에서 마을 교사, 지역 활동가인 서클 진행자로 자리매김 할 수 있는 시스템을 구축하기 위한 배움을 유쾌하게 지속하는 벗들의 6년여 발걸음을 성찰한다. 회복적 대화 학부모 교육이 학교에 자리매김 해야 될 이유로는 타 교육과는 달리 자녀들이 학교 울타리에 길게는 6년, 짧게는 3년씩 생활하면서 학교 문화 뿐 아니라 관계의 기본 가치를 이루는 가정에서의 인격 간 평등한 주체로서의 서로를 살리는 대화법이 안전하게 정착할 수 있게 된다는 것이다.

연구모임에 2~3년 된 초창기 가정에서 갈등 당사자들을 초대해 적응해보고는 놀라운 가족간 관계 회복력이 발현된다는 사실이 보고되고 있다는 점에서 일회성 교육과는 큰 차이를 발견할 수 있다. 내, 외재적 확장성이 있어서 내 자녀뿐 아니라 가정을 넘어서 관계의 틀어짐이 일어나는 이웃, 일터, 마을,지역 단위 공동체에서 건강한 소통 진행자로 우뚝 서 가고 있는 점에서 회복적 대화 툴이 쉽고 간명하지만 갈등 있는 세상에 쓰임 받는 파워풀한 연대의 힘을 구축하는 것이다.

내 이웃을 소개해요 : 워크샵과 '통하는 부모, 통하는 마을' 공청회를 열어 이야기가 있는 식탁, 이야기가 있는 마을로 상호 긴밀히 연결할 때, 집단 지성이 발현되고 상호 신뢰가 상승되면서 '우리 모임 성원들에게도 서클 만남을 소개해 고착된 관계에 접목하고 싶다'는 단위 7~8년 된 사회 활동가들 입에서 관계 회복력의 필요가 요구되어지고 서클 진행자로 주체로 활동하고 싶다는 욕구가 출현하고 있다는 사실에 주목하여 평화 프로세스 시스템 확충에 자원을 모아가길 기대한다.

과거가 되어버린 갈등을 따사로운 기운으로 진중한 호기심을 갖고, 각자의 호흡에 맞춰 자연스럽게 전환하여 살리는 질문 툴, 당사자들의 진심을 연결하는 징검다리 질문인 '무엇을 들으셨습니까?'는 시대의 화두가 되었다. 25여 년 논술 강의 때 "어떻게 생각하니?"가 의식에 붙어있어 낯설고 서툰 호기심 어린 출발, 경청, 공감, 연결, 전환되던 지점, 고통을 쪼개어 함께 춤추다 약속이 깨어져 나가서 3개월여 멈추어야 했던 순간, 특별히 학생들 개별 성장에서 반드시 표출하는 통증 에너지로 서로를 소중히 보듬어 공동체의 힘으로 환대했던 함께함의 은은한 미소가 흐르던 감동의 빛이 스친다. 학교의 특성상 전문성이 요구되건만 역량가도 아니고 그저 내 자녀가 건강하게 성장하기를 바라는 소박한 맘으로 귀와 마음의 진심을 연결하는 순간순간이 모여 한 사람의 발걸음이 아닌 여럿이 함께하여 유연한 집단 지성이 일어났던 소소한 기록을 수줍게 나누니, 각 단위 학교에서 3주체인 학부모들의 회복적 서클 모임 활성화에 한 톨의 건강한 촉진제가 되길 희망한다.

또래조정과 회복적 서클 :
아직 끝나지 않은 이야기

조일현 | 부천 원미초등학교 전문상담교사, 부천회복적생활교육연구회 회장

　'또래조정이 뭐야? 그게 가능하겠어?' 또래들의 갈등문제 특히 학교폭력문제 등을 또래들에게 맡길 수 있다는 말이야?' 이런 무수한 물음들은 나의 신념을 무너뜨리고 무력하게 만들고 있었다. '그러니까 누가 책임을 진다는 거지? 그래서 잘못되면 어떻게 할 건데?' 오랜 교직 생활 속에서 늘 염려할 수밖에 없는 안전에 대한 고민은 여느 때와 다름없이 2016년 그해에도 날 주저하게 만들었다. 그러나 또래조정을 실제 경험하면서부터 이러한 의문은 사라지고 나의 신념도 되살아나기 시작하였다.

　학교 안에 있는 '교육적'이라는 낱말은 때론 큰 두려움을 줄 만큼 폭력적으로 다가왔다. 학교에서 실시되는 많은 교육적 조치들은 문제의 당사자들에게 더 큰 상처를 입히기도 하고, 그 상처에는 반드시 책임이 따르기 마련이었다. 이를 두려워한 나머지 나는 쉽게 좌절하며 무력해졌고 내가 지향하는 것들을 실천하기 어려웠다. 학교정의를 갈구했지만, 그것이 어떻게 작동하는지 원리를 알지 못했기에, 어떻게 해야 할지를 몰랐다. 이런 나에게 희망과 믿음을 주신 분이 바로 박숙영 선생님이다. 박숙영 선생님은 나에게 회복적 실천에 대한 도움을 주시고 다른 학교의 사례를 말씀해주시며 용기를 북돋워 주셨다. 2016년, 용기를 내어 또래조정을 시작하였고, 이는 마침 부천교육지원청에

서 회복적 도시를 지향하며 벌이던 회복적 생활 교육사업과 맞물려 조금씩 빛을 보게 되었다.

이제 나와 함께 했던 이들에게 일어났던 몇 가지 일들을 회고하며 회복적 서클이 또래조정으로 꽃피던 지난 이야기를 나누고자 한다.

이야기 속 이야기 하나

"사랑은 또래조정과 함께 봄비처럼 다가왔다!"

"선생님은 저를 포기하지 않으셨던 거죠? 맞죠?"

"그럼 그렇고 말고. 선생님은 언젠가 네가 너의 힘으로 이겨낼 거라 믿었어. 다만, 말없이 기다릴 수밖에 없었단다."

간절한 눈빛으로, 조금은 떨리는 목소리로 나에게 말을 건네는 연우가명를 보면서 나는 이렇게 말했다. 아니, 이렇게 말해야만 했다. 그러나 이 말을 건네는 내 마음 한 편에 부끄러움이 일기도 했다.

연우는 입학한 해 3월 초 부터 학급에서 문제를 일으켜 자퇴 및 대안학교로의 전학까지 고민하던 학생이었다. 연우의 부모님은 연우의 중학교 생활에서부터 학교에 대한 뿌리 깊은 불신을 갖고 계셨다. 그 분들과의 끈끈한? 만남이 있었기에 연우를 더더욱 포기할 수가 없었지만, 사람들에 대해 신뢰가 없는 연우의 거친 몸부림에 상담교사로서 힘든 점이 있었던 것도 사실이다. 그래도 '학교가 이 학생을 지켜줄 수 없다면?'이라는 생각에 그동안 수차례 경청과 반영하기, 해석하기 기법을 적용한 개인 상담을 해왔고, 그렇게 맺어진 인연으로 어느덧 연우와 나는 복도에서 오가며 살며시 미소를 주고받고 가끔 상담실에 와서 수다도 떨 수 있는 편한 사이가 되어갔다.

"선생님 저 그냥 놀러 왔쪄요." 약간 애교스러운 목소리로 눈치를 보며 상담실을 올 때에도 "아니 우리 연우 학생 왔네. 잘 왔다. 그간 별일 없었고?" "네", "그래. 다행이네. 편히 쉬고 가렴." 나는 연우가 별일 없이 상담실에 올 때에도 환대를 잊지 않으려 애썼다. 연우의 주변 친구들과 선생님 사이에서 갈등이 생길 때마다, 그 속에서 빚어지는 연우의 감정과 욕구를 살피면서 최대한 평가와 판단을 내려놓고 지금 모습 있는 그대로를 존중하려고 노력하였다. 연우의 내면에 숨어있는, 채워지지 않은 욕구로 가득한 아이를 그렇게 달래주고 따뜻한 미소로 맞이하며 자신을 스스로 돌보는 방법을 배워가길 바랐다.

그러던 어느 날 "선생님. 저 선생님이 하시는 또래조정인가? 그거 한번 해보고 싶어요." "그래? 또래조정에 대해 어떻게 관심을 갖게 됐니?" "얼마 전에 구령대 앞에서 또래조정 캠페인 할 때 어떤 오빠들이 게임을 통해 먹을 것도 주고 하는 데 또래조정을 하면 다투지 않고 대화를 통해 문제를 해결할 수 있다고 했어요. 여기 또래조정 동아리 선배들 맞죠?" 그렇게 우연히 시작된 또래조정은 연우의 자발적인 희망으로 시작되었지만, 여전히 학생의 근본적인 두려움을 마주할 수밖에 없었다. "선생님 이렇게 해서 달라질까요? 그 친구들이 내 맘을 알아줄까요?" 이런 연우의 불안함을 견뎌내 주고 연우가 또래조정을 잘 따르게 해준 것은 다름 아닌 주조정자, 부조정자 학생이었다. 또래조정 동아리 '부침개'의 주조정자, 부조정자 학생들은 해당 상황에 대해 먼저 예상해 볼 수 있는 시나리오를 가지고 모의시연을 준비하고, 해당 학생의 또래조정 상황에서 진지하고 분명한 모습을 보임으로써 연우에게 신뢰감을 주었다. 더욱이 성별과 과가 다르고 학년이 다른 선배인 3학년 학생을 주조정자로 선정하여 비밀 유지를 위해 노력하였다.

또래조정 3회를 통해 갈등이 있는 친구들과의 갈등전환을 한 후, 외부 전문가이신 정혜영 선생님과 두 명의 또래조정 동아리 학생과 함께 학급단위 회복적 서클도 진행하였다. 또래조정 과정에서 풀어갔던 역동의 힘을 학급으로 들어가 직면함으로써 학급 안에서 연우가 소속감과 연대감을 느끼고 지금의 어려운 상황을 딛고 일어설 수 있도록 돕기 위한 취지였다. 처음에는 토킹피스를 돌리며 서로 약간의 어색한 인사와 대화가 오갔다. 하지만 공동체놀이를 통해 서로 좀 더 친밀해졌고, 여는 질문과 주제 질문 시간을 거치면서 학급구성원간에 느낌과 생각을 공유해 나갔다. 한 걸음 더 나아가 평화로운 학급공동체를 만들기 위해 자신들이 지킬 수 있는 대안을 찾아가며 자발적으로 책임질 수 있는 학생들로 성장해나갔다. 회복적 서클이 진행되면서 연우는 짧은 발언이었지만 자신을 응원하고 격려해주었던 학생들에 대해 감사함을 표현했다. 그렇게 회복적 서클의 본서클과 사후서클까지 순조롭게 진행을 마치게 되었다.

그리고 한 학기가 지나고 몇몇 선생님들로부터 깜짝 놀랄만한 기분 좋은 소식들이 들려왔다. "연우가 달라졌어요. 수업시간에 딴짓도 안 하고 잘 들으려는 모습이 보여요." "연우가 시험성적이 많이 올랐어요." 문제아로만 여겼던 연우의 변화에 대해 선생님들이 서로 이야기를 나누며 이구동성으로 맞장구를 치셨다. "맞아요. 선생님들을 대하는 태도도 많이 공손해진 것 같아요. 상담선생님, 연우에게 무슨 일이 있었나요?" "글쎄요. 다음에 보면 한번 물어봐야겠어요."

겨울방학을 앞두고 연우가 찾아왔다. 공부를 더 잘하고 싶다는 것이다. 왜 그런 심경의 변화가 생겼는지 궁금해졌다. 그런데 그 궁금증은 연우의 이야기를 들으면서 풀렸다. "그동안 아무도 나에게 관심을 주고 좋아해 주는 사람이 없다고 생각했는데 선생님과 상담하고 또래조정도 하면서 내가 스스로 너무 닫혀있었던 것은 아닐까 생각했거든요. 누군가 날 칭찬하면 어색하고 불편하기도 했고요. 그런데 저를 있는 그대로 좋아해 주고 사랑해주는 남친이 생겨서 너무 좋아요. 남친이 공부도 잘하거든요. 그래서 저도 더 공부를 잘하고 싶어졌어요."

'아하! 그렇구나! 연우는 있는 그대로의 자신을 존중받기를 바랐고, 그와 동시에 애정 어린 관심이 필요했어.' 현장에서 흔히 하게 되는 평가나 판단은 연우를 변화하게 만들지 못했다. 그동안의 수용과 존중으로 연우가 변화하고 있었다는 것을 깨달았다.

어느 날 연우가 상담실을 점심시간에 20분가량 사용해도 괜찮냐고 물었고 흔쾌히 승낙했다. 점심시간이 되고 친구 한 명과 상담실에 들어온 연우는 상담 테이블에 앉아 이야기를 나누었다. 이 광경을 유심히 살펴보니 연우는 친구의 고민을 경청하며 공감해주고 있었다. 그동안 연우의 모습을 지켜보아 왔던 나는 깊게 감동했다. 상담과 또래조정을 통해 연우가 자신이 경험한 경청의 힘을 터득하고 그 힘을 친구와 나누는 모습을 보여주었기 때문이었다.

흔히들 삶에 정답은 없다고 말한다. 그래서 우리의 섣부른 예단이 무한한 가능성을 가지고 있는 학생들이 희망의 불씨를 보지 못하도록 가로막고 있는 것은 아닌지 생각해보게 되었다. 그리고 "나라는 존재는 자신이 생각하는 것보다 훨씬 더 위대하다"는 어느 선지자의 말씀을 떠올려보았다.

지금 이 순간, 얼어붙었던 연우의 마음을 녹아내리게 했던 한줄기 봄비는 분명 '사랑'이었음을 누군가에게 힘이 되고 싶은 모든 이에게 말하고 싶었다.

이야기 속 이야기 둘

"회복적 생활교육 어떻게 실천할 것인가? 그건 '또래에 美치다'"

"선생님. 또래조정이 뭐에요?"

'매년 캠페인에 홍보 활동도 해 보지만 학생들이 성큼 다가서기엔 너무 멀게 느껴지는 것은 아닐까?' 고민스러웠다. '또래조정을 배우는 학생들이 좀 더 흥미있게, 참여해보고 싶어지게 하는 방법은 없을까?' 그래서 관련 책들을 찾아보았지만 시중에 나온 마땅한 책은 없었다. '그래, 만화가 있는 책을 학생들이 만들어 보면 좋겠다.' 너무너무 설레는 마음으로 그렇게 일은 시작되었다.

그런데 책을 기획, 실행하고 마무리하는 데까지 무려 2년이 걸렸다. 완성도 높은 성과물을 얻기 위해서 2년이라는 긴 시간이 필요한 것은 아니었다. 하지만, 회복적 생활교육의 실천을 책의 제작 과정에서도 실현해보고 싶었다. 학생들이 어른들의 개입 없이 자신의 힘만으로 책을 완성하기를 꿈꾸고 있었다. 모범생으로 꼽히지는 않더라도, 배움에 대한 열망이 있는 학생들로 동아리원을 선발하였고, 이런 학생들이라면 충분히 해낼 수 있으리라 믿었다. 이는 이 책에 온전히 담고 싶었던 가치였고, 나의 개인적 바람이자 교육적 실험이었다. 그런데 어느 날 가장 열심히 참여하던 한 학생이 이렇게 말했다.

"선생님. 이런 식으로는 진행이 어려울 것 같아요. 우리는 이건 네가 하고, 저건 네가 해라 하고 선생님이 역할을 나눠주는 방식이 익숙한데, 우리끼리 모여서 협의하니 큰 진전이 없어요. 저희끼리 스스로 해나갈 것을 기대하는 것은 아닌 것 같아요."

이 말을 듣고 나니 선생님의 지시적인, 상명하달식 지도방식에 익숙했던 학생들에게 내가 학생들의 자치적 역량에 지나치게 기대하며 선장 없이 가는 배에 강제 승선하게 한건 아닌지 미안한 마음이 들었다. 그래서 학생 전체의 동의를 구하고 부천회복적생활교육연구회를 이끌어 오셨던 부천서초 김기연 선생님의 카리스마를 긴급 수혈하게 되었다. 이후 웹툰 작가를 강사로 초빙하여 학생들이 체계적으로 만화를 배우고 각자 자신의 역할도 찾아가며 일을 마무리 지어갈 수 있었다. 물론 나와 작업하는 과정에서의 여유로움?에 익숙해 있던 학생들의 볼멘소리또 다시 이건 아니지 않느냐는 학생들의 성토의 목소리도 있었지만 일의 효율성을 무시할 순 없다는 깨달음을 얻었다.

이렇게 만들어진 또래조정 자료집 '또래에 美치다'는 한국교육학술정보원의 심의를 거쳐 교육부에서 운영하는 도란도란 학교폭력예방 홈페이지www.dorandoran.go.kr에 탑재되었다.

아~ 뿌듯하다. 이 책은 내가 회복적 생활교육 관련 서적으로 두 번째로 함께 펴낸 것이다. 첫 번째 공역한 "회복적 생활교육 어떻게 실천할 것인가?"를 통해 회복적 생활교육의 이론적 토대를 마련하여 시스템이 정착되길 바라는 마음으로 참여하였다면, "또래에 美치다"는 회복적 생활교육과 또래조정의 사례를, 특히 RC회복적 서클 모델의 이해를 통해 학생들과 지도교사가 잘 적용해 볼 수 있도록 하고 싶은 마음에서 출발한 것이다. 누군가 회복적 생활교육을 어떻게 해야 할지를 묻는다면 나는 서슴없이 "또래에 美치다"를 두드리고 RC를 접하라고 말할 것이다. 그리고 나면 여러분은 이제 만화로 펼쳐지는 RC를 통해 평화지킴이가 되어 있을 것이라 확신한다.

이야기 속 이야기 셋

"우리 민족의 원형인 평화를 만나다. - RC와 함께 떠난 연변여정"

'윙~ 윙윙' 핸드폰의 진동이 내 주머니에서 어느 때 보다 격렬하게 울리고 나서 한 통의 전화를 받았다. 전화를 받고 약 한 달 후 연변행 비행기에 오르는 그 날 새벽까지 나는 강연 준비에 깊게 몰두하고 고민하였다. 세 번째 참여하는 중국방문이지만 어느 때보다 가슴이 두근거렸다.

첫날 첫 수업. 준비해 둔 이야기보따리를 조선족학교 선생님들에게 펼쳐 보였다. 주제 강연 '회복적 생활교육의 이론과 실제'였다. 선생님들의 안색을 살피며 조심스레 하나하나 회복적 생활교육이 무엇이고 그것을 어떻게 적용하는지 경기국제통상고에서는 또래조정을 통해 어떻게 실천해 왔는지 '부천 소나기 또래조정 경연대회' 동영상을 보면서 RC 모델을 설명해 드렸다. 중국 동북3성 조선족 선생님께 회복적 생활교육과 RC를 처음 소개하는 역사적인 순간이었다 내가 맡았던 "조선족학교 교사 상담연수"는 재외동포재단 후원, 경기도교육청 강사 지원으로 열렸다. 첫날 강의도 어려웠지만 그 후에도 남은 이틀간의 연수활동을 책임져야 할 무거운 부담이 남아 있었다.

'평화롭고 행복한 회복적 생활교육' 집단프로그램은 회복적 생활교육을 함께 공부한 부천지역 부명고 박금이 선생님, 송내고 양은미 선생님, 도교육청 서성식 선생님과 초·중등 팀으로 나누어 진행하였다. 공동체 놀이를 통해 활력을 찾은 선생님들은 RC 모델을 적용한 조정시연에 함께 참여했고, 교사 공감서클에서는 부모님이 계시지 않은 아이들과 탈북청소년 학생, 발달장애의 어려움을 겪는 아이들을 돌보며 가르쳐 주었던 이야기들을 나누며 함께 눈물도 훔쳤다. 그렇게 한숨 돌릴 여유도 없이 숨 가쁘게 시간이 흘러갔다.

마침내 헤어짐의 순간이 찾아왔다. 연수에 참여하셨던 단 한 분의 선생님도 자리를 떠나지 않고 계셨기에 더욱 벅찬 가슴을 억누를 수가 없었다. 누군가 외치는 소리가 들렸다. "우리는 하나다!" 약간의 흥분과 떨림을 누르며 행복했던 시간을 함께한 강사로서의 소감을 이야기했다. "조선족학교 선생님들은 가슴속으로 이미 회복적 실천을 하고 계셨습니다. 우리 민족의 원형인 평화의 가치를 소중히 여기며 지켜가고 계셨습니다. 선생님들과 함께 한 시간을 통해 많은 것을 배웠습니다. 이 소중한 시간을 오래 기억할 것 같습니다" 라고 진심을 담아 말씀드렸다.

귀국길에 오르며 조선족학교 선생님들의 눈빛, 목소리, 환대의 몸짓이 떠올랐다. 유년시절의 따스한 봄볕 같았던 이웃들과 선생님의 얼굴이 조선족학교 선생님들의 모습과 함께 스쳐가며 절로 미소가 지어졌다. 다시 또 뵐 수 있을까? 내 마음의 고향이 오래 변함없이 잘 있어주었으면 좋겠다. 모두 행복하시길 마음 속 깊이 바라며 감사드린다.

이야기 속 이야기 넷

"내가 만난 서클, 이제는 말할 수 있다!"

"선생님 우리 학교 학생들 참 이상해요."

채민이가 상담실로 찾아와 꺼낸 첫 말이었다. "뭐가 이상하다는 말이니?" 하고 물었다. "글쎄 친구들끼리 갈등이 생기면 서로 다투어요." 순간 '친구들끼리 갈등이 생기면 다툰다는 말'이 내가 모르는 다른 의미를 담고 있는 건 아닌지 궁금해졌다. 그리고 그 궁금증은 이후의 대화를 통해 이내 풀리게 되었다.

"선생님, 여기서 또래조정 동아리 하시죠?", "응", "회복적 생활교육, 서클 같은 것을 배우고 하는 것 맞죠?", "응, 회복적 생활교육, 서클에 관심이 있구나?", "네, 선생님 저 그거 알아요. 제가 중학교 다닐 때 해봤어요. 서로 둥글게 앉아 서로의 입장을 들어 보는 거 맞죠. 저 그거 완전 좋아해요. 그때는 서로 갈등이 생겼을 때 그렇게 풀었는데 고등학교에 오니 그렇지 않은 거예요. 갈등이 생기면 그렇게 대화로 해야 하는 거 아닌가요"라고 말했다.

순간 가슴이 먹먹해졌다. 내가 처음에 가졌던 의문, '과연 학교에서 갈등을 평화적으로 해결할 수 있을까?' 그 물음에 대한 답이 채민이의 이야기 속에 있었기 때문이었다. 나도 모르는 사이에 선생님들은 어딘가에서 평화를 나르는 벌새가 되어 서클을 통해 갈등을 전환하는 학교문화를 만들어 오셨다고 하니 경이롭고 존경스런 일이 아닐 수 없었다.

이후 채민 학생은 또래조정 자율동아리에서 함께 배워가게 되었고, '2018 부천혁신지구성과나눔 컨퍼런스'에서 포럼 학생대표 발제자로 나와 초중고 학창시절을 거치면서 알게 된 회복적 생활교육과 서클의 경험을 발표하게 되었다.

그리고 경기국제통상고 또래조정 동아리 학생 중에 떠오르는 한 명을 그냥 지나칠 수 없어 흔적을 남기고자 한다. 그 학생은 '너와 나의 사이를 붙여주는 부침개'라는 뜻의 '부침개' 이름을 지었으며, 고3학년 졸업을 앞둔 상황에서도 조정자로서 실전경험을 토대로 '2016 부천소나기 또래조정 한마당'의 모의경연 부문에서 '예술상'을 수상하는 등의 맹활약을 펼쳤던 홍상범 학생이다. 이 학생은 졸업한 이후에도 '2018 서울국제갈등포럼 세션 - 우리는 어떻게 갈등 현장에서 대화의 다리를 놓았나?'에 참여해 이 행사에 초대된 우리 동아리 학생들과 함께 자신이 경험했던 또래조정과 서클의 학창시절 및 현재 직장에서의 적용경험을 이야기 해주었다.

> "선생님, 저는 그때의 경험이 제 인생에서 큰 영향을 준 것 같아요. 지금 직장생활에서도 동료나 선후배간에 갈등이 있을 때 조정을 통해 평화적으로 해결하려고 해요. 제가 배운 것의 가치를 많은 사람들과 나누고 싶었어요. 언제든지 이런 자리가 있으면 불러주세요. 연차내고 나올게요."

내가 만난 두 학생은 그들이 경험한 서클에 대한 소중한 가치인 존중과 배려를 함께 공유하기를 원했고 이를 생활 속에서 실천했다. 그리고 이제 더욱더 분명한 목소리로 말하고자 했다.

이제는 말할 수 있어요! 얼마나 소중한지를 말이에요.

이제는 말할 수 있어요! 당신도 할 수 있다고 말이에요.

이야기 속 이야기 다섯

"또래조정과 RC. 아직 끝나지 않은 이야기 - Now and Forever."

내가 근무했던 경기국제통상고는 부천시청과 부천교육지원청의 부천소나기'소중한 나와 너의 기분좋은 활동' 회복적 생활교육의 사업 또래조정 중점운영교였다. 나는 이 학교에서 전문적인 교육을 받은 또래조정자들을 적극 활용하여 또래조정 및 회복적 서클 등을 시행할 수 있는 제반여건을 갖추어 나가고 싶었다.

이를 위하여, 2015년부터 '학교 평화를 향한 하이파이브Hi Five 모델'이라는 체계를 만들어 또래조정동아리 활동을 해왔고, '너와 나의 사이를 붙여주는'의 뜻을 가진 '부침개'라는 동아리 이름에 걸맞게 역할을 해 내었다.

또래조정 하이파이브 모델은 총 다섯 가지 단계로 이루어져있다. 1단계: 또래조정인 전문교육자체, 2단계: 또래조정을 통한 신뢰회복개인별, 3단계: 회복적 서클을 통한 평화세우기학급별, 4단계: 또래조정 평화캠페인학년 및 학교별, 5단계: 또래조정 캠프지원, 컨퍼런스 및 또래조정 경연지역네트워크 활동이다. 동아리 학생들이 자발적인 참여와 노력을 하면 담당 학생이 졸업한다고 하여도 그 활동은 변함없이 지속될 수 있도록 체계를 완성한 것이다. 학생들의 학교평화문화를 위한 이러한 활동들은 지역언론 매체부천신문, IBS 뉴스 등를 통해 알려져 학생들이 자부심을 갖게 되었고, 더 나아가 학생들의 진학과 취업에도 도움이 될 수 있었다. 2017년에는 서울교대 학보사 기자가 직접 학교에 내방하여 또래조정 정규동아리 '부침개'와 또래조정 연구모임인 자율동아리 '또래에 美치다'를 인터뷰하여 회복적 생활교육에 대한 기획보도'어둠과 싸우는 대신, 빛을 들여오다. 회복적 생활교육'를 소개하기도 하였다.

학교 평화peace 를 향한 또래조정 하이파이브Hi Five 모델

구분	Five 단계	주제	대상	내용	일정	비고
교내 활동	하나	또래조정인 전문교육 (평화감수성 up! 역량 up!)	또래조정 동아리 (자체)	회복적 생활교육에 기반한 평화감수성 교육	2월	전문가초청 (비폭력 평화물결, 좋은교사 회복적 생활교육 센터)
				또래조정교육 (또래조정이해, 절차, 긴급개입방법 등)	6,7,10월	
	둘	또래조정을 통한 신뢰회복	의뢰학생 (개인별)	또래조정 요청에 따른 긴급조정	상시	주조정자 1명 부조정자 2명
	셋	회복적 서클을 통한 평화세우기	의뢰학생 관련학급 (학급별)	회복적 서클(본서클, 사후서클)	상시	조정전문가 –주조정자또래 조정인 – 부조정자
	넷	또래조정 평화 캠페인	학교전체 학생, 교사 (학년 및 학교별)	'사이다 먹는 사이다' 캠페인	5월	또래조정 동아리 전원참여
				'사랑의 약봉투' 캠페인	7월	
				'감사데이, 사과데이' 캠페인	9월	
교외 활동	다섯	또래조정 캠프지원, 컨퍼런스 및 또래조정 경연	부천, 경기 및 수도권 학생, 교사 (지역 네트워크)	또래조정 동아리 연합 컨퍼런스 (부천 여월중, 경기경영고)	6,9월	동아리 활동교류
				또래조정 캠프 동아리 지원 (용인 토월초)	5월	모의시연, 강의 지원
				부천소나기 회복적생활교육 전문가 초청 교사연수(본교주최)	10월	부천지역 교사대상
				부천소나기 또래조정 한마당 UCC, 모의시연 경연 (부천지청)	11월	평화, 예술, 창의상
				회복적 생활교육 컨퍼런스 (좋은교사 회복적 생활교육센터, 평화교육훈련원, 에듀피스)	상시	동아리 희망학생 동반참석
				2018 서울국제갈등포럼 (갈등해결과 대화)	11월	
				부천소나기 또래조정 성과나눔 컨퍼런스(부천교육지원청)	12월	교사, 학생 대표 발표 및 시연

돌이켜보면 이 학교에서 또래조정을 만난 것은 크나큰 행운이었다. 특히 회복적 생활교육과 RC를 알아가면서 상담교사로서 행복한 학교를 만들고 싶은 새로운 꿈을 꾸게 된 것에 깊은 감사를 느낀다. 부천회복적생활교육연구회에서 좋은교사 회복적 생활교육 실천가 선생님들을 모시고 처음 RC를 접하면서 학교 장면에서 뿐 아니라 개인의 삶 속으로 가져가신 선생님들의 평화와 존중에 대한 신념을 확인할 수 있었다. 이는 늘 앎과 삶이 일치하지 않아 허기졌던 나에게 강력한 처방전이었고 교사와 학생이 교육공동체 안에서 더불어 살아가는 방법에 대한 지표가 되었다.

　그렇게 회복적 생활교육과 또래조정, RC에 대한 생각으로 교직생활의 즐거움과 보람을 느끼고 있던 어느 날, 학교를 옮겨야 할 때가 되었다. 더 많은 것을 해보고 싶고 아직 마무리하지 못했던 것들도 많은데 떠나야 한다는 생각에 어떤 일도 손에 잡히지 않았다. 늘상 떨어진 낙엽을 사각거리며 걷던 학교 옆 골목길, 학생들과 함께 시원한 바람과 꽃향기를 맡으며 앉았던 공원의 벤치, 방과 후에 내담자 학생과 함께 마주보며 이야기를 나누던 동네 떡볶이집. 마치 영원할 것 같았던 학교 주변의 풍경들이 이제는 일상이 될 수 없음에 크게 아쉬워하고 더 함께 할 수 없다는 것에 미안해하며 마지막으로 교문을 나설 때까지 발걸음이 내내 무거웠다.

　멋지게 마무리를 하고 싶은 마음에 또래조정 동아리 부침개 학생들과 동아리 활동을 마무리하는 마지막 회식자리를 가졌다. 이 자리를 통해 사랑하는 우리 동아리 학생들에게 고마웠다는 말을 전했다. 아쉬웠지만, 연구회 모임에 늦어져서 서둘러 밥 한술을 뜨고 급하게 작별 인사만 나누며 문밖을 나섰다. 작별에 대한 아쉬움에 창문 너머로 보이는 아이들의 모습을 담은 사진 한 컷으로 마음을 달래며 연수 장소로 향했다.

　연구회 모임에 도착하자마자 여는 서클에서 바로 토킹피스를 건네받았다.

잠시 숨을 고른 후 오늘의 동아리 학생들과의 마지막 모임에 대한 소감을 이야기했다. 이야기하면서 꾹꾹 눌러 두었던 눈물이 갑자기 터져 나왔다. 뭐라 형용할 수 없는 슬픔과 서운함, 두려움 등이 뒤섞인 혼란스러운 기분이었다. 서클은 긴 침묵과 공감어린 눈빛으로 나를 받아주며 진솔한 나와 만날 수 있는 길을 열어주었다. 그리고 학생들과 함께했던 시간들이 순간 파노라마처럼 스쳐갔다. 이날의 이별의식은 그동안 동아리 학생들에게 사랑했다는 말을 전하지 못했던 짝사랑의 마음을 한결 가볍게 하였다.

소설 속 어린 왕자가 자신 안에 장미가 있다는 것을 알아차렸듯이, 나도 내 가슴 속에 회복적 정의가 있다는 것을 알아차리게 되었다. 어린 왕자가 장미를 찾아 간 것처럼 나도 학교 현장에서 회복적 정의를 찾아갈 것이다. 나는 회복적 실천가의 모습으로 모든 이의 가슴 속에 남을 수 있도록 벌새의 작은 날갯짓을 계속 이어나갈 것이다. 이제 새로운 출발점에 서서 다음을 준비하며 어린 왕자의 명대사를 맘속 깊이 읊조려 본다.

"내 비밀은 이런 거야. 매우 간단한 거지. 오로지 마음으로 보아야만 정확하게 볼 수 있어. 가장 중요한 것은 눈에는 보이지 않는 법이야."

"네 장미꽃을 그렇게 소중하게 만든 것은, 그 꽃을 위해 네가 소비한 시간이란다."

"사막은 아름다워. 사막이 아름다운 건 어디엔가 우물이 숨어있기 때문이야 … 눈으로는 찾을 수 없어, 마음으로 찾아야 해."

회복적 생활교육으로 만들어 가는
평화학교

양미정 | 서울 새솔초등학교 수석교사

1. 한 통의 전화로 우연히 경험한 서클의 힘

2014년 3월 1일 새솔초는 새롭게 들어선 아파트단지와 자그마한 동산을 배경으로 처음 개교를 하게 되었다. 새롭게 단장한 학교는 설레임과 기대감으로 전학생들과 학부모들을 맞이하였고, 당시 5학년 담임을 맡게 된 나로서는 20명이 안 되는 학생들과 큰 문제없이 하루하루를 평화롭게 보내고 있었다. 그러던 중 어느 날 여학생 K의 어머니로부터 K가 친구들과 관계 맺기가 어려워 학교 가는 게 싫고 옛날 학교로 다시 전학가고 싶어 한다는 내용의 전화를 받았다. 평소 잘 웃고 상냥하며 적극적이었던 K였기에 전화를 받았을 때 무척 의아했고 한편으로는 당황스러웠다. 내가 알지 못하는 어떤 일이 여학생들 사이에서 발생되었던 것이다.

결국, 다음 날 남학생들을 도서관에 보내고 9명밖에 되지 않는 여학생들끼리 둘러 앉아 그 동안 지내면서 힘든 점은 무엇인지 솔직하게 이야기 나누는 시간을 가졌다. 이야기 과정에서 여학생들은 그 동안 표현하지 못한 채 억누르고 있었던 생각들과 감정들을 한꺼번에 쏟아내면서 교실은 울음바다가 되었다. 그렇게 많은 감정과 생각들을 그 동안 왜 표현하지 않았냐는 질문에 여학생들은 하나같이 솔직하게 표현할 경우 친한 친구와 관계가 깨어질까 두려웠다는 것이다. 이 과정에서 나는 요즘 아이들이 느끼는 관계에 대한 두려움이 내가 생각했던 것보다 훨씬 크다는 것에 적잖은 충격을 받았다.

한 시간 남짓 솔직한 대화의 시간이 이어졌고, 그 동안의 쌓인 오해가 풀리면서 여학생들의 표정은 한결 편안해지고 부드러워졌다. 대화를 마무리할 즈음 소감을 나누는 시간에 한 여학생이 앞으로도 이런 시간들을 많이 갖고 싶다고 제안했고, 모두의 동의를 통해 매주 금요일 방과 후 30분씩 만남의 시간을 갖기로 결정하였다. 이후 특별한 일이 없는 한 정기적인 만남이 이루어졌고, 만남이 거듭될수록 여학생들의 관계는 더없이 친밀해졌다. 5학년을 마무리하는 종업식 날은 마치 졸업식을 방불케 할 만큼 눈물바다를 이뤘다. 물론 그 모습을 지켜보는 나 또한 담임으로서 교사로서 뿌듯함과 행복감을 느꼈다. 그러면서 동시에 '무엇이 이 아이들을 이렇게 따뜻하고 끈끈한 공동체로 만들어 주었을까?'라는 의문을 갖게 되었다.

2. 회복적 생활교육의 만남과 어설픈 도전
가. 문제백화점 아이들과의 만남과 새로운 도전

막연한 의문은 2015년 2월 서울시교육청이 주관하는 회복적생활교육 기본 직무연수 18시간을 만나게 되면서 답을 찾게 되었다. 더불어 그 동안 나의 교육철학과 학급경영관에 대한 새로운 전환기를 맞이하며 이후 나의 회복에 대한 무모한 도전이 본격적으로 시작되었다.

2015년 회복적 생활교육에 대한 호기심을 가득 안고 맞이한 3학년 학생들은 마치 나의 마음을 알기라도 하는 듯, 설레임과 긴장감을 뒤로 한 채 말다툼과 몸싸움으로 확실한 첫 인상을 남기며 쉽지 않는 1년의 학급살이를 예고하였다. 범상치 않은 만남 속의 주인공들은 이미 입학 당시부터 학교의 유명세를 타고 있었으며, 시간이 가면 갈수록 학생들의 개성이 두드러지게 드러나면서 매일 매일 사건 사고가 끊이지 않았다.

3학년 모든 아이들이 기피하는 폭력대장 A, 봄방학 직전 전학 오자마자 유명해진 B, 정신과 치료를 권유받은 C, 작은 일에도 쉽게 화내고 소리 지르는 D, 하루에도 3~4번씩 울어버리는 E, 하루 종일 짜증내고 울상 짓는 F, 그야말로 문제백화점이라 불릴 만큼 다양한 문제행동을 한 학급에서 매일 관찰하고 경험해야 했다. 무엇보다 사회과를 맡아 수업해주시는 교과선생님께서 "선생님 반은 자갈밭 같아서 수업을 할 수가 없어요"라고 말할 정도니, 그 간 내가 갖고 있던 경험의 범위에서 벗어나 이를 슬기롭게 해결해야할 새로운 도전을 요구했다. 하지만, 이런 모습이 나에겐 오히려 호기심을 갖고 도전하고 싶은 욕구를 자극시켰다. 지난 겨울 연수에서 배운 회복적 생활교육의 효과를 시험해 볼 수 있는 좋은 기회라 여겨졌기 때문이다. 갈등을 환영하고, 지지하고 직면하여 과연 갈등의 꽃을 피울 수 있을지 직접 확인해보고 싶었다.

나. 거칠고 불편한 행동 속에 숨겨진 진심

나의 도전기 첫 단추는 존중의 약속 정하기였다. 다소 어설프고 서툴렀지만, 모두의 이야기를 듣기 위해 서클을 만들었고, 서클대화의 규칙을 주지시키며 돌아가며 말하기를 실천했다. 아이들이 바라는 학급의 모습은 무엇인지, 모두가 바라는 학급 모습을 만들기 위해 어떤 존중의 약속을 필요로 하는지, 존중의 약속이 잘 지켜지기 위해 구체적인 실천 약속들은 무엇인지를 다 듣어 가며 존중과 돌봄이라는 첫 발을 내딛어 보았다. 이후, 매일 아침마다 우리의 약속을 확인하고 일정이 끝나면 잘 지켜졌는지 확인도 했다. 일주일이 끝날 때면 어떤 점들을 보완해야할지 고민하며 약속의 의미와 실천의 중요성을 함께 공유하고 유지시켰다. 4월에 만든 존중의 약속은 5월 들어 어느 정도 정착이 되었고, 1년 동안 교실 한켠에 게시되어 평화로운 학교생활을 유지시켜주는 나침반 역할을 담당했다.

존중의 약속을 확인하고 점검하고 보완하며 동시에 진행되었던 것은 A, B, C, D, E, F와의 개인상담이었다. 이들 중 특히 A, B와는 주변 친구관계형성에 많은 어려움을 겪고 있었으며, 학급에서 가장 골칫덩어리로 통하는 학생들이었다. 게다가 유치원 때부터 지금까지 보여준 행동들로 교사와 친구들에게 각인된 부정적 이미지는 친구들과의 관계형성을 가로막는 장애물로 작용하고 있었으며, 두 학생 모두 교사와 학생들에게 거부당했다는 소외감과 사람에 대한 불신으로 내면의 분노가 매우 높은 상태였다.

따라서 아이들과의 개인 상담에서 그 동안 해왔던 설명이나 훈계 방식에서 벗어나 이 아이들이 겪고 있는 문제가 무엇인지, 현재 자신들의 생각과 느낌은 무엇이며, 교사와 친구들로부터 어떤 지원과 지지가 필요한지에 대한 회복적 질문을 중심으로 진행하였다. 그 결과 문제아로만 보였던 그 아이들도 우리가 생각하는 것과 달리 억울하고 서운한 점이 많다는 것을 알게 되었다. A의 경우 친구들과 친해지고 싶었으나 잘못된 방법으로 점점 멀어지는 것에 대한 분노와 좌절을 폭력적으로 표현했다는 것을 알게 되었고, B의 경우 엄마의 따스한 관심을 받고 싶었으나 아픈 동생으로 인해 혼자의 시간을 많이 보내며 정서적 불안감이 크고 그것이 문제행동으로 이어졌음을 알게 되었다. C와 D, E, F의 경우도 여러 가지 가정환경 속에서 자신들이 존중받지 못하고 소외되는 것에 대한 속상함이 거친 방법으로 표현됨을 알게 되었다. 이렇듯 아이들 각자는 겉으로 보이지 않는 많은 상처들을 안고 있었고, 갈등상황이 발생하면 그 상처들을 가득 담아 부적절한 방법으로 자신을 표현해 왔던 것이다. 하지만, 그들 또한 그러한 방법이 갖고 있는 문제점을 스스로 잘 알고 있었고, 보다 평화로운 방법으로 자신의 느낌을 표현하며 친구들과 친해지고 싶다는 욕구는 모두 동일했다.

다. 존중과 돌봄 속 치유와 성장

비록 거칠고 사나운 행동을 보이는 아이들이었지만, 그들 또한 학급의 구성원으로서 소속감을 느끼며 존중받고 싶다는 것을 확인하게 되면서 담임으로서 나는 이 아이들과 다른 아이들 간 끊어진 관계를 어떻게 연결시켜줄 수 있을지에 대해 고민하기 시작했다. 알면 이해하고 이해하면 사랑하게 된다는 누군가의 말처럼 이 아이들의 고민과 아픔을 다른 친구들이 알게 되고 이해하게 된다면 이들에 대해 그 동안 갖고 있던 거부감과 불편함을 조금씩 줄일 수 있을 거란 기대가 있었기 때문이다. 이후 창의적 체험활동 시간을 활용하여 정기적인 학급서클을 진행하였으며, 1주일, 한 달, 한 학기 등의 기간 동안 서로가 느끼고 경험했던 일들에 대해 편안하고 솔직하게 말할 수 있는 기회를 마련하였다.

때로는 불편한 경험들을 나누며 부탁하고 약속하기도 하고, 때로는 서로가 노력한 부분을 인정하고 축하하며 감사함을 표현하기도 했다. 또한 누군가는 자신의 행동을 개선하는 데 친구들의 도움을 요청하기도 하고, 그에 기꺼이 도움을 주겠다고 나서는 친구도 생기면서 울퉁불퉁 뾰족뾰족하기만 했던 자갈밭은 서로 아끼고 챙기며 조화를 이루는 몽돌밭이 되어가고 있었다. 더불어 공동체 구축놀이를 통해 함께 하는 기쁨을 느끼면서 아이들은 우리라는 행복한 느낌을 갖게 되었다. 어느새 잦았던 싸움은 점점 더 줄어들고 때때로 발생하는 갈등은 서클대화를 통해 서로의 생각과 마음을 전달하면서 폭력이 아닌 대화로 해결하게 되었고, 아이들은 조금씩 조금씩 콩나물 커가듯 존중과 돌봄 속에서 배우고 성장하고 있었다.

라. 갈등의 꽃을 피우며 찾아 온 회복의 씨앗

이와 같이 회복적 질문과 대화, 문제해결서클 등을 통해 학급에서 발생되는 다양한 갈등사례들을 다뤄가는 동안 C, D, E, F 또한 감정과 행동의 안정을 찾아가기 시작했고, 무엇보다 커다란 변화는 학급 구성원들 간 배척과 반목이 아닌 배려와 존중을 바탕으로 한 협력적 학급문화가 형성되었다는 것이다. 학기 초 우리반을 자갈밭으로 표현하며 수업진행을 전혀 할 수 없다고 고통을 호소하셨던 사회과 선생님께서 10월 어느 날 "자기야, 회복적생활교육이 도대체 뭐야?"라고 물어 오셨다. "갑자기 왜요?"라고 되묻자 "아니, 요즘은 수업 중에 A, B가 전혀 눈에 띄지를 않네. 난 처음엔 결석했거나 전학 간 줄 알았어. 그런데 책상에 조용히 앉아서 할 일을 하고 있더라구. 그래서 깜짝 놀랬다니까. 평소에 자기가 회복적 생활교육을 한다고 하더니 그래서 그런 건지. 어떻게 아이들이 그렇게 달라질 수가 있지? 지금은 수업이 얼마나 즐겁게 잘 되던지, 질문도 잘 하고, 대답도 잘 하고. 나도 그 회복적생활교육 한 번 배우고 싶다"라는 말씀을 들었다. 순간 잊고 있었던 학기 초 모습이 떠오르며, 담임인 나도 모르는 사이 아이들은 엄청난 성장을 하고 있었다는 것을 새삼 깨닫게 되었다. 좌충우돌하며 꾸준히 실천해 온 회복적생활교육 덕분에 어느새 아이들은 변해 있었고 서로와 서로를 아끼고 돌봐주는 행복한 공동체가 되어 있었던 것이다.

그렇게 어설프고 호기심 어린 미약한 도전은 기대보다 훨씬 강력한 태풍이 되어 교사인 나 자신과 학생들에게 행복이 듬뿍 담긴 성장이라는 달달한 열매를 선사해주었다. 게다가 뜻하지 않는 회복적생활교육 동지를 만나며 새 학년에 대한 기대감마저 선물 받았다. 이후 겨울방학동안 진행되는 회복적생활교육 직무연수에 참가를 희망하는 교사가 4명이 생기면서 새솔초 회복의 씨앗은 발아준비를 시작했다.

3. 회복적 생활교육 터 닦기

가. 회복적 대화로 풀어 간 학부모 민원

나날이 학생들의 생활지도가 힘들어지면서 각 학교별로 인성교육부 업무는 기피 1호 대상인 것이 현실이다. 게다가 담임도 아니면서 전교 학급에서 발생되는 학교폭력사안들을 처리하기 위해서는 지난한 시간과 노력들을 요구하고 있기에 모든 교사들의 외면을 받은 채 결국, 나에게 떨어졌다. 처음으로 맡은 업무다 보니 제대로 업무파악도 못하고 담임으로서 학급 운영까지 하다 보니 허겁지겁 하루하루 보내기가 버겁기만 했다. 그러던 중 인근학교에서 전학 온 2학년 K학생의 어머니가 학교를 발칵 뒤집어 놓는 사건이 발생했다. K가 전학 온지 한 달이 겨우 넘었는데 담임으로부터 차별을 받아 왔으며, 학생들 간 문제가 발생되면 자기 아들인 K만 담임교사가 혼을 내는 등 불합리한 지도가 이뤄져 담임교사를 가만두지 않겠다며 술을 먹고 교무실에 쳐들어 온 것이다.

학교측에서는 무례한 학부모의 태도에 적잖은 당황을 했고, 끊임없이 이어지는 민원전화와 폭언에 교장, 교감선생님의 스트레스는 점점 증가하고 있었다. 결국, K어머니의 민원을 처리하기 위해 학급 담임, K반 학생들, K, 전학 오기 전 학교 담임 및 교감선생님과 통화하고 조사한 결과 평소 K의 행동이 폭력적이고 주변 친구들을 때리고 욕하는 등 심각한 문제행동을 보이고 있다는 것을 알게 되었다. 전학 오기 전 학교에서도 폭력적 언행으로 끊임없이 문제상황을 일으켰으며, 그 어머니 또한 상습적으로 민원을 제기하며 학교측을 곤란하게 만들었다는 소식도 알게 되었다.

하지만, 이와 달리 K의 부모는 학교로부터 부당한 대접을 받고 있다며 강하게 반발했고, 결국, 인성교육부장인 내가 업무의 일환으로 K의 어머니를 상대해야했다. 지금까지는 학급에서만 회복적생활교육에 대한 어설픈 도전을 시도했지만, 이제부터는 학교단위의 과감한 도전이 기다리고 있었다. 다소 긴장되고 떨리는 마음으로 K의 어머니와 대면하며 적극적 경청을 통해 행동 이면의 욕구가 무엇인지 이해하려 노력했고, 2시간이 훌쩍 넘게 진행된 대화 속에서 K어머니가 갖고 있는 개인적 어려움과 힘든 가정환경, 그에 따른 자녀들이 학교에서 혹시나 겪을 수 있는 부당함에 대한 걱정과 두려움이 강하게 자리잡고 있다는 것을 알게 되었다. 이후 그러한 걱정과 두려움을 해결하기 위한 제안을 나누며 학교측에서 지원해야할 부분과 가정에서 지도할 부분들을 함께 공유하고 서로 하고 싶은 말들을 충분히 전달한 후 속시원하고 마음 편안하게 감사의 뜻을 전하며 대화를 마무리 지었다. 이를 옆에서 지켜보시던 교장, 교감선생님은 우려와 달리 훈훈한 대화분위기에 놀라며 낯선 회복적생활교육에 대한 관심을 표명하시기 시작했다.

나. 회복적 서클로 풀어간 학교폭력

차츰 생활교육업무에 익숙해질 즈음, 6학년 다수의 재학생들이 본교 졸업생이자 현재 인근 중학교에 재학중인 1학년 여학생으로부터 학교폭력을 당했다는 신고가 접수되었다. 이와 관련하여 중학교와 연락을 취하고 관련 학생을 처벌함과 동시에 재학생들에게 대면 사과와 함께 재발방지 약속을 위한 자리를 마련하게 되었다. 관련 학생들이 원으로 둘러앉고 가해학생과 가해학생 어머니가 참석한 가운데 재학생들은 자신들이 겪어 온 고통을 전달했으며, 가해학생 또한 자신의 심정과 미안함을 전달했다.

이후 가해학생과 어머님만 남아 회복적서클을 통한 소통의 기회를 마련하였다. 엄마와 딸 사이에 그 동안 하지 못했던 이야기들을 서로 주고받으며, 서로에게 느꼈던 속상함과 서운함을 이야기 했고, 부탁하고 싶은 말들을 전달하면서 앞으로 좀 더 열심히 살아보자는 다짐을 하며 대화는 마무리가 되었다. 비록 가해학생으로 만남의 자리를 가졌지만, 문제행동 이면에 숨겨진 아픔들을 공유하면서 서로를 이해하고 치유하는 데 많은 도움이 된 것 같아 나름 의미가 있었다. 이후 졸업생으로 인한 학교폭력은 더 이상 발생되지 않았으며, 이를 계기로 교장, 교감선생님 또한 회복적서클이 가지고 있는 선한 영향력에 대한 확신을 가지게 되었다.

다. 회복적 생활교육의 가치 공유 및 관심 증대

이후 때때로 접수된 크고 작은 학교폭력 사안들은 학교폭력대책자치위원회를 실시하기 전에 관련 학생 또는 학부모들 간 만남의 자리를 갖고 회복적서클의 과정을 통해 원만한 해결을 도출해내기 시작했다. 어떤 교사든 학교폭력 사안이 접수되면 마음이 불안하고 당황하기 마련이다. 하지만 이러한 서클과정을 지원해줌으로써 교사들이 느꼈을 두려움과 부담감이 해소되면서 자연스럽게 회복적서클과 회복적생활교육에 대한 관심이 증대되기 시작했다. 뿐만 아니라 혼자 감당해야하는 부담감에서 벗어나 학교 측에서 갈등해결을 위해 적극적으로 지원해주고 있다는 점에 감사함과 안도감을 느끼고 있었다.

갈등상황에서 학생들의 관계회복과 성장이라는 회복적 생활교육의 교육적 목표가 교장, 교감선생님을 비롯한 많은 선생님들의 공감을 얻게 되면서 많은 교사들의 이해를 돕기 위한 맞춤형 직무연수를 실시하였다. 40여명의 교사 중 2/3에 해당하는 27명의 교사들이 15시간 기본 직무연수를 이수하였고, 이후 여러 선생님들이 학급에서 발생하는 다양한 갈등사례를 긴급개입서클이나 공감서클을 통해 원만하게 해결하는 경험을 축적하면서 회복적생활교육에 대한 신뢰는 더욱 공고해졌다. 이후 선생님들은 학급 내 갈등상황에서 회복적 질문을 통해 학생들 스스로 문제를 해결할 수 있도록 도와주었고,

심각한 갈등상황일 경우 인성교육부장으로 나의 지원을 통해 회복적 서클을 진행하며 학생들 간 원만한 갈등해결이 이뤄질 수 있도록 노력하였다. 이러한 노력들이 학생들의 안정된 학급생활로 연결됨으로써 담임교사 또한 학교의 협력과 지원에 감사함을 느끼게 되었다.

4. 지금도 진행중인 평화로운 학교 만들기

회복적생활교육의 기본 철학이 정착되면서 학교 생활지도의 방향은 문제행동을 보이는 학생들을 어떻게 처벌할 것인가가 아닌, 어떻게 돌봐주고 치유해줄 수 있는 지 고민하기 시작했다. 구체적인 실천 방법으로 교감, 인성교육부장, 담임교사, 상담사, 지역복지전문가들로 구성된 통합형 생활지도 협의체를 구성하게 되었으며, 월 1~2회의 협의를 거쳐 학생들이 보이는 문제행동과 그 원인을 분석하여 구체적인 지원방법을 모색하게 되었다. 앞서 소개된 K군의 경우 기초학력 향상 및 사회성 향상을 위해 학기 중과 방학 중 지역청소년 단체 및 NGO단체와 연계시켜 상담활동과 읽기 쓰기 교육을 진행시켰다. 또 다른 S군의 경우 불우한 가정환경으로 인해 방치되어 있는 상황을 개선하기 위해 지역 봉사 단체와 연계하여 방과 후 돌봄지원을 연결하였으며, ADHD를 앓고 있는 R군의 경우 상담사선생님의 지원을 통해 부모 및 학생 상담을 진행하였다. 이러한 과정은 학생들이 겪고 있는 어려움을 감소하는데 도움을 줄 뿐만 아니라 생활지도에 어려움을 겪고 있는 교사들에게도 혼자가 아니라는 위안을 받을 수 있어 큰 힘으로 작용하였다.

또한 회복의 가치를 공유하는 선생님들과 교원학습공동체를 운영하며 월 1~2회 정도의 정기모임을 통해 책을 읽고 교육철학을 나누거나 학급에서 일어난 힘들었던 경험을 공유하며 어떻게 풀어갈 것인지 함께 고민하고 위로하고 지원하고 있다. 그러는 동안 회복적 학급운영에 도움을 받고자 했던 공동체 목표와 더불어 의도치 않게 교사들의 회복이 이뤄졌으며, 모임의 횟수가 늘어날수록 구성원들 간 따뜻한 연결됨을 느낄 수 있는 특별한 경험을 하게 되었다. 누군가 힘든 경험에 대해 특별한 해결책을 제시하지 않아도 단지 모이고 말하고 함께 고민하는 것만으로도 서로에게 큰 힘이 된다는 것을 깨닫게 된 것이다. 이 또한 회복적생활교육에서 강조하는 공동체성의 위력일 것이다.

올해 새솔초등학교는 회복적생활교육 모델학교 2년 차에 들어섰다. 2015년 2월 18시간이라는 기본 연수를 이수한 후 개인적인 실험정신으로 시작한 회복적생활교육은 현재 학교 운영의 근간으로 자리 잡으며 학교교육과정에 반영되었고, 학급 담임의 절반 이상이 되는 20여명의 선생님들과 함께 크고 작은 형태로 실천 중이다. 어느새 새솔은 3월 새 학기가 되면 자연스레 동그랗게 둘러 앉아 1년간 안전한 공간을 만들어 갈 존중의 약속을 만들고, 만들어진 약속들은 교실 혹은 복도에 붙여져 실천으로 이어질 수 있도록 노력하고 있다. 어떤 학급들은 매일 아침 체크 인 서클을 통해 서로의 돌봄에 집중하는가 하면, 어떤 학급은 주 1회 정기적 공감서클을 통해 서로의 생각과 마음을 나누기도 한다. 때로는 학급 갈등을 풀기위해 문제해결서클을 진행하기도 하고 때로는 긴급대화지원을 통해 사소한 갈등들을 풀어가기도 한다. 공동체성의 자기 돌봄이라는 차원에서 저경력교사 중심의 연구공동체와 고경력교사 중심의 연구동아리가 운영되고 있으며 교사 서로 간에도 돌봄과 지지, 격려가 발휘되면서 공동체의 힘을 느끼고 있다. 참으로 행복한 풍경이다. 하지만 회복적생활교육 모델학교 정립은 완성형이 아닌 여전히 진행형이다.

더 배우고 채우고 노력해야할 점들 또한 많다. 때로는 지치기도 하고 방향을 잃어 헤매기도 한다. 그러나 다행히 회복적 생활교육에 뜻을 같이하는 초, 중,고선생님들의 연구 모임인 '서울통합형 회복적생활교육연구회'가 있어 매월 격주 모임을 통해 서로를 다독이고 지원하고 격려하며 회복의 바람을 위한 든든한 버팀목으로 자리잡고 있다. 덕분에 회복적생활교육이 추구하는 과정의 아름다움을 우리는 현재 경험하고 있으며, 더 나은 미래를 교사와 학생들이 만들어 가기 위해 노력하고 있다. 진정한 가르침은 공간을 점령하는 것이 아니라 공간을 열어주는 것이라는 파커파머의 말처럼 새솔초 선생님들과 학생들은 오늘도 열심히 열린 공간 속에서 내면의 지혜를 발휘하며 존중을 통한 돌봄과 치유를 위해 노력하고 있다.

학교 시스템으로 회복적서클(RC)이 자리잡기까지

안보경 | 강화여자중학교 교사

1. 시작은 …

신흥중학교에서 학교폭력책임교사로 2016학년도 까지 4년을 근무하였다. 2013년 상벌점제가 없던 학교는 생활지도부라는 부서 명칭을 회복적생활교육부로 바꾸고 기존의 생활지도에서 생활교육이라는 관점으로 패러다임을 전환하였다.

2012년 학교의 학교폭력 건수는 1회였으나 2013년 학교폭력건수는 14건 학폭위 5건, 담임종결 사안 9건 2014년 학교폭력 건수 15건학폭위 4건, 담임종결 사안 11건, 2015년 학교폭력 건수 19건 학폭위 10건, 담임 또는 학교장이 자체 해결할 수 있는 사안 9건 이었다. 2016년 2학기 12월 근무시점까지 학교폭력 건수는 해마다 늘어 25건 학폭위 14건, 담임 또는 학교장이 자체 해결할 수 있는 사안 11건이었다.

학교폭력 건수는 매해 정보 공시되는 항목으로 학부모의 입장에서는 학교폭력이 없는 학교를 선호하는 것이 당연한 마음이었다. 우리아이의 안전이 보장되는 것이 학교선택에 있어 가장 중요한 변수이기 때문에 우리학교도 여느 학교처럼 2012년에는 큰 사안이 아니면 학교폭력대책자치위원회를 개최하기 어려운 구조에 있었다.

2013년 회복적 생활교육을 주 업무로 담당한 회복생활교육부장이 되었을 때, 나는 학교폭력사안 처리절차도 익히지 못한 상황에서 3월 말에 마비킥사건8명이 1명에게 유행하는 마비킥을 해서 피해자가 병원에 입원한 사건으로 학교폭력과 처음 마주하게 되었다.

"회복적 생활교육은 갈등을 평화롭게 해결하는 것으로 특별히 학교폭력사안의 경우 대화와 직면으로 피해학생을 보호하고 가해학생의 자발적 책임을 통해 가·피해학생간의 관계가 회복되어 둘 모두 공동체 일원으로 살아가도록 돕는 것이다"라는 명제를 깊이 새기고 있었으나, 당시 나의 학폭 관련 업무능력이나 회복적생활교육에 대한 지식과 경험은 전무한 상황이었다.

그래서 우선 법에 어긋나지 않게 처리할 수 있는 절차를 익히기 위해 멘토가 되시는 선생님께 수 십 통 전화하고 조언을 얻었다. 하지만 학교폭력사안 처리과정 중 어디에도 화해조정을 위한 안내는 없었다. 학교폭력대책자치위원회에서 분쟁조정이 가능하지만 어느 학교도 이를 전문적으로 할 수 있는 여력이 없어 필요할 경우 외부기관에 의뢰하고 있었다.

무식하면 용감하다고 나는 피해학부모님을 찾아가 학폭위학교폭력대책자치위원회를 하시기 전에 혹시 원하시면 가해학부모님, 그리고 학생들을 만나 대화하실 수 있다고 알려드렸다. 의외로 피해학부모님께서 학교폭력대책자치위원회에 가기 전에 화해조정도 괜찮다고 하셨다. 찾아뵙고 2번이나 확인했는데 흔들림이 없으셨다. 그래서 기쁜 마음으로 외부 조정전문가 두 분을 모시고 조정을 저녁 9시까지 진행하였으나 참담하게 조정은 결렬되었다.

아이들은 "회복적 생활교육 뭐~ㅇ미? 대화는 무슨 대화?" 라며 카톡에서 불편함을 노골적으로 표현하였다. 설상가상으로 가·피해자 분리 원칙이라는 학폭법을 어긴 것 때문에 학교의 어설픈 대처로 사건이 신문에 게재되었으며, 가해학생들은 형사 고발되었다.

그래도 다행이었던 것은 피해학생의 용기 있는 행동이었다. 아픈 다리에도 불구하고 학폭위에 나와 친구에 대해 애정 어린 진술을 했고 회복적서클RC에 자발적으로 참여해서 자신의 고통과 힘듦 그리고 친구들에 대한 고마움을 솔직하게 말해 주었다. 이 경우 서클 진행은 대상학생의 수가 많아서 5번에 걸쳐 학생들을 나누어서 진행하였다. 그 결과 가·피해학생 간에 충분한 서로의 이야기가 들려짐으로 오해를 풀고 이해를 통해 기적적으로 관계 회복이 이루어졌다. 그래서 감사하게도 관련학생 모두가 무사히 편하게 학교생활을 할 수 있었다.

시작이 순탄치 않더니, 줄줄이 학교폭력 사건이 이어졌다. 하지만 이제 돌아보니 학교폭력 건수는 집단 내 갈등을 자연스럽게 받아들인다면, 더욱이 사춘기의 남학생으로만 구성된 학교의 경우 의미 없는 숫자라는 생각이 든다. 건수보다는 학생들이 학교가 안전한 학교라고 느끼느냐는 것이 중요한 것 같다. 그래도 2013년 이후 회복생활교육부에 와서 자발적으로 학폭을 해야 할 지 묻는 학생이 있었고, 학폭 신고함에 친하지는 않지만 안쓰러워 대신 신고해주는 학생이 있었고, 갈등이 생겼을 때 대화모임 및 또래조정을 신청하는 학생들 및 교사들이 있었다.

1학년 신입생 중 멀리서 버스를 타고 등교하는 학생이 있었다. 거리가 멀고 우리학교에 지원하지 않는 학교에서 온 학생이어서, 아침맞이 중 "집이 너무 먼데 다니기 힘들지 않아?"라고 물었더니, "괜찮아요~~"라고 말했다. "○○초등학교에서 우리학교에 온 학생은 내가 알기론 2명인 것 같은데 … "라고 말끝을 흐렸더니 "우리학교는 학폭이 났을 때 피해자가 편하게 다닐 수 있는 학교로 소문이 나서 선택했어요"라고 말했다.

Ⅱ. 과정은 …

마비킥 사건에 관련된 학생들 간에 관계가 회복되기까지 5번의 서클에서 나는 피해학생이 요청할 때힘의 균형을 위해 참가자로 함께 하였는데 그 과정에서 학생들이 서로 관계를 재구축해가는 모습을 보면서 회복적서클의 의미를 깨닫게 되었다. 갈등에 직면하여 대화하는 가운데 가·피해학생들이 서로를 이해하고, 자신의 내면의 힘을 회복해 가는 모습이 보였다.

그래서 2013학년도에 마비킥 사건이후 학교는 회복적서클RC을 매주 화요일에 열기로 하였다. 당시에는 비폭력대화센터의 연구원선생님께서 우리 학교의 상담선생님과 공동 진행을 하였다. 나는 RC에 대한 홍보를 위해 학생들에게 학년별 안내와 홍보 볼펜을 생활교육부 샘과 함께 만들어 나누어 주었다. 하지만 매주 화요일에 하루 종일 진행되는 대화모임에 학생들의 자발적 신청이 많지 않았다. 그래서 처음에는 주로 학폭 후 또는 담임종결사안 후 피해학생이 원하는 경우 가해학생에게 의무적으로 대화모임을 진행하였다. 학생들의 자발적 참여라는 RC의 기본 전제가 무너지고 있었다. 그러다가 2학기로 갈수록 자발적 신청이 조금씩 생기기 시작했다. 그 결과 2013년 갈등 유형별 건수는 26건, 참가자는 83명중복 10명이었다.

2014학년도에는 예산이 삭감되어 회복적서클RC을 비폭력대화센터에 의뢰하기 어려운 상황이 되었다. 그래서 회복적서클RC을 회복적생활교육 실천가 과정에서 처음 배운 내가 상담선생님과 매주 화요일에 공동 진행하게 되었다. 이 때 동 교과 선생님의 수업 지원이 없었다면 제대로 된 회복적서클RC 진행은 어려웠을 것이다.

그런데 2013학년도 교내 교육과정평가에서 회복적서클에 대해 처벌적인 의미가 짙다며 우려의 목소리가 있어서 2014학년에는 학교 공동체의 의견을 반영하여 회복적서클RC을 학교폭력전담기구 협의회를 통해 실천했다. 관련학생들과 각각 사전모임을 하고, 본모임은 관련학생과 학부모가 동의할 경우 학교폭력전담기구협의회에서 함께 만나 진행하는 방법으로 실천하였다.

2013학년도에 비해 가·피해학생들의 관계 회복에 효과적이었고 자발성을 근거로 회복적서클RC을 실천하여 특별히 신체적 피해가 크지 않은 경우 담임종결로 진행되었다. 그런데 2014년 중반, 가해학부모가 요청하였고 피해학부모들이 함께 동의하여 사전, 본모임이 전담기구과정에서 진행되었으나 본모임 도중 대화가 결렬되는 일이 발생하였다. 이 후 학교는 또 다시 학폭법을 어긴 것가,피해자 분리의 원칙으로 인해 신문기자의 협박과 교육청 보고 및 컨설팅으로 몸살을 앓았다. 그래서 다시 2013학년도처럼 피해학생이 원하는 경우 의무적으로 가해학생이 참여하는 방식으로 회귀하였다. 그럼에도 불구하고 2013학년도에 비해 자발적으로 참여하는 학생의 수가 증가하였고, 회복적서클RC에 대한 신뢰로 중복참여 학생 수도 증가하였다. 그 결과 2014년 갈등유형별 건수는 41건, 참가자는 103명중복 18명이었다.

2014학년도 학교교육과정 평가에서 역시, 학폭 이후 피해학생이 원하는 경우 가해학생에게는 의무적으로 회복적서클RC을 부가하고 있어 회복적서클RC에 대한 부정적 인식이 다시 한 번 논의되었다. 하지만 그에 비해 가·피해학생들의 회복적서클에 대한 만족도가 높은 통계를 감안하여, 그리고 2015학년도 학폭관련 교육청 매뉴얼로 인해 전담기구협의에서의 담임종결은 어려워지고 자치위원회에서 조치를 내리는 것을 원칙으로 함 한계 상황에서 관계의 회복을 위해서는 어쩔 수 없는 차선이라는 데 교사가 모두 합의하였다. 그래서 2015학년에는 학폭 과정에서 그리고 담임종결사안 결정 후 피해학생이 원하는 경우, 가해학생에게 회복적서클RC을 **추천**하였다. 그 결과 사전모임에는 참석했지만 본모임에는 참여하지 않는 학생들도 있었다.

그러나 다행히 이 과정에서 예외의 경우도 있었는데 담임종결과 학폭위 이후 실천했던 회복적서클RC에 관해 관련학생과 학부모가 사전에 먼저 알고 제안하여 계속 진행할 수 있기도 하였다. 특히 2015학년도에는 두 명의 교사가 회복적서클을 화, 목으로 나누어 각각 상담선생님과 공동 진행하였다. 이 때 학교에서는 서클을 진행하는 교사의 수업을 배려하여 수업시수를 조정하여 주었으며, 각 각 화요일과 목요일에는 오후 수업이 없도록 시간표를 짜 주었다. 회복적서클RC이 진행되기 위해 사전, 본 서클에 기본적으로 3시간이 필요했기 때문이다. 2015학년도 회복적서클RC의 특징은 참여인원이 전년도에 비해 다소 적었으나또래조정 동아리가 활성화되어 학폭 예방으로 연 32건[8명]의 조정을 진행하였다., 갈등이 발생한 학생들이 직접 회복적서클RC을 신청하였고, 사제관계의 갈등상황에서도 교사가 회복적서클RC을 신청하고 참여하였다는 것이다. 그 결과 2015년 갈등 유형별 건수는 31건, 참가자는 81명중복 8명이었다.

2016학년도 회복적서클RC은 세 명의 교사가 월, 수, 금 상담교사와 공동 진행 또는 혼자상담교사의 상담시간 배려로 진행했다. 그래서 사소한 갈등이 생겨서 오는 학생, 수업 중 혼자여서 힘든 학생, 갑작스런 다툼으로 오는 학생 등 다양한 갈등을 시기 적절하게 회복적서클을 통해 소통과 공감으로 만날 수 있도록 도울 수 있었다. 이때의 특징이라면 학폭 쌍방 사안의 경우, 학생들이 자발적으로 내방하여 회복적서클RC을 제안하였고, 서클 진행자가 많아지면서 학폭과 갈등에 대한 조정이 활발히 이루어 질 수 있었다. 그 결과 2016년 갈등 유형별 건수는 54건, 참가자는 116명중복 16명이었다. 더구나 2016학년도 교육과정평가회에서 회복적서클RC은 학폭 뿐만 아니라 갈등 조정으로 신청되는 건수가 늘면서 학교에서 회복적 생활교육의 시스템으로 자리 잡아 가고 있었다.

Ⅲ. 의미는 …

학교폭력을 회복적서클RC로 풀어온 신흥중학교는 당시에 학교폭력위원회 개최수가 지원청 내에서 1위였다. 남학교이고 힘의 순위가 없어, 끊임없이 갈등상황에 놓였다. 더구나 남학생들은 갈등을 대화로 푸는 것을 어색해하는 것이 현실이어서 시간이 길어지면 더욱 힘들어 하였다. 하지만 지금 신흥중은 학생들이 회복적서클RC에서 경청과 자신의 이야기를 하고 있으며 점점 학폭건도 줄어들고 있다고 한다.

학폭위 이후 가해학생은 응보적 결정방식에 의한 선도처분을 모든 잘못에 대한 면죄부로 생각하여 회복적서클 과정에서 피해학생에 대한 진정한 사과와 재발 방지 약속 등의 동의서 작성에 대해 부담을 가지고 참여하는 것이 사실이었다. 그리고 아이들은 학폭과정에서 지쳐 서로를 힘들어 했다. 또한 교사 역시 학생들의 진술과정에서 사실에 대해 여러 번 확인해야 하고 이것을 서류로 만드는 과정에서 신체적 정신적 고갈을 경험하였다. 결국, 교사와 학생의 관계는 교육적 관계보다는 공식적 매뉴얼에 따른 무미건조한 객관적 관계로 변화되었고 그래야 나중에 재심, 행정소송, 심판등에서 자유로워 학교도 책임교사도 안전할 수 있었다. 그래도 진행되었던 이유는 무엇보다도 서클과정 중 가해학생 대부분이 학폭 사안 처리과정에서는 처벌에 대한 두려움으로 자신의 필요와 진정한 의도를 말할 수 없었던 답답함을 호소하였기 때문이었다. 그리고 가해학생이 학폭 이후 피해학생에게 "얼음"으로 있어야 하는 상황을 깨고 함께 지낼 수 있게 되었다고 보고하기 때문이었다. 그리고 피해학생의 경우에는 자신을 괴롭힌 이유자신이 부족, 약함 등의 수치심에 대해 오해하고 있었던 부분을 이해하고, 내면의 힘을 회복할 수 있는 기회를 가질 수 있었기 때문이었다. 그래서 피해학생들이 자신의 필요를 이야기하고, 가해학생으로부터 필요를 채우는 과정에서 스스로 회복되는 모습을 볼 수 있었기 때문이었다. 본 서클 후 소감나누기에서 학생들은 대체로 "후련하다, 편하다, 감사하다"라고 말했다. 실은 나야말로 '후련하고, 편하고, 너무 감사'했다. RC를 통해 교사로서 살아남을 수 있었기 때문이다.

단지 회복적서클을 수업시간 중에 진행하기 때문에 간혹 빠지고 싶어 하는 수업시간에 회복적서클을 하고 싶다고 찾아오는 학생도 있었다. 물론 갈등이 없는 경우는 아니지만, 꼭 그 시간이어야 한다고 할 때는 난처했다. 물론 과목담당선생님의 허락이 우선되어야 하지만 … 대부분의 선생님께서는 수행평가가 아닌 한, 허락해 주셨다.

뿐만아니라 회복적서클 단골고객도 있었다. 회복적서클을 신청하고 중간에 하기 힘들다고 하여 중단하고 사전모임을 다시 해야 하는 경우도 있었다. 이 경우 정서적 어려움을 가지고 있는 학생의 경우였지만 그래도 끊임없이 회복적서클을 찾아왔고 결국, 졸업할 때는 자신의 솔직함을 표현할 수 있게 되었다.

본모임에서는 갈등전환이 되어 서로 웃으면서 마무리했지만, 사후 모임 이전에 사소한 갈등으로 마음이 불편하여 사후모임에 와서는 다시 새로이 사전모임과 본모임을 해야 하는 경우도 있었다. 반면 회복적서클RC의 본모임에서는 불편한 마음을 가지고 돌아갔으나 사후모임에서는 편안한 얼굴로 서로 축하하고 감사하며 관계가 회복되기도 하였다. 그런데 이러한 경우는 대부분 본모임에서 약속한 동의서를 서로 잘 이행한 경우였다. 그리고 그 과정에서 담임선생님께서 함께 도움을 주고 지원해 주신 경우였다. 이전에 가해학생의 처벌을 담당교사가 조용히 혼자 진행하는 것에 비해, 합의된 동의내용을 일정 기간 공동체가 공유하는 과정을 통해 교사, 학부모, 학생, 서로 돕고 협력하여 가·피해학생의 관계회복에 기여하는 기쁨도 나눌 수 있었다. 돌이켜보니 회복적서클RC에서 학교 공동체는 자기돌봄 과정임을 끊임없이 경험하였고, 그것이 어려운 상황에서도 지금까지 RC를 진행하는 힘이고 이유이다.

다양한 사례가 있었다. 그 중 학생의 경우 두 가지 사례를 소개하고 싶다.

이 사례는 학생들이 소개해도 좋다고 허락해준 사례이다. 2016년 학폭 후 본모임에서는 약속을 했지만 믿을 수 없다고 했던 피해학생이 약속한 편지 20통^{한달간}을 써준 가해학생과 본모임 이후 사후모임에서 관계가 회복된 경우가 있다. 피해학생은 당시 상처를 많이 받았으나, 가해학생이 진실된 편지를 써서 자발적 책임을 다 해주자 잘못을 후회하는 학생의 진심을 받아주고 믿어주었다. 그래서 두 친구는 그 후 게임방도 같이 가는 편한 사이가 되었다. 그리고 다른 하나는 2014년 사례로 초등학교 때 한 번도 학교에서 말해본 적 없는 친구가 중학교에 와서 회복적서클RC후 집단따돌림을 극복하고 친구가 생겼고, 또래조정자로 활동하였으며, 2016년 3학년에는 자신에게 갈등이 생겼을 때 회복적서클RC을 자발적으로 신청한 경우가 있었다.

회복적서클RC의 진행과정은 예측 불가이지만, 공감과 소통으로 관계의 회복을 만들어 가는 통로임에는 분명하였다. 갈등으로 불편할 때 찾아 왔다가 말하기도 하고 어떤 경우에는 그냥 돌아가 버리기도 하지만, 찾아가서 자신의 말을 할 수 있고 서로의 이야기를 들어들을 수 있는 안전한 공간이 있다는 것을 학생들은 확실히 알고 있었다. 우여곡절이 많았지만 **회복적서클RC이 학교 시스템으로 늘 있을 때, 폭력과 갈등으로 속상하고 억울한 마음 그래서 생긴 아픔과 고통을 안전한 공간에서 나누고 서로 공감하며 관계를 회복해 갈 수 있을 것이다.**

힘들어 하는 친구들에게 회복적서클RC로 초대하는 학생의 편지글을 나누고 싶다. 이 글을 쓴 친구는 말더듬는 것으로 인해 친구 관계를 힘들어 했던 학생이었다. 용기를 내어 써준 것이 참 고맙다.

힘든 아이들에게

힘든 아이들아 안녕, 나는 중2 - OO형이야

나는 중 1때 학교폭력을 당했어. 그래서 나는 너무 힘들었어. 근데 나는 이것 때문에 친구들과 친하게 지내고 있어. 바로 이것은 자신감이야. 나는 어머니가 맨 날 학교에 갈 때마다 어머니가 나한테 말을 해주어서 자신감을 잃지 말라고. 그래서 나는 어머니에 그 한마디 때문에 힘이 났어. 그래서 나는 학교생활이 좋아졌어. 그리고 한 가지 더는 회복적 써클이야. 회복적 써클은 대화로 힘든 일을 풀려는 거지. 그래서 나는 선생님 추천으로 써클을 하게 되었지. 나는 나를 힘들게 한 아이들과 같이 회복적서클을 했지. 그래서 나는 힘이 좀 생겼지. 그리고 나는 나 혼자의 힘으로 여기까지 온 게 아니야. 그건 바로 나는 혼자가 아니라 선생님하고 친구가 있다는 것, 때문에 나는 힘이 났지. 그리고 한가지 만 명심해 나는 혼자가 아니고 나의 옆에는 친구들하고 선생님이 있다는 것을, 알겠지. 그리고 자신감을 가지고 힘내 알겠지 파이팅하고. 그리고 나는 어머니가 많이 아프셔서 기운이 없어서 선생님하고 상담을 했지. 그리고 나서 자신감이 조금 생겼지. 그리고 나는 혼자가 아니라는 생각을 해서 여기까지 왔어. 그래서 나는 너희한테 해주고 싶은 말이 있어. 그것은 바로 너희들은 친구가 있고 가족이 있어. 그러니까 자신감을 잃지 말고 알겠지 파이팅, 안녕.

지난 시간을 돌아 볼 때 무엇보다도 공동 진행을 해주신 선생님들, 그리고 수업시수를 양보해 주신 동교과 선생님들, 그리고 학교에서 회복적 생활교육 시스템 구축을 지원해주시고 참여해주신 선생님들과 함께 RC에 참여해 자신의 이야기를 솔직하게 나누어 준 학생들 등 신흥중학교 공동체 구성원 모두에게 감사드린다. 모두의 지원과 격려, 지지, 참여 그리고 갈등이 없었다면 모든 것이 어려웠을 것이다. 마음을 열고 갈등을 맞닥뜨리고 그 과정에서 서로 손을 잡아주고 힘을 공유해 주어서 시스템을 구축할 수 있었고, 그 안에서 함께여서 일할 수 있었다.

이러한 경험이 내가 지금 있는 강화여자중학교에서 아직 시스템은 없어 아쉽지만 '그래도' 갈등상황에서 RC를 진행할 수 있는 바탕이다. 올해로 2년째인데, 우리 학교는 1년에 1~2건 이내로 학폭위를 개최한다. 그래서 처음에 RC에 대한 절실성이 없는 듯 보였다. 하지만 학생들 간에 갈등은 여전하다. 그래서 학폭위와 관련된 RC와 선도사안의 경우와 학급 갈등의 경우 RC의 본서클의 질문으로 문제해결 서클을 진행했으며, 개인적으로 갈등상황에서 RC를 소개하고 진행하고 있다. 아직은 시작이 미약하지만, 학생들이 건강하게 갈등을 전환할 수 있도록 돕고 싶다. 학생들의 내면의 지혜를 믿고, 안전한 공간에서 배울 수 있도록 돕는 "그래도" 교사이고 싶다.

2018년 회복적 생활교육을 운영하다 [2]

김태훈 | 서울사대부설 여자중학교 교사

1. 회복적 생활교육을 시작하다

학교는 안전한 공간일까?

2017년 한 해 동안 생활부장을 담당하면서 뇌리를 떠나지 않았던 질문이다. 부서에 접수된 여러 건의 학생 갈등 사안은 학교폭력 예방 및 대책에 관한 법률이하 학폭법에 따라 최소한 2주에 걸쳐 사안을 처리하고 학교폭력대책자치위원회이하 자치위원회를 열어 논의해야 하는 일이 되었다. 어떤 경우는 가해 학생이 자치위원회의 회의에 참가하여 일련의 조치를 받는 과정이 자신의 행동을 반성하게 했지만, 그렇지 않은 경우도 많았다. 자치위원회의 조치가 나온 이후 관련 학생 간에 눈에 보이는 충돌은 멈추었지만 양측 학생의 마음에 남은 화와 분노까지 해소하는 데에는 역부족이었다. 학교폭력을 막고자 제정된 학폭법이 있음에도 부서의 업무 담당자들은 부서에 접수되는 학교폭력이 줄어들고 있다고 느끼기 어려웠다. 여기에 학부모가 관련 사안을 외부 변호사들에게 의뢰하면서 개별 사안은 실타래처럼 뒤엉키고 눈덩이처럼 커지기도 하였다. 업무 담당 교사는 자기가 처리한 '교육적 조치'가 '법적'으로 문제가 되는지 여부까지 살펴야 했고, 관련 학생의 담임교사도 학생과 학부모를 상

---

2) '2018 학교교육혁신 및 부설학교 발전을 위한 4차 포럼'(2019.01.25. 서울대학교사범대학부설학교)에 실린 원고를 이번 원고 형식에 맞춰 일부 수정하여 작성하였다.

담하면서 커다란 심적 부담을 떠안는 등 여러 영향을 받게 되었다.

이러한 때에 나를 포함하여 교내의 여러 선생님들이 '회복적 생활교육'이라는 말을 접하게 되었다. '회복적 생활교육을 통해 발생한 피해와 그에 따른 관련자들의 요구에 초점을 맞춰 관계를 회복하고, 피해로 인해 발생한 책임과 의무를 분명히 한다'라는 내용을 듣게 되었다. 각자 주변의 소개로 혹은 연수나 관련 서적 등을 통해 알게 되면서 함께 배울 수 있는 자리를 기대하는 분위기가 형성되었다.

교사들이 회복적 생활교육을 톺아보고자 함께 모인 동아리에서는 어떤 프로그램을 진행했을까?

2018년 본교에서는 '회복적 생활교육'을 함께 배우고 실천해갈 동아리를 만들자는 의견이 나왔다. 외부강사를 초빙하여 학교에서 진행하는 직무연수도 편성하고 신청자를 받았다. 동아리 참가 인원이 14명이고, 동아리 참가 선생님들이 모두 직무연수를 신청하여 연수 신청 인원이 18명이나 되었다. 본교 교원이 모두 45명이니 40% 정도의 선생님들이 회복적 생활교육을 배워보고자 모이게 되었다.

먼저 5월에서 6월까지 동아리 참가 교사를 포함하여 희망교사 18명을 대상으로 외부강사가 진행하는 직무 연수 15시간을 실시하였다. 나를 포함하여 연수에 참여한 교사들은 '갈등을 대하는 피해자와 가해자 생각의 전환, 갈등을 중재하는 진행자의 역할, 문제해결 서클에서 나누는 프로세스를 통한 관계 회복의 시작' 등이 무엇을 의미하는지 어렴풋하게나마 알게 되었다. 연수 소감으로 일부 교사들은 대화 모임 진행자 역할이 아직은 낯설어 자신이 이러한 역할을 제대로 할 수 있을지 주저하게 된다는 말을 남기기도 하였다. 모두가 자신의 미숙함을 걱정하면서도 각자의 방식대로 담임학급에서 그리고 수업교실에서 걸음을 떼기 시작하였다. 조금은 무모하다고 생각했으면서도 우선 이 방식을 시작할 수 있었던 데에는 생각을 공유하는 동료 교사들이 곁에 있어 용기를 낼 수 있었다.

다음으로 동아리 교사들은 연수를 계기로 학생들과 만나는 공간에서 회복적 생활교육을 조금씩 실천해 갔다. 이와 병행하여 한 해 동안 총 4회의 동아리 모임을 운영하였다. 첫 모임을 통해 먼저 교사들은 모임에 기대하는 내용을 꺼내놓았다. "새로 처음 담임을 맡게 되었는데 담임 업무에 도움이 될 것이다, 생활부에 소속되어 생활교육을 실천해보고 싶다, 주변에서 이 방식을 자주 들었고 무엇인지 궁금했다." 라고 하는 등 그 내용은 저마다 달랐으면서도 기대하는 마음은 같았다. 이외에도 모임에서는 '존중의 약속 정하기, 학급의 뒷담화를 서클에서 다루기, 서클을 운영한 경험 나누기' 등의 주제를 다루며 1년을 보냈다.

2. 회복적 생활교육으로 학생과 마주하다

학교에서 회복적 생활교육이 자리 잡기 위해서는 무엇이 필요할까?

2018년 들어 회복적 생활교육 방식이 학교 안으로 들어왔다. 이렇게 들어오기 위해서는 우선 학교의 관리자인 교장, 교감선생님의 이해와 지원이 필요했다. 앞에서 얘기한 교사 동아리 운영이나 교사 직무연수에는 비용이 발생하였다. 학교의 지원이 없었다면 새로운 생활교육 방식에 대한 기초 이해에 필요한 연수도 실시하기 쉽지 않았다. 참고로 직무연수와 간식비, 자료집 제작비 등은 서울시교육청 주관의 '공모사업 학교자율운영제' 예산과 부설학교 역량강화사업 운영 경비에서 충당할 수 있었다.

다음으로 학교 구성원인 학부모의 이해가 필요했다. 이에 '학부모의 날'을 활용하여 학부모 연수도 진행하였다. 학생 갈등 사안을 회복적 생활교육으로 진행하려면 학부모 동의가 필요하기 때문이었다. 이런 일이 있었다.

"○○○ 부모님이시죠? 안전생활부장입니다."

"네? 우리 아이가 학교에서 문제를 일으켰나요?"

"그게 아니라 두 학생 사이에 이러저러한 일이 발생하였습니다. 갈등 해소를 위해 대화 모임을 진행하려는데 가능할까요?"

"학폭위가 열리나요? 우리 애가 크게 잘못했나요?"

"학생 갈등 사안을 두고 올해 회복적 생활교육이라는 검증된 프로그램을 운영하고 있어요. 제가 진행자이고, 당사자들이 대화 모임에 참여하여 자신이 한 행동의 의도와 중요하게 생각하고 있는 점 등을 서로에게 들려주는 방식이에요."

"… ."

생활부장이 학부모에게 전화하면 학부모는 지레 놀라고 경계했다. 학부모의 의심을 풀고 동의를 구하게 되기까지 시간이 걸렸다. 갈등이 큰 사안의 경우 전화 통화로 충분히 이해를 구했음에도, 대화 말미에 학부모는, "그러니까 학폭위가 열린다는 겁니까? 아닙니까?"라며 되묻곤 했다.

갈등 사안을 두고 해결책으로 학폭위가 열리는 점은 학생·학부모가 충분히 알고 있지만, '회복적 생활교육'은 아직 낯설었다. 갈등 당사자인 학생이나 학부모가 갈등 사안에 다른 방식으로 접근할 수 있음을 알게 된다면 보다 유연하게 갈등 상황을 마주할 수 있을지 모를 일이었다. 학부모의 이해를 구하기 위해 학부모 총회 등을 이용하여 사전 연수를 실시하는 일이 꼭 필요하였다.

다음으로 학생들의 이해를 구하는 일이 또한 중요하였다. 갈등 당사자의 대부분은 바로 학생들이기 때문이다. 이에 학생 스스로 주축이 될 수 있도록 학급 임원 학생 대상으로 회복적 생활교육 도입을 위해 '또래조정' 실습을 임원수련회의 프로그램에 담았다. 이때 「서울통합형 회복적생활교육연구회」의 도움을 많이 받았다. 학급 회장 등 임원 학생들은 학급에서 학생 갈등을 직면하고 조정하는 역할을 맡는 경우가 많았다. 해당 학생들이 조정자 역할을 할 수 있도록 도움을 주기 위한 프로그램이었다. 일회성 교육이어서 참가 학생들이 회복적서클을 진행하는 방식을 익히기에는 한계가 많았다. 더군다나 본교의 임원수련회에는 정부회장 외에 자치법정반, 방송반 등 갈등 조정보다는 학교일을 맡은 학생들이 다수 포함되어 서클 진행자 연수의 필요성을 느끼지 못한 경우도 있어 교육의 효과가 그리 크진 못하였다. 일회성 교육을 넘어서기 위해서는 위클래스와 협의하여 회복적 생활교육 방식으로 '또래조정 교육'을 진행한다면 여러 시간에 걸쳐 내실 있는 학생 진행자 교육이 이루어질 수도 있겠다는 생각을 하였다.

이처럼 학교 관리자의 이해, 학생·교사·학부모 등 학교 구성원 대상의 연수는 학교 시스템 마련을 위한 디딤돌이 될 수 있다고 보았다.

학교폭력 사안처리와 회복적 생활교육을 함께 진행할 수 있을까?

안전생활부장은 학교폭력 사안을 학폭법에 따라 처리하는 일을 맡는다. 법에 근거한 업무이다 보니 갈등 당사자를 만나는 도중에 중립을 지키지 않고 한쪽 편을 들었다는 오해를 사 자칫 소송에 휘말릴 수 있다. 그러다보니 업무담당자는 보통 갈등 당사자를 '따로' 만나게 된다. 하지만 회복적 생활교육은 갈등 당사자들이 '함께' 만나 각자의 생각과 의도를 말하는 게 우선이다. 회복교육의 진행자는 갈등 당사자들을 한 공간에서 마주하게 된다. 언뜻 보면 두 가지를 운영하는 방식은 서로 반대이다. 한 사람이 혹은 한 부서가 두

가지를 병행할 수 있을까?

#사례1. 안전생활부와 위클래스 협조를 통한 갈등 조정 및 내부결재 실시

A와 B는 체육대회가 있기 전날 함께 A 집에서 체육대회 응원을 위한 선전판을 만들었다. B의 태도에 못마땅한 A는 제작 도중 C에게 욕설이 담긴 페이스북 메시지페메를 보냈고, C는 다른 친구에게 해당 내용을 전달했는데, 그중 한명과 친했던 B는 해당 내용을 넘겨받았다. 이후 A와 B의 갈등은 커졌고, 서로 뒷담화를 넘어 앞담화까지 이어졌다.

- B 입장 : B는 화난 감정을 추스르기 힘들어하면서 옥상을 올라가는 일까지 있었다.
- A 입장 : 선전판을 만들 때 B가 자신이 맡은 일을 제대로 하지 않아 A는 화가 났다. 이때 SNS로 연락 온 C에게 자신의 불쾌한 감정을 표현했다.

당시 B는 안전생활부를 찾아와서 자치위원회를 제기하려 하였다. 이때 담당자인 나는 B가 진정으로 원하는 바가 무엇인지 확인하는 대화 과정에서 A와 관계가 개선되길 원한다는 점을 알게 되었다. 나는 대화 모임을 제안했고, B는 참가 의사를 보였다. 같은 날 A를 만났다. A는 나와의 대화에서 이미 상대에게 사과할 뜻이 있음을 표현했고 대화 요청도 받아들였다. 이렇게 '사전 서클'을 진행했지만 B의 심리 상태를 볼 때 위클래스 상담이 병행될 필요가 있다고 판단하여 상담교사와 협의하여 위클래스에서 먼저 두 학생의 공감 대화를 진행했고 그 결과 이미 갈등은 상당히 줄었다. 다음날 부서에서 '본 서클'을 실시하여 A와 B가 함께 지킬 수 있는 약속을 정하고 오해를 풀 수 있었다. '사후 서클'을 통해 서로의 약속이 잘 지켜졌는지 확인하고 지킨 점에 대해서는 서로 격려하였다. 대화를 진행하는 과정에서 학부모의 사전 동의를 거쳤고, 사전·본·사후 서클의 전 과정을 정리하여 내부결재를 진행하였다.

#사례2. 부서 자체 인지를 통한 갈등 개입 및 조정

다문화 학생인 2학년 A는 등교 도중 선도부 3학년 B로부터 스타킹 색깔이 살구색이었는데 규정과 다른 커피색으로 오해를 받아 지적받았다. 이러한 사정을 알고 있는 또 다른 선도부 2학년 C가 아무런 말없이 그 상황을 바라보았다. 알고도 모른 채했다고 생각한 A는 마음의 상처를 받아 울기도 했다. A와 친한 D 등은 C를 두고 뒷담화를 했고, C는 D 등에게 "자기 문제가 아니니 제3자는 빠져라"라는 말로 대응했다.

- A 입장 : 자신은 C의 사과를 받지 못했고, C가 자신을 대변하는 D에게 "제3자는 빠져라"라고 했다는 말을 듣고 상처받았다.
- C 입장 : 자신은 2학년이라 3학년에 비해 선도부 활동이 서툴렀고, 또 A와는 거리감 있는 상태라 당시 상황에 개입하지 않았을 뿐이다. 이를 두고 A와 D 등이 뒷담화한 상황이 억울했다.

사건 당일 학생들 옆에 있었던 안전생활부 교사가 파악하여 바로 부서에 알려왔고, 담당자인 나는 관련 학생들을 각각 만나 '사전 서클'을 진행하였다. 이 과정에서 먼저 상처를 받았던 A는 대화 모임에 참가할 의사를 보였지만, C는 대화 모임을 주저하였다. A는 대화 모임에 함께 참여할 학생이 2명이나 더 있었지만 C는 혼자였기 때문이다. 이에 C를 도와줄 친구 2명을 더 초대하여 양측을 같은 인원수로 맞춰 '본 서클'을 진행하였다. 먼저 진행자인 나는 첫 번째로 상호 이해를 위한 질문, "지난 번 일로 인해, 지금 심정이 어떠한가요?"를 통해 각자의 현재 심정을 확인하였다. 두 번째로 "이 일에서 각자 그러한 행동을 하면서 소중하게 생각한 점은 무엇인가요?"라는 질문으로 갈등 상황에서 각자 자신이 한 행동의 의도가 무엇인지 말하고 들은 내용을 상대에게 전달하였다. 우여곡절 끝에 A측과 C측이 서로 지킬 수 있는 약속을 제시하고 함께 동의할 수 있었다. 2주 후 '사후 서클'을 통해 각자가 함께 한 약속을 지키려고 노력한 점을 격려하고 축하하면서 대화 모임을 마무리할 수 있었다.

#사례3. 담임교사의 의뢰를 받아 진행한 갈등 조정

학교 앞 편의점에서 A가 같은 반 학생인 B의 뺨을 때린 일이 발생했다. A는 그날 앞머리를 이마에 붙이고 나타났는데, B는 그 모습을 보고 웃었다. 이에 흥분한 A가 손을 댄 사건이었다. A와 B는 같은 학급의 학생이었고, 담임교사가 이를 면담과정에서 확인했다. B가 이 일로 충격을 받았고 또 해당 사안이 학교폭력으로 볼 수 있어 안전생활부에 도움을 요청했다.

- B 입장 : 자신은 부모님에게도 맞은 일이 없는데 친구에게 갑자기 뺨을 맞아 상처받았다. 옆에 있는 다른 친구들도 웃었지만, 유독 자신만 뺨을 맞아 더욱 충격이 컸다.
- A 입장 : 자신은 외모 콤플렉스가 있었는데, 유독 B가 자기를 두고 계속 비웃어 화를 참을 수 없었다.

학급에서 A와 B의 표정이 예사롭지 않음을 보고 담임교사는 면담을 통해 사건 당일 해당 내용을 알게 되었고 이 갈등 사안을 부서에 알려왔다. 담당자인 나는 관련학생들을 각각 만났다. '사전 서클'을 통해 B는 A가 기분이 나빴

다면 말로 하면 될 일이지 자신의 **뺨**까지 때린 일에 충격이 컸다고 말하였다. 평소 둘 사이가 불편하기는 했지만 때론 농담도 주고받는 관계여서 더욱 이해가 안 된다고 전하였다. 다만 그럼에도 불구하고 사과를 받을 수 있다면 대화 모임에 참가할 뜻이 있음을 내비쳤다. A는 자신이 **뺨**을 때린 점은 잘못했지만, 평소 B가 자신의 외모를 비웃는 일이 잦았다고 하였다. 자신의 잘못을 인정하지만 상대에게도 할 말이 있으니 대화 모임에 참가하겠다고 하였다.

'본 서클'이 시작되었지만, A와 B가 서로 자신의 현재 심정과 의도를 꺼내 상대에게 들려주는 대화과정이 순탄하지는 않았다. B는 친구관계에서 외모를 두고 웃을 수 있음을 말했고, A는 그러한 B의 태도로 인해 자신이 화난 점이 먼저 고려되어야 한다고 하였다. 첫 번째 순서인 '심정 말하기'와 두 번째 순서인 '의도 밝히기'를 오가며 각자의 생각을 꺼내 서로에게 들려주는 일을 여러 차례에 걸쳐 반복하였다. 이 과정에서 A와 B는 감정을 앞세워 상대방에게 가시가 돋친 말을 꺼내놓기도 하였다. 이때 진행자가 개입하여 각자가 말한 의도를 해석하여 상대방에게 들려주기도 하였다. 난항을 거듭한 끝에 이행약속을 정하고 동의절차를 마쳤다.

3주가 흘렀다. '사후 서클' 시간에 두 사람이 다시 만났다. 표정이 밝았다. "지난번 약속이 잘 지켜졌나요? 행동한 계획들과 그 결과에 관련하여 지금 어떤가요?"라는 질문에 B가 먼저 말을 꺼냈다. "지난번 대화 모임 끝난 후 교실 문을 나갈 때 A가 먼저 제게 진심으로 사과해서 고마웠어요." 대화 모임 내내 밝은 얼굴로 얘기를 이어갔다.

3. 회복적 생활교육을 다시 돌아보다

회복적 생활교육을 시작한 첫 해, 어디까지 왔고, 어디로 가고 있을까?

위 사례 외에도 옮기지 못한 대화 모임도 여러 번 있었다. 지난 1년의 대화 모임의 숱한 이야기들은 교무수첩 한권을 빼곡 채웠다. 공식적인 대화 모임만 9번에 걸쳐 38명이 참여하였다. 위 경우처럼 대화 과정에서 갈등 전환이 이루어지고 진행자를 포함한 참가자 모두 성장과 배움의 기회를 경험하기도 하였다. 경이롭고 놀라웠다. 반면 진행 도중에 대화가 중단되고 갈등이 이어지기도 하였다. 생활부장이 대화 모임을 진행하고 갈등을 중재하는 역할을 하면서 기존의 생활지도가 어려워진 점도 있었다.

이러한 고민 중에 책에서 만난 다른 학교 사례에 이런 내용이 있었다. 인천의 한 중학교 사례로, 2013년 학교 혁신을 위해 회복적 생활교육을 도입한 후 그 결과를 정리한 부분이다.

매주 개방되어 있는 회복적서클을 통해 갈등을 회복한 학생들은 1,2학기를 포함하여 총 80여 명이 된다. 80여 명 중에는 학교폭력 당사자들도 포함되어 있는데 무엇보다 의미 있었던 것은 피해 학생이 더 이상 폭력의 악순환을 겪지 않고 안전하게 학교생활을 한다는 것이다. … 또 의미 있었던 일은, 2013년 들어서 학교 중도 탈락자가 한 명도 없었다는 점과 함께 학생들이 스스로 자신들의 학교로부터 '존중' 받고 있다고 느끼고 있다는 것이다. … 반면 어려움도 많이 직면하게 되었다. 아이들이 시끄러워졌고, 더 예의가 없어졌다는 교사의 평가가 들려왔다. 담배를 피우지 않겠다고 약속한 학생이 일주일 뒤에 약속을 깨고 담배를 다시 피우는 일들로 교사들 간에 회복적 생활교육에 대한 우려의 목소리가 커지기도 했다. 학생들은 존중을 받아서 행복하다고 하면서도 자신들의 행동에 대한 책임을 지는 것에 대해서는 소극적이었다.[3]

---

3) 박숙영, 『회복적 생활교육을 만나다』, 좋은교사, 2014, 189-190쪽

2018년 1년 동안 교사와 학생 사이를 오가며 많은 이들을 만났다. 회복적 생활교육 방식은 아니어도 이미 그 교육방식에 공감하며 학생들을 만나고 배려하는 교사들도 자주 볼 수 있었다. 학생들 또한 대화 모임에 참여하며 갈등을 해결하는 모습을 보여주기도 하였다. 하지만 지난 1년을 돌아보면 내 자신의 경험 부족으로 모임의 시점을 놓치거나 실패한 경우도 많았다. 대화 모임을 이어가는 일에 두려움이 생기고 의기소침해지기도 하였다. 수업과 대화 모임을 병행하며 시간에 허덕이고 피로감에 지치기도 하였다.

갈림길에 서 있다. 그래도 멈추고 돌아서기보다 가야할 길이라는 생각은 여전하다. 망설여지기도 하지만 어려운 상황에서도 회복적 생활교육을 적용하며 앞서 걸어간 이들의 말을 보며 힘을 얻어야겠다는 다짐을 하였다.

4. 덧붙여

본교 교사들은 어떤 제안을 했을까?

학교의 교사들은 각자의 상황에서 '회복적 생활교육'이라는 말을 듣게 되었고, 함께 알아보자는 취지로 교사들이 모여 동아리를 이뤄 2018년을 보냈다. 한해를 보낸 기억은 각자 달랐다. 교사들은 '회복적 생활교육'이 자신에게 어떤 의미였는지 곱씹었고 그 이야기를 엮어 자료집을 펴내기도 하였다. 여기에 담긴 부설여중 교사들의 생각은 어떠했을까? 10인 10색의 경험담은 그 자체로 소중한 자기성찰이고, 서로 성장할 수 있는 디딤돌이 되고 있다고 생각된다. 끝으로 동아리 활동을 돌아보면서 함께 활동한 교사들이 서로에게 남긴 성찰의 글을 전하고자 한다.

＊ 회복적 생활교육을 통해 학생의 이야기를 경청하는 일이 중요하다. 또한 학생 간 대화의 통로를 마련하는 일도 중요하다. 다만 회복적 생활교

육이 모든 갈등 해결의 만능열쇠는 아니니 때론 간단한 훈육도 필요하고 학생들이 냉각기를 갖고 서로 격리해야 할 때도 있다. 기존 실천적인 생활교육 방법의 방식도 함께 존중될 필요가 있다.

* 회복적 생활교육이 성공하기 위해 교사들 간에 지속적으로 만나 각자의 사례를 나눌 필요가 있다. 또한 갈등에 대처하는 방법을 실습하는 공간이 필요하다. 학생과 학부모 대상으로 회복적 생활교육을 사전에 안내할 필요가 있다.

* 서클 진행자가 평정심을 유지하기 위해 실습이 필요하다. 학부모 연수를 통해 학교와 가정이 함께 연결되어 같은 방향으로 학생에게 다가갈 필요가 있다.

* 회복적 생활교육 관련 책 읽기를 통해 자신을 성찰하는 일이 중요하다. 학교 안 교사들이 동아리로 묶여 만남을 이어가는 일이 필요하다. 회복적 생활교육을 함께 실천할 교사가 필요하다.

* 교사, 학생, 학부모 등 학교 구성원의 회복적 생활교육 공감대가 형성되어야 한다. 서클 진행을 위한 교사의 전문성 신장이 필요하다. 실천 경험을 나누기 위해 동아리 운영이 요구된다.

* 회복적 생활교육을 적용하기 위해서는 물리적 시간을 확보하는 일이 우선 중요하다. 회복적 생활교육의 대화 모임을 거쳐도 해결되지 않을 수 있는데 이러한 두려움에서 벗어날 필요가 있다.

평화롭고 안전한 배움의 공동체로 나아가기

이경재 | 실상사 작은학교 대표, AVP Korea & HIPP 활동가

서클대화에 대한 작은학교 구성원들의 이해

학생

* 또 서클이야 … 아~ 지루해

* 자꾸 말하라고 하는데 … 할 말도 없고, 하고나서 달라지는 것도 없는 것 같고 …

* 늘 같은 방식이라서 재미가 없다.

* 서클대화에서 '자기 생각을 솔직하게 말하면 갈등을 해결할 수 있다'라고 했는데 … 끝나고 나서 '네가 그렇게 말했잖아!" 이러면서 내가 한 말에 꼬투리 잡고, 그래서 서클에 믿음이 안 간다.

* 나는 서클방식으로 대화하는 게 좋다. 내가 중요하게 생각하는 것을 표현할 수 있고, 다른 목소리를 들을 수 있어서 …

교사

* 서클이 작은학교 문화로 갑자기 들어온 것에 대한 불편함이 있다.. 우리 안에 좋은 것이 있는데 …

* 연수를 받으면서 힘듦이 있었다. 그렇지만 학교 안에서 회복적 서클을

활용하는 것에 대해 괜찮다는 생각이다.

* 서클은 간단하게 정리되는 매뉴얼이 아니다. 서클의 의미에 대해 깊이 있게 탐구해야 한 다. 교사회 안에서 문화로 만드는 것에는 실패했다고 본다.

* 서클에 대한 믿음이 없기 때문에 관심은 없다. 그렇지만 학교 전체의 문화로 만들겠다는 흐름에 반대하지는 않는다.

* 전환의 과정에서 공감과 소통, 서로 배움의 토대로 서클대화를 새로운 문화로 가져오는 것 에 마음을 충분히 모으지 못했다.

* 서클이 좋다고 하니 잘되면 좋겠다. 나한테는 그렇게 다가오지 않고, 학교에서 증명되지 않았다. 관심 있고 좋아하는 사람이 계속 공부해서 학교에 잘 쓰이면 좋겠다. 나는 그렇게 끌리지 않는다.

우리가 서 있는 지점

다소 길게 인용했지만, 학생들의 이야기는 작은학교에 서클대화가 도입되고 나서 간간이 들려준 피드백들이다. 교사들의 이야기는 이번 겨울 교사연수중 작은학교 서클대화 돌아보기에서 나온 내용이다. 학생들의 이야기는 자기들이 실제 서클대화에서 느낀 점들을 그대로 전해주었기에 우리가 무엇을 더 중심에 두고 가야 할지를 분명하게 말해준다. 선생님들의 피드백은 지난 3년간 작은학교에서 서클대화가 어떻게 흘러온 것인가에 대한 솔직한 표현이자 우리들의 현재 모습이기도 하다.

학생과 교사의 이런 피드백들로 인해 크게 실망하지는 않는다. 다만, 서클대화를 도입하는 시점에서 '그래 한번 해보자'라고 다함께 마음 모으지 못했다는 아쉬움이 있다. 반신반의와 부정적이었던 교사의 표현들은 조금 누그러졌지만, 그와 같은 태도가 작은학교에 서클대화가 활성화되는 과정에 부정적 영향을 준 것 또한 사실이다. 그렇지만 서클에 대해 긍정적으로 마음을 여는 교사가 생기고, 서클이 소통과 공감을 위한 단순한 도구가 아니라 탐구적 학습과 영성에로 나아가는 과정으로 다가온다고 하는 교사도 있다.

이런 피드백들에서 서클대화를 작은학교의 생활문화로 가져가고자 제안한 사람으로서 스스로의 부족함에 대한 자기 검열이 앞서기도 하고, '실패'라고 말하는 교사 앞에서 위축되기도 한다. 반면, '실패 아니다, 서클정신이 작은학교 문화에 긍정적으로 기여하고 있고, 점차적으로 정착되어 가는 과정이라고 본다'는 교사의 말에서는 위안과 용기를 얻기도 한다.

서클대화를 도입하게 된 경위와 교사연수

실상사작은학교는 2001년에 개교했다. 대안교육 중흥기라 할 수 있는 2010년대 초반을 거쳐 급격한 학생수 감소를 경험하던 작은학교는 2016년에 제2건학의 이름으로 전환모색기를 가지게 된다. 이 과정에서 '인드라망 세계관에 기초한 생명평화의 삶을 배우고 익힘'이라는 학교철학을 실질적으로 구현할 수 있는 방법론으로서 서클대화를 도입 하게 되었다.

서클대화가 도입되게 된 배경에는 작은학교가 극복하고 싶어하던 과제들이 있었기 때문이다. 그 과제들은 ① **학교에서 가르치고 배우는 방식의 전환 필요성**물론 작은학교는 일반학교와는 달리 토론수업이 활발하기는 했지만, 학생의 배움을 열어가는 탐구과정 안내와 열린질문이 부족했다는 의미에서, ② **공동체에서 일어나는 갈등과 손상에 대해 시비를 가리고 책임지는 방식으로 진행되는 야단법석의 전환 필요성** ③ **방문객들 혹은 내부 공동체 구성원간에 존중과 환대하지 못하는 거친 문화 등등** 이었다.

그래서, 작은학교는 저와 AVP비폭력평화훈련 활동가 모임에서 인연이 이어지고 있는 비폭력 평화물결의 박성용대표와 논의를 거쳐, '평화롭고 안전한 학습커뮤니티'로 거듭나기 위한 첫 걸음을 내딛게 된다. 2016년 여름 서클프로세스 워크숍, 2017년에는 겨울 인문학 서클워크숍가르칠수 있는 용기, 상반기 공동체 갈등을 창조적으로 전환하는 회복적 서클 워크숍, 여름방학에 탐구학습을 지원하는 스터디 서클 워크숍을 각각 2박 3일씩 실시하였다.

성과와 어려움

위에서 경험한 워크숍을 바탕으로 학교의 일상에 다양한 서클대화 방식을 적용해 나갔다. 우선 2017년 한해여는 마당에서 학교의 중심가치인 "배움, 우정, 생태, 자립, 공동체" 가치에 대해 열린 질문을 구성하고 서클대화 방식으로 탐구했다. 교사학부모 공동연수에서는 신뢰서클 주춧돌을 바탕으로 '두려움'과 '배움'이라는 주제로 서클대화를 시도했다. 서클대화를 통해 서로가 가진 지혜를 나누고 그 풍성한 배움들로 학부모님들이 뿌듯해 한 것이 기억에 남는다. 학교생활문화 측면에서도 학생들은 모둠활동이나 전체 모임에서 판단하지 않고 듣는 경청과 상대를 비판하지 않고 자기 생각 표현하기를 꾸준히 연습하고 있다. 2017년 여름에는 학생회 임원과 자발적 지원자 15명이 10시간 동안 서클차치회의 워크숍을 가지면서 학생들 사이에서도 서클대화가 조금씩 자연스러워 지기 시작했다.

정작 기대한 만큼의 서클대화가 활성화 되지 않은 부분은 교사영역이다. 제2건학 추진일정에 쫓겨 서클대화 도입과 관련하여 교사들과 충분한 소통의 시간을 갖지 못했다. 도입과정에서 교사들간의 충분한 동의가 이루어지지 않은 미진함은 결국, 학생간의 갈등이나 교사-학생간의 갈등, 교사간의 갈등을 회복적 서클대화로 다루는 시도를 활발하게 하지 못하는 방향으로 영향을 미쳤다. 아쉬움이 적지 않지만, 이런 과정들에서 무엇을 놓쳤는 지를 자각할 수 있게 된 것은 큰 배움이다.

지금은 전체 모임이나 학급모임에서 길잡이에 따라 다 그런 것은 아니지만 서클대화를 시도하고 있고, 1학년은 두 학기 동안 평화감수성 훈련을 통해 기본적으로 자기존중과 상대존중, 의사소통의 기초가 되는 공감능력을 키우고 있다. 그리고, 학생과 학생, 교사와 학생사이의 갈등을 회복적 서클대화로 풀어가는 시도가 2년여의 시간에 걸쳐 조금씩 진행되고 있다. 교사회도 기존의 쟁점 위주의 회의방식에서 서클방식의 대화로 변화하고 있다.

나아가기의 과제들

박성용 대표와 논의할 때 서클 프로세스, 스터디서클, 회복적 서클대화의 기본과정을 바탕으로 교사, 학생, 학부모들과 함께 3년차 과정을 진행하면 작은학교가 '평화롭고 안전한 학습 공동체'로 거듭날 수 있겠다는 바람을 가지고 있었다. 돌이켜 보면 지난 3년여의 시간이 서클대화의 토대를 구축하는 1년차 과정을 경험한 것으로 볼 수 있을 것 같다. 3년의 시간을 서클대화의 토대를 구축하는 기간으로 보냈으니 그 만큼 토대가 단단해지는 과정을 보냈다고 스스로 위로하고 싶기도 하다. 그래서 작은학교는 2019년 올 한해, 회복적 서클대화와 스터디 서클, 서클자치회의를 좀 더 활발하게 경험하는 2년차 과정으로 서클시스템 구축의 안정기에 도전하고자 한다.

우선은 생활문화에서 공동체 갈등을 다루는 방식을 이원화하기로 하였다. 공동체 규칙과 관련해서는 기존과 같이 야단법석에서 논의하고, 구성원간의 불화나 가해-피해상황이 발생하는 경우는 회복적 서클대화를 적극 시도해보자는 분위기가 형성되었다. 일어난 갈등을 회복적 정의의 관점에서 갈등 당사자와 공동체 누구도 소외되지 않고, 정서적 공감과 신뢰를 바탕으로 새로운 전환의 에너지를 일으키는 공동체를 만들어 가기를 희망한다.

스터디서클 방식의 탐구학습은 먼저 마음 낸 교사가 시도할 수 있도록 적극적으로 뒷받침 할 것이다. 마침 3학년 프로젝트 학습인 민주시민 교육과정을 스터디서클 방식과 결합하여 학생들이 더 주체적이고 협력적 배움을 할 수 있도록 안내할 것이다. 그리고, 부모 공부모임에서 회복적 서클대화 워크숍을 실시하여 부모님들이 학교가 지향하는 서클대화 문화를 직접 경험하게 할 계획이다. 이를 계기로 학생들이 학교에서 경험하는 서클대화를 부모님들과도 함께 함으로써, 존중과 배려, 건강한 소통이 생활 가까이에서 일상이 되기를 바란다.

또 하나, 고무적인 것은 몇몇 대안학교가 비폭력평화물결과 연대하여 청소년 피스메이커 리더십 양성 프로젝트를 진행하고 있다는 것이다. 이 프로젝트에 관심있는 작은학교 학생들도 자발적으로 참여하고 있다. 실제로, 2019년 1월, 2박 3일간 HIPP 청소년 평화지킴이 입문과정17명 수료에 6명의 학생이 참여하였다. 이 프로젝트를 통해 대안학교 학생들간 연대의식도 싹트고 청소년 평화리더들이 자라 날 수 있다는 믿음이 있다. 이렇게 학교 안팎에서 평화의 씨앗을 키우는 노력을 하는 것이, 지금 이 시점에서 무엇보다도 중요한 평화의 여정이 아닐까 한다.

후기

나하나 꽃피어 나하나 꽃피어 풀밭이 달라지겠냐고 ~

말하지 말아라 말하지 말아라

말하지 말아라 ~

네가 꽃피고 나도 꽃피면 ~

결국, 풀밭이 온통 ~

꽃밭이 되는 것을 꽃밭이 되는 것을 ~

이 노래가 '공동체 자기돌봄 프로세스'인 회복적서클 대화에 대한 저의 기대와 바람을 잘 표현해 주는 것 같다. 서클원리와 회복적 정의의 관점에 바탕한 회복적 서클대화는 제게 세상을 보는 눈을 바꾸게 했다. 응보적 관점이 아닌 회복적 관점으로 세상을 만나게 되면서 저는 아프지만 느린 인식의 전환을 경험하고 있다. 이 소중한 경험을 인연닿는 만큼 나누고자 한다.

서클 대화를 접하게 되면서 제가 사용하는 언어가 달라졌다. 공감을 위한 경청, 존중에 바탕한 연결, 열린 질문, 돌봄, 신뢰, 감수성, 창조적 대화, 갈등 전환이라는 말들이 자연스러워졌고, '누가 잘못했지에서 무슨 일이 일어났지'로 갈등을 바라보는 인식 패러다임이 전환되고, '다른 사람의 목소리가 들리게 하라'는 의미와 그 목소리를 통해 배움과 알아차림이 풍성해지는 경험을 맛보게 되고, 신뢰할 수 있는 안전한 공동체 구축을 위해 필요한 것이 무엇인지를 뒤늦게나마 조금씩 알아가는 기쁨까지 포함해서 ….

"존중은 타인의 경계를 인정하고 그 경계에 주목하며 연결되어 있는 것이다"회복적서클가이드북에서 인용/박성용를 가슴으로 들을 수 있게 된 지금의 저 자신에게 감사드리며 이 글을 마친다.

4부

시민사회와 공공영역

회복적
서클현 장야기
이

누구나 스스로 문제를 해결할 힘이 있다

김광영 | 속초경찰서 학교전담경찰관 경위

청소년 업무를 시작한 지 약 10년 정도되었다. 정보과, 교통사고조사등 의 업무를 하다가 인사발령으로 인해 청소년 업무를 맡게되었다. 청소 년 담당 업무가 얼마나 힘들겠냐하면서 시작된 업무 일을 할수록 무력 감과 공허함에 빠지게 되었다. 그러다가 알게된 회복적 대화 내 인생의 터닝포인트가 되었다. 약 50여건의 사례를 적용하였으나 가장 처음 시 작했던 다음의 사례가 가장 기억에 남는다.

진수는 무척이나 소심하고 자존감이 낮은 학생이었다. 부모는 이혼을 하 고 아빠는 다른 곳에서 돈을 벌고 있어 동생과 같이 할머니 집에서 생활하 고 있었다. 그런 진수를 아이들은 말투가 어눌하고 표현이 서툴다고 어눌한 말투를 흉내 내거나 엄마가 없는 고아라고 놀리고 이유 없이 때리기까지 하 였다.

진수는 아무런 저항도 하지 못한 채 온몸으로 그 고통을 감내해야 했다. 그 리고 고통 속에 살고 있던 진수를 지켜보던 친구는 신고자의 비밀을 요구하 면서 어느 날 학교전담경찰관인 저에게 그 동안 진수가 당한 일들을 알렸다.

우선 진수를 만났다. 그런데 피해자인 진수는 자신의 잘못이라며 가해 학 생들의 처벌을 원치 않는다고 말한다. 반면 진수가 친구들에게 맞고 있었다는 사실을 알게 된 할머니와 고모는 가해 학생들을 엄하게 처벌해 달라고 했다. 진수와 할머니, 고모와의 만남 후에 가해 학생 수현, 서진, 광재, 지훈을 만났으나 자신들은 잘못이 없다는 식으로 나왔다. 지켜보던 학생부 교사는 도저히 안 되겠는지 가해 학생들을 엄하게 처벌하고 징계해야 한다는 의견을 내놓았다.

옛날 같았으면 저는 가해 학생들을 형사입건하고 학교폭력대책자치위원회 개최를 요구하여 강력한 징계를 요구하였을 것이다. 그러나 회복적 대화모임 진행자 교육을 마치고 얼마 지나지 않은 때였기에 이 사례를 회복적 대화모임으로 가져가고 싶다는 욕구가 가슴에서 슬며시 올라오기 시작하였다.

진수를 다시 만났다. 여전히 자신은 가해 학생들에게 어떤 처벌도 내리지 않길 원한다는 말을 되풀이 하였다. 그래서 진수에게 대화모임에 참석하여 가해 학생들과 이야기를 나누면 어떻겠냐고 제안했다. 처음에 진수는 망설였다. 그러나 설득 끝에 진수는 동의했고 그렇게 대화모임이 열리게 되었다.

진수가 너무 소극적이라 말을 잘 하지 못할 것 같아 평소 진수와 라포가 잘 형성되어 있던 상담교사에게도 함께 참여해 주길 부탁했는데 선 듯 동의해 주셨고 담임교사도 참여하기로 했다. 진수에게는 큰 힘이 될 듯했다.

이렇게 사전준비를 마치고 드디어 진수와 가해자 수현, 서진, 광재, 지훈, 그리고 상담교사, 담임교사와 한자리에 모여 본모임이 시작되었다. 진수는 예상했던 대로 말을 잘 하지 않았다. 수현, 서진, 광재, 지훈이는 계속해서 변명을 늘어놓았고 진수는 듣고만 있었다.

그런데 갑자기 서진이가 진수에게 할 말이 있다고 하였다.

"진수를 친구들과 함께 괴롭힐 때 항상 마음 한구석에 미안한 감정이 있었어요. 그런데 그걸 내색하면 친구들에게 진수처럼 왕따나 놀림을 당할 것 같아 내색하지 못했어요. 정말 미안해요. 이 자리를 빌려 사과하고 싶어요."

진수는 여전히 아무 변화도 보이지 않은 채 그냥 듣고만 있었다. 서진이가 사과를 마치자 뒤를 이어 광재, 지훈이도 비슷한 이야기로 진수에게 진심으로 사과했다.

오고가는 이야기를 담담하게 듣고 있던 상담교사가 지금껏 진수를 상담하며 들었던 진수가 겪은 여러 힘든 일들을 하나 둘씩 꺼내 놓았다. 진수가 어린 나이때 부모는 이혼했고 엄마가 떠난 후에 아빠는 힘들게 진수와 형제를 돌보다가 결국에는 할머니에게 맡기고 타지에서 열심히 일하고 있지만 경제적으로 힘들어하고 있다고 말했다. 그럼에도 진수는 힘든 내색 없이 열심히 학교에 다니고 있으나 부모의 이혼은 진수를 위축시켰고 그래서 자신의 감정을 드러내지 못해 그 스트레스가 엄청 높은 상태라고 이야기했다.

진수는 여전히 고개만 숙인 채 이야기를 듣고만 있었다. 진행자로서 진수가 어떤 말이라도 한마디라도 해주길 원하였다. 또한 진수를 가장 많이 괴롭히던 수현이가 입을 꾹 다문 채 침묵하며 굳은 표정으로 앉아 있는 것도 답답했다.

그런데 이를 지켜보던 담임교사가 자신이 감정을 이야기하기 시작하였다.

담임교사로서 학생들 사이에 이런 불미스러운 일이 발생해 참담한 마음이 들고 피해를 당한 진수에게는 빨리 발견해주지 못해 너무 미안하다고 했다. 아울러 가해 학생들에게도 이번 일로 징계를 받게 된다면 그 또한 자신의 잘못이라며 사과했다.

선생님의 말은 놀라운 일을 일으켰다. 지금까지 아무런 미동도 없이 앉아 있던 진수가 자신의 심경을 하나씩 꺼내놓기 시작했다. 어려서부터 엄마 없이 자라 엄마가 있는 다른 가족들이 항상 부러웠지만 아빠가 힘들어 할까봐 이야기를 꺼내지도 못했고 그렇게 참다보니 친구들이 자신을 괴롭혀도 저항하지 못하게 되었다고 말했다. 너무 힘든 날이면 옥상에 올라가 아래를 내려다보며 뛰어 내릴까도 생각했지만 남아 있을 아빠와 동생이 너무 힘들어 할 것 같아 몇 번이고 마음을 고쳐먹고 내려 왔다는 이야기를 눈물을 흘리며 차분하게 이야기했다.

굳은 표정으로 입을 꽉 다문 채 앉아있던 수현이가 진수의 이야기를 듣다가 갑자기 발언 기회를 달라고 하였다.

그리고는 진수에게 성큼성큼 다가가더니 말없이 악수를 청합니다.

"미안하다. 미안하다. 정말 미안하다."

수차례 오로지 같은 말만 반복하였다. 그리고는 진수를 꼭 안아주었다. 진수도 수현이를 같이 감싸 안아주었다. 그곳에 있던 모든 사람들은 수현이가 진심으로 자신의 행동을 반성하고 용서를 구한다는 느낌을 받았다.

풀리지 않을 것 같은 실마리가 어느 순간 풀렸고 처음으로 진행한 대화모임은 이렇게 성공적으로 마무리되었다.

사실 회복적 교육을 받으면서 '왜 이런 교육을 하나? 바쁘고 할 일도 많은데. 과연 경찰이 할 일인가?'라는 의구심을 가졌고 교육을 마친 후 사례 하나를 빨리 발굴해서 지방경찰청에 보고하고 손을 털 계획이었다. 처음에는 성공할거란 자신도 없었다. 그러나 진수의 사례를 진행하며 회복적 정의의 마법을 몸소 체험한 후에는 그 마법에서 아직도 헤어 나오지 못하고 있다.

사후모임도 무사히 마쳤고 가해 아이들의 부모들도 학교폭력자치위원회에서 내린 징계처분에 아무런 이의도 제기하지 않았다. 아이들이 얼마나 잘 못했는지 모두 깨달았기 때문이다. 한 번의 대화모임과 공식적인 학교폭력자 치위원회를 거친 후 아이들 사이는 더 없이 좋아졌다. 이제 친구들은 진수와 점심도 같이 먹고 체육활동을 함께 했다. 친구들은 진수의 수호천사가 되어 다른 친구들에게 진수가 괴롭힘을 당하지 않도록 보호해 주었다. 이 글을 쓰고 있는 지금 녀석들은 모두 졸업을 했으니까 각자의 길을 찾아 잘 지내고 있 겠죠?

경찰관이 되어 여러 부서를 거쳤고 청소년 업무를 담당한지도 꽤 오래되 었다. 경찰이라면 죄 지은 놈은 꼭 잡아 잘못한 만큼 처벌받도록 해야 한다는 소신으로 일했지만 아이들이 관련된 사건을 처리하고 나면 공허한 생각이 들 었다.

가해자를 강하게 처벌한들 피해자에게 과연 어떤 의미가 있을까? 자신에 게 피해를 준 가해자가 법적인 처벌을 받는다고 피해자는 과연 눈물을 멈출 수 있을까? 이런 의문들과 함께 제가 법적으로 사건을 공정하게 처리한들 피 해자에게는 별로 해줄게 없다는 무력감이 저를 괴롭혔다.

그런데 어느 날 제게 다가온 회복적 정의는 이런 제게 희망을 주었다.

"아! 이제는 피해자가 원하는 무엇인가를 해줄 수 있는 방법이 생겼 구나."

여러 면에서 미숙한 아이들이 대화모임에 초대되어 가해자는 자신의 잘못을 깨닫고 책임지려 하는 모습을 보이며 피해자는 진심어린 사과를 받으며 상처를 치유하는 모습을 계속해서 지켜보며 제가 얻은 가장 큰 깨달음은 '누구나 자신의 문제를 해결할 수 있는 힘이 있다'는 것이다.

문제를 일으키는 아이들을 무력하게 지켜보며 자괴감에 빠져있을 선생님들, 저처럼 청소년 사건이나 가정폭력 사건을 처리하며 회의와 무력감을 느낄 동료 경찰관도 회복적 정의를 만나 희망을 찾으시길 바란다. 갈등 당사자가 갈등에 대면해 적대적인 관계를 해소하고 서로서로 도우며 자신들의 문제를 해결하고 그 갈등이 피해회복과 공동체의 평화와 안전으로 연결되는 회복적 정의의 마법을 더 많은 사람들이 경험하면 너무 좋겠다는 생각이다. 아울러 회복적 정의에 대하여 신임순경 교육 과정에도 포함되어 더욱 널리 퍼져 나가면 좋겠다는 바램이다.

수녀원에서 일산중까지 :
우당탕탕 회복적 서클 실험기

신호승 | 회복적서클대화협회사협 이사, 서클랩 대표

글을 쓰려고 자료를 살폈다. 내 삶에 '회복적 서클'이 언제 스몄는지 알고 싶었다. 먼지 쌓인 책꽂이 중간에 'RC 회복적 서클 신호승'이라고 등에 쓰인 파란 클리어 파일이 눈에 띈다. 안을 들여다보니, 2011년이다. 그해 12월 5일 월부터 9일금까지 4박 5일, 인천 가양동 기도의 집수녀원이라고 쓰여 있다. 어렴풋이 떠오른다. 날은 추웠지만 가슴은 뜨거웠던 날들이었다. 그때부터 내 삶에 회복적 서클이 들어오기 시작했다.

떠올려 보면, 당시까지는 '비폭력 대화NVC : NonViolent Communication' 수련에 몰두해 있었다. 위 워크숍도 '비폭력대화센터'가 위 워크숍을 주관한 '회복적정의네트워크'에 참여하고 있었기에, 함께할 수 있었을 거다. 당시도 또 지금까지도 비폭력대화는, 내게 다른 세상이 있다는 걸 알게 해 준 소중한 영역이다.

당시까지 내 의식의 초점은 세상과 남을 향해 있었고, 세상을 바꿔야 한다는 뜨거운 사명감에 불타고 있었다. 20대 시절부터 몸에 밴 사회운동에의 관심과 참여 덕에 불합리/불공평/불평등이 구조화되어 있는 현실을 바꿔내는 일을 인생의 사명으로 여기고 살았다. 불합리/불공평/불평등을 일으키는 '악'

의 세력에 대항해 '투쟁'하는 건 신성한 사명이었다.

아뿔싸, 문제는 '악의 세력'만이 아니라 나와 다른 견해나 의견을 가진 사람들과도 '투쟁'하고 있는 나 자신이었다. 당시까지 나는 나와 다른 존재를 만나면 투쟁 또는 도피 반응 외에 다른 길이란 없었다. 나와 다르다는 건 곧 나를 공격하는 것이었기 때문이었다. 비폭력대화는 투쟁/도피라는 자동반응 이외에 다른 길이 있고, 우리가 의식적으로 선택하여 관계 맺을 수 있다는 걸 알려준, 삶의 소중한 스승이었다.

2011년 회복적 서클을 만난 뒤에도 몇 해 동안 나는 비폭력대화와 회복적 서클을 병행해 가며 수련하면서 사람들과 나누는 시간을 보냈다. 당시까지도 내게 회복적 서클은 비폭력대화를 보완하는 워크숍 콘텐츠였던 셈이다. 회복적 서클을 회복적 정의 운동과 서클 프로세스의 맥락에서 이해하는 건 그 뒤로도 몇 해 동안의 시행착오를 거쳐야 했다.

회복적 서클을 주변과 나누면서, 나의 관심은 비폭력대화에서 회복적 정의 운동과 서클 프로세스로 이동해 갔다. '회복적'이란 단어의 의미를 명료하게 이해하고 싶었고, '서클'이 도대체 무엇인지를 알고 싶었다. 이 두 단어가 결합된 '회복적 서클'은 두 단어의 기계적 결합이 아닌 다른 의미를 지니고 있을 터였다. 몇 해 동안은 '회복적', '비폭력', '서클', '대화'라는 말들이 내 안에서 둥둥 떠다니는 기분이었다.

그러던 중 경기도교육청에서 '회복적생활교육'을 표방하며 학교 내 학생 지도의 새로운 패러다임을 제시했다. 다분히 선거 구호용으로 제출된 '회복적 생활교육'이란 용어는 한국 사회, 특히나 교육계엔 매우 낯선 용어였다. 경기도교육감 선거에서 이 용어를 채택한 후보가 당선되었다.

경기도교육청에서 발간한 '평화로운 학교를 위한 회복적생활교육 매뉴얼' 작업에
공동 참여한 것이 인생의 전환점이 되었다.

경기도교육청에서 발간한 '평화로운 학교를 위한 회복적생활교육 매뉴얼'
작업에 공동 참여한 것이 인생의 전환점이 되었다.

교육감이 된 후보후에 교육부장관을 지낸 김상곤 씨는 자신의 정책을 실행에 옮
겨야 했고, 이를 담보할 콘텐츠가 필요했다. 경기도교육청은 이를 위해 연구
용역 공개 모집을 통해 '회복적생활교육'에 대한 내용을 확보하려 했다. 우연
한 기회에 연구팀에 합류한 나는 이후 지난한 과정을 거쳐 '평화로운 학교를
위한 회복적생활교육 매뉴얼'이라는 책자를 동료들과 더불어 교육청에 제출
할 수 있었다.

어쩌다 위 '매뉴얼'의 공동 저자가 된 나는 경기도 내 각종 교사 연수에 초
청되어 강의를 하고 워크숍을 안내하게 된다. 경기도에서 '회복적생활교육'을
한다는 소문이 퍼지자 다른 지역의 교육청에서도 이를 배우기 위해 손을 걷어
붙이는 과정에서 나도 덩달아 초대되었다. 덕분에 나는 전국의 각 급 학교를
들여다 볼 기회를 얻었고, 교사/부모/학생 들을 두루 만날 수 있었다.

그렇게 정신없이 몇 해를 보냈다. 처음엔 신이 나서 다녔다. 나를 불러 주
는 게 고마웠다. 내가 배운 걸 학교 현장에서 나눌 수 있는 기회가 있다는 사

실에 감격했다. 또 몇몇 학교 폭력 사안을 학폭위로 넘기지 않고, 사전에 대화를 통해 원만히 합의하여 관계를 회복시킨 성공 경험도 쌓여 갔다. 내 안에 유능감이 최고점을 찍고 있었다.

그런 와중에서도, 내가 하는 일의 유의미성을 시험하는 일들도 적지 않았다. 예를 들면 이런 일이다. 어떤 학교에 가서 교장 이하 교사와 부모들과 함께 학교 안에서 회복적생활교육을 위한 연수를 하면서 기틀을 다져놨다고 생각했다. 근 3년여를 함께하면서 이젠 이 정도면 학교 안에서 자생력이 생겨서 잘 해 나가겠지 싶어 다른 학교 현장에 신경을 쏟았던 것이다.

그리고 나서 2년 뒤, 위 학교가 예전의 권위주의적 체계로 되돌아갔다는 소식이 들려오는 게 아닌가. 교장 선생님이 바뀌고, 함께 훈련한 선생님들이 연차가 차서 다 다른 학교로 전근 가셨다는 것이다. 그 소식을 들었을 땐 정말, 공든 탑이 무너진 듯 허탈했다. 물론, 그 뒤에 함께 훈련한 선생님들이 전근 간 학교에서 새로 씨를 뿌리고 있다는 소식을 들었을 땐 그 허탈감이 어느 정도 상쇄되긴 했지만 말이다.

그러던 중 어느 날, 2011년 회복적 서클을 함께 훈련했던 박성용 선생님과 통화할 기회가 있었다. 난감한 갈등 상황에서 진행을 맡아야 할 일이 있어서 상의 드리고 조언을 구하기 위해 전화 드렸었다. 이런저런 이야기 끝에 박 선생님이 내게 물었다.

그래, 요즘 어때요?
여기저기 씨 뿌리고 다니느라 정신없네요.
씨는 그만 뿌리고 이젠 기르고 거둬야죠.

박성용 선생이 내게 준 마지막 화두 즉, '이젠 기르고 거두라'는 말씀이 그

때 귀에 혹 박혔다. 이젠 기르고 거둬서 또 다른 씨앗을 만드는 자연 순환의 질서에 따라야 한다는 동기가 그때 생겼다. 회복적 정의와 회복적 서클의 씨 뿌리는 일을 멈춘 건 아니었다. 허나, 그때부터 내 마음 한 구석에, 어떻게 하면 뿌려진 씨들을 잘 갈무리하고 돌보면서 싹이 나는 걸 돕고 결실 맺을 수 있도록 할 것인지에 대한 질문이 품어졌었다.

어떻게 하면 씨뿌리기와 기르고 거두는 일을 함께할 수 있을까라는 물음을 품고 활동하던 중, 마침 고양시에서 함께 공부했던 부모 활동가들과 논의할 일이 생겼다. 4년 여 동안 경기도고양교육지원청 지원 아래 서클과 회복적 서클을 바탕으로 훈련을 함께해 오던 분들이었다. 이분들과 워크숍을 진행하고 마지막엔 흩어지지 말고 어떻게든 모여서 함께 공부하고 연습하면서 배운 걸 지역 사회에 환원하라고 제안 드렸었다.

함께 공부한 부모님들은 흩어지지 않고 계속 공부하며 지역사회에 공헌할 길을 모색하셨다. '고양동그라미'라는 이름으로 부모 활동 동아리를 만들어 수 년 째 함께 공부하면서 고양 지역 초중고 각 급 학교에 공동체 신뢰 서클 진행 봉사를 하고 계셨던 것이다. 워크숍 말미에 부탁드렸던 것에 응답하신 이분들이 고맙고 또 고마웠다.

나는 다른 고민이 생겼다. 봉사만으로 만족하는 분들도 계시지만, 어떻게든 이런 활동을 자신의 직업적 비전으로 삼고 싶은 분들도 있었던 것이다. 보다 체계적인 훈련과 전문적인 활동을 통해 서클 진행이 생활/생계의 일부분이 되도록 길을 터 드려야겠다는 사명이 다시 생겼다. 관심 있는 분들과 두루 논의 끝에 동료들과 함께 지역 사회에 평화로운 문화를 가꾸고 이를 위해 회복적 정의와 서클을 보급하는 서클 키퍼들의 사회적협동조합을 만들기로 합의했다.

씨뿌리기를 넘어 기르고 거두라는 비전은 이렇게 해서 '회복적서클대화협회 사회적협동조합^{이하 : 협회}'으로 결실을 맺었고, 나의 회복 실천은 또 다른 단계로 진입했다. 독립 프리랜서 식 실천에서 협동조합 차원의 실천으로 즉, 공동체 실천으로 비약한 것이다. 비전을 공유했다고는 하지만, 협동조합을 실제로 꾸리고 운영해 나가는 일은 녹록하지 않은 일이다. 나의 실험은 여전히 진행 중이고 그 결말이 어떻게 될지는 오로지 신만이 아실 일이다.

협회는 지역사회에 회복적 서클을 뿌리 내리기 위해 다양한 활동을 벌이고 있다. 주로는 서클 키퍼들이 일선 학교 학급에 찾아가 공동체 신뢰 서클을 진행함으로써 학교 내에 평화 문화를 조성하는 데에 크게 일조하고 있다. 약 20여 명의 훈련된 서클 키퍼들이 고양 지역 내에서 활약하고 있다.

이런 활동을 하던 중, 고양 지역에서 오랜 동안 혁신 학교 운동을 주도해 온 일산중학교에서 연락이 왔다. 2018년 하반기였다. 당시 혁신부 업무를 맡고 있던 선생님이었다. 당장 내년2019년에 전 학년 전 학급에 매달 한 번씩 서클을 도입하고 싶다고 했다. 한 번에 열 댓 명의 키퍼가 와 줄 수 있느냐는 제안이었다. 협회 동료들과 협의한 결과 가능하다는 답변을 받았고, 이를 진행하기로 했다.

혁신부 담당 선생님과 당시 교감 선생님2019년에 교장으로 취임하셨다과 협의해 나가는 가운데, 학생 교육뿐만 아니라 교사와 부모에 대한 연수가 필요하다는 데에 인식을 함께했다. 일산중학교는 서클에 익숙한 선생님들이 다른 학교로 전근가게 되면서 회복적생활교육을 진행해 나가는 데에 있어서 공백이 생긴 것이었다. 이 공백을 지역사회와 함께 메꿔가기로 전격 합의 하면서, 협회와 일산중학교 사이에 '업무양해각서MOU' 체결에 이르게 된 것이다.

지역에 있는 학교와 지역에서 자라난 사회적협동조합이 학교에서 회복적생활교육이라는 공동의 비전을 향해 협력하며 마을 교육과 활동의 생태계를 함께 형성해 나가는 의미 있는 모델이다. 일산중학교와 협회의 업무 양해 각서에는 공동 협력의 목표와 구체적인 방법이 담겨 있다.

업무 양해 각서의 전문에는 공동의 목표를 '상호 신뢰를 바탕으로 업무 교류 및 제휴에 따른 각자의 책임을 인식하며, 일산중학교에 회복적생활교육의 문화가 뿌리내리기 위해 공동의 노력을 기울인다. 이를 위한 학교 공동체대화 및 갈등전환 시스템 디자인에 있어 교류와 협력이 당사자 간의 상호 이해 증진에 기여할 것'이라고 담았다.

구체적인 활동의 영역은 학교 공동체 대화 시스템 디자인교사/부모/학생 교육 훈련 포함, 학교 공동체 갈등전환 시스템 디자인, 교사 공동체 관계 회복과 치유 등 셋으로 적시하였고, 이를 위해 '일산중학교 회복적생활교육 지역사회공동 협의회이하: 협의회'를 구축하기로 하였다. 협의회에는 일산중학교에서 6인[교감, 혁신부장, 학생인권부장, 각 학년부장3인], 협회에서 3인[시스템구축팀]으로 하여 총 9인으로 구성하여 분기별 정기 회의를 진행키로 하였다.

회복적 서클이 단위 학교 공동체에서 작동되기 위해서는 평상시 대화 문화가 뿌리내리는 등 일상의 평화 감수성 훈련을 위한 기초가 마련되어야 한다. 이를 위해 한 달에 한 번 전 학급이 서클을 경험하는 실험을 하고 있는 것이다. 서클을 진행하는 키퍼는 협회에서 훈련된 활동가이며 서클 전후 상호 피드백을 통해 배움을 이어가고 있다.

여기서 과제는 학교 내에 폭력 등 갈등이 발생했을 때, 기존의 응보적 프로세스인 학폭위 코스 외에 회복 프로세스를 당사자들이 선택할 수 있도록 교사와 학생 그리고 학부모들에게 더 널리 알리는 일이다. 이와 관련해서는 위 정기 협의회에서 구체적으로 다뤄져 일산중학교 공동체 구성원 전체에게 지속적으로 알릴 수 있는 구체적인 방안을 만들어 나갈 예정이다.

2011년 수녀원에서 시작한 회복적 서클의 여정은 2019년 협회와 일산중학교의 업무 협약으로 꽃 피우고 있다. 여정은 끝나지 않았다. 회복 실천을 위한 다양한 영역이 기다리고 있다. 경찰청은 회복적 경찰활동을 표방하며 시범 운영에 나섰고, 기존의 사법 영역 또한 회복적 정의에 기초한 실천을 기다리고 있다. 도시 재생 영역 등 공동체 내의 갈등이 잠재된 곳에서도 회복적 서클을 기다리고 있다. 이 여정에서 어떤 일이 벌어질지까? 호기심을 품고, 묵묵히, 주어진 길을 갈 뿐이다.

법원에서 회복적 서클(Restorative Circles)을 적용하면서...

갈등의 늪으로 깊숙이 깊숙이

반은기 | 사회적협동조합 평화물결 간사

본인은 회복적 서클을 사랑하는 사람하는 사람이다. 회복적 서클은 갈등을 피하지 않고 갈등을 꽃피우게 하는 도구였다. 본인의 삶에서도 그랬듯, 많은 사람들이 회복적 서클을 접하기를 꿈꾼다. 그 과정에서 법원에서 회복적 서클Restorative Circles을 적용한 사례를 정리한다. 참고문헌이나 근거를 제시하기보다 진행자가 회복적 서클을 과정에 대한 성찰이다. 회복적 서클 과정 중 본서클을 진행 후, 회복적 서클 진행에 대한 확신을 가지게 되었다. 그 과정으로 초대한다. 결론부터 밝히면, 진행자로서 본인은 회복적 서클이 열리는 장소가 중요하지 않다는 것을 알게 되었다. 회복적 서클은 장소보다 참여자들이 진심을 나눌 수 있는 공간을 형성한다. 본인은 법원 사례들을 통하여, 어디서든 그 진심이 통할 수 있는 공간을 형성하면 진행이 된다는 것을 배우게 되었다.

> **2019년 여름날의 일기**
> 창조계를 참으로 신뢰할 줄 알게 되는 사람들이 맨 처음 배우는 교훈의 하나는 아름다움과 불완전이 서로 잘 어울린다는 점이다. 모든 나무가 아름답다. 그러

나 우리가 충분히 가까이 다가가면 모든 나무가 불완점함이 보인다. 인간의 몸도 마찬가지다. 모든 인간의 몸이 아름답다. 그러나 모든 인간이 불완전하다. 자연에서, 창조계에서 불완전은 하느님 부재의 표지가 아니다. 계속되는 창조가 쉬운 일은 아니라는 표지다. 우리 모두가 이 험난한 과정에서 생겨난 상처들을 지니고 있다. 우리는 이 상처들을 경축할 수 있고 또 그래야 한다.

– 창조영성 길라잡이 원복 p118 메듀 폭스

최근 갈등을 다루면서, 신은 왜 이렇게 침묵하고 있는가 원망이 많았다. 갈등을 겪고 있는 당사자들이 기도를 하고 있는데, 신은 묵묵부답이다. 신은 왜 이렇게 침묵하고 있는 것일까? 박성용선생님의 말씀처럼 "갈등의 현장은 신의 권능이 전혀 임하지 않는 장소"다. 갈등은 갈등의 당사자들에게 빛도 들지 않는 고통의 감옥에 머물게 한다. 숨쉬기도 힘들다. 처절한 고통 속에서 호소한다. 나 역시 고통의 현장에서 답답한 순간이 한 두번이 아니다. 그런데 갈등 전환은 생각보다 단순하다. 전환점은 갈등 속에서 함께 푹 빠져있다 보면, 고통이 온전히 폭발하는 순간이 있다. 그 순간 서로 원하는 바가 전달되면 오해가 풀려나기 시작한다. 말은 쉽지만, 과정은 험난하다. 시간도 오래 걸린다. 하지만 견뎌내면 된다.

메듀 폭스의 말을 인용한다면, 갈등은 신의 부재의 표지가 아니다. 갈등은 서로가 처절한 고통을 얼마만큼 견딜 수 있느냐는 것이다.

신은 고통 속에서 무엇을 하고 있을까? 험난한 과정 속에서 신도 처절하게 같이 고통 속에 함께하고 있다. 침묵하는게 아니라, 그 분의 방식만으로 처리하고 있다. 예전에는 신은 인간의 고통도 고통처럼 느끼지 않을 것이라고 느꼈다. 맞다. 그러나 오늘은 이 지점을 다르게 생각해봤다. 신은 인간이 고통을 느끼고 있는 것에 연민을 느끼고 있다. 고통을 느낄 수 없는 신이 연민한다는 것이 대단하다. 신의 경이로움 앞에서 나는 상처들을 겸허하게 경축하고 싶다. 그리고 더 신뢰하련다.

1. 현 학교 폭력법에 대한 고찰

현재 학교 폭력법 절차는 학교폭력대책위원회^{이하, 학폭위}, 행정재판, 행정소송 등으로 이어지는 구조이다. 사안 발생 후^{폭력 이후}, 학폭위는 피해학생과 가해학생을 구분하여, 분리시켜 학교에서 적절한 처벌을 내린다. 법원 사례는 학폭위 1차, 2차를 거치고, 시·도학생징계조정위원회의 재심의를 거쳐 민사재판, 행정 소송으로 이어졌다.

학교 폭력법 절차에 따르면 학생, 학부모, 교사는 자신의 정당성을 입증해야 한다. 연루된 학생과 학부모는 자신의 정당성을 증명하기 위해 상대방이 얼마나 괴롭혔는지에 대한 증거 자료를 수집한다. 이는 자신이 원하고 필요한 부분을 이야기하기보다는, 얼마나 괴로웠는지에 대한 정당성을 증명하는 게 우선이다. 이 과정에서 학생 사이의 갈등은 학부모 사이의 갈등, 학부모와 교사 사이의 갈등으로 발전하게 된다.

교사들은 사안 발생 이후, 학교 폭력법 절차대로 진행했다. 학교 폭력법 절차는 학폭위 이후, 교사를 더 무능하게 만든다. 1차 학폭위는 사안에 연루된 학생들끼리 "접촉 금지"명령을 내렸다. 교사는 학생들이 접촉하지 못하도록 최대한 노력했다. 교사는 모둠활동이나 놀이 시간에 접촉해서 문제가 야기될까봐 마주치지 못하도록 지도했다. 학폭위의 원인이 왕따와 괴롭힘이었다. 그런데 괴롭힌 학생들은 "접촉 금지" 명령대로 이행하였고, 괴롭힘을 당한 학생은 놀아주지 않은 것에 대한 서운함이 2차 학폭위로 이어진 것이다. 학교 관리자들도 학폭위 절차와 방법대로 진행을 하였다.

사안에 연루된 사람들은 학교 폭력법의 피해자들이었다. 학폭위 처분은 학생들의 관계 개선에 전혀 도움을 주지 못하고, 갈등을 더 증폭시키게 되었다. 괴롭힘을 당한 학생과 학부모들은 자신의 억울함을 강력한 처벌을 통해 해소하고 싶었지만, 자신의 억울함을 풀어내기엔 불충분하였다. 괴롭힌 학생과 부모들은 자신이 처벌을 받았음에도 억울함을 호소하는 괴롭힘을 당한 학생 측을 이해하기 어려워하는 상황이었다. 중간에 교사 그룹은 억울함을 호소하는 양측에게 사정은 이해하면서, 학교폭력법 안에서 진퇴양난進退兩難이었다. 사안 발생이후, 학생들에게 필요한 것은 서로의 진심이 통할 수 있는 대화였지 강력한 처벌이 아니었다.

2. 법원에서 회복적 서클 진행

법원 관계자는 아이들의 최상의 이익Best Interests of Children이라는 명목 하에, 학교 폭력과 관련하여, 판결 대신 최초로 회복적 서클을 결정하였다. 학폭 처분에서는 폭력 이후, 학생들이 회복되기 보다는 분리와 상처가 여전히 남아있기 때문이다. 그 결정 이후, 회복적 서클을 진행할 팀을 구성하였다. 법원에서 회복적 서클이 어떻게 진행되었는지, 무엇이 회복적 서클을 가능하게 했을까?

사안에 연루된 사람들은 강력한 벌을 통해 혼을 내주거나, 자신의 잘못이 없다고 인정받고 싶어했다. 법만큼은 자신의 정당성을 인정해주리라고 믿었다. "학교 폭력법"의 심판을 통해 자신의 정당성을 입증하고 싶지만, "법"은 정당성을 입증해주지 못했다. 하지만 학교폭력법은 관계 회복보다는 갈등을 증폭시키는 역할을 하였다. 괴롭힘을 당한 학생은 진심어린 사과를 받고 싶었던 것 뿐이다. 그러나 진심어린 사과를 받을 수 있는 공간이 없었다. 괴롭혔던 학생들은 사과를 한다고 했지만, 괴롭힘을 당한 학생이 잘 받아주지 않아서 억울했다. 학부모들은 직접 더 만나서 표현하고 싶었으나, 만날 수가 없었다. 학교에서도 개인정보에 의하여, 번호를 공유할 수 없었고, 경찰에서도 개인정보를 보호하였다. 양 측의 억울함은 화로 이어졌다. 학교도 경찰서도 양측 모두 직접 만나서 자신의 억울함, 화, 속상함을 온전하게 표현할 수 없었다.

회복적 서클은 이들의 진심을 전달할 수 있게 도와주는 장이었다. 진행자는 갈등을 해결resolution하기 위해 할 수 있는 것이 전혀 없었다. 진행팀의 한 구성원으로, 참여자들의 말에 온전히 경청하는 것 뿐이었다. 참여자들은 사안 발생이후, 이야기를 할 수 있는 공간이 없었다. 가족들 간에도 상처를 줄 수 있기 때문에 이야기를 털어놓을 수 없었다. 참여자들은 2-3시간을 쉬지 않고 자신의 이야기를 내어주었다. 참여자들이 기꺼이 이야기를 꺼내주는 진심어린 감사했다. 당장 할 수 있는 것이 아무것도 없기에 절망감도 밀려왔다. 동시에 할 수 있는 것이 없는 무기력함이 참여자들을 더 신뢰하게 이끌어 나갔다.

회복적 서클에서 진행자는 온전한 듣기와 연결 외에는 할 수 있는 것이 없다. 진행자는 참여자들이 갈등의 늪에 빠져있어서 구해 줄 수 없고, 참여자들이 스스로 나올 수 있도록 옆에서 있는 동행해주는 것이 아닐까? 무기력함이 밀려올 때는 법체계에 대한 저항이 강하게 밀려왔지만, 저항감이 사안에 도움은 주지 못했다. 상황에 대한 불만도 사안에 도움을 주지 않았다.

일부 참여자들이 본서클로 모여 둥그렇게 앉았다. 법원에 공간이 없었기 때문에, 직원들의 도움으로 책상을 다 빼고 의자만 놓았다. 진행팀은 센터피스도 정성스럽게 준비했다. 삭막했던 법원에 꽃과 원이 보이는 것만으로 따뜻함이 밀려왔다. 그 어떤 회복적 서클을 진행할 때보다 삭막했다. 참여자들의 고통이 그대로 밀려올 때 너무나 안타까웠다. 판결문에 어떻게 영향을 줄지, 소송이 어떻게 결론이 날지 생각할 틈도 없었다. 회복적 서클은 자신이 얼마나 고통스럽고 절망스러운지 전달하는 과정이었다. 긴 시간 평행선을 달렸다. 진심이 전달되면서, 서로의 입장이 전달되면서 온전한 화해보다는 상대에 대한 이해가 시작되었다. 법원의 회복적 서클이라고 대단할 것이 없다. 어떤 사안이든 사안에 연루된 사람들은 고통스럽다. 그 고통은 본인만 알지 다른 사람들은 알 수가 없다. 하지만 고통이 얼마나 고통스러웠는지 전달하는 과정은 필요하다. 본인은 회복적 서클의 목적이 참여자들의 화해라고 생각하지 않는다. 회복적 서클은 자신을 고통을 전달하고 듣는 과정이다. 그 과정을 통하여, 참여자들은 고통 속에서 '나만 힘들게 아니었구나'라고 공유한다. 나는 공유하는 과정을 통하여, 각자가 할 수 있는 방법들을 찾아나간다고 생각한다.

법원 관계자들은 증거자료만으로 참여자들을 판단할 수 있다. 법적 심판으로 사건을 마무리하는게 빨리 진행 될 수 있다. 그러나 그 과정에서 참여자들의 억울함을 온전히 소호하고 들어주는 공간은 없었다. 증거자료와 단서에는 분명한 한계가 존재한다. 법원 관계자는 아이들의 최상의 이익을 위해, 회복적 서클을 용기있게 선택했다. 기존에 있던 방식이 아니었기 때문에, 쉽지 않았다. 진행팀은 법원 관계자들에게 조정보다는 회복적 서클을 진행하고, 이상적인 부탁만 했다. 예를 들어 조정실에 책상을 뺄 수 없냐 등의 부탁이었다. 회복적 서클은 안전하고 따뜻한 공간이 필요하다. 법원 관계자들은 몇 분에서 몇 시간 처리할 일을 기꺼이 자신의 에너지와 시간을 내어, 회복적 서클이 진행될 수 있게 지원했다. 법원 관계자가 아닌 다른 사람이었다면, 회복적 서클이 아무리 좋은 취지를 가지고 있더라도 회복적 서클 진행이 어려웠을 것 같다.

3. 회복적 서클의 향후 과제|한계점 고찰하기

법원에서 학교 폭력 관련 사안을 회복적 서클로 진행했다. 진행되었던 과정은 회복적 서클 진행자로 선물같은 시간이었다. 회복적 서클의 창시자 도미닉 바터Domic Barter는 회복적 서클이 진행되기 힘든 공간이 법원이라고 했다. 바터는 법원은 이미 시스템이 견고하게 만들어 진 공간일 뿐 아니라, 대화보다는 사안을 처리하는 곳이다. 또, 법원 내에 회복적 시스템을 구축하는 것이 가장 중요하다고 전했다. 외부 인력이 회복적 서클을 진행하는 것도 좋겠지만, 법원 관계자가 회복적 서클을 직접 진행할 수 있는 시스템을 만들어야 한다고 강력히 주장했다.

회복적 서클은 자발적 참여가 이루어지는 과정이고, 공동체 자기 돌봄 프로세스라고 생각한다. 그런데 법원에서는 자발적 참여보다는 법원 관계자의 권유에 의해 움직이게 되고, 공동체를 돌보는 프로세스는 아니었다고 생각한다. 그러나 회복적 서클을 통해 참여자들은 자신의 이야기를 법적 근거가 아닌, 자신의 고통은 전하였다. 회복적 서클은 진심이 만날 수 있는 공간을 창조하였다.

어떻게 법원에서 회복적 서클을 더 꽃 피울 수 있을까?

당장 법원 내에 회복적 서클이 시스템으로 작동하는 것은 현실적으로 어렵다. 가장 큰 이유는 시간일 것이다. 법원 관계자들은 기존 방법에서는 사건의 연루된 사람들의 말을 들을 수 있는 시간과 여유가 없다. 주어진 자료만을 바탕으로 판결을 내릴 수 밖에 없다. 그 과정에서 회복적 서클은 100배이상의 시간을 써야하기 때문이다. 이 한계를 어떻게 극복할 수 있을까?

학교 폭력 발생시, 진정으로 대화를 나눌 수 있는 공간과 시스템이 우선이 되어야 할 것 같다. 학교에서 학생들은 친구들과 장난을 하다가 "학폭으로 신고할 거야,"라고 한다. 학폭에 신고 되는 순간 갈등의 늪에 더 깊숙이 들어간다. 진정한 대화보다는 더 상처를 주는 과정이다. 그 과정을 거쳐 법원까지 오는데는 더 긴 시간이 필요하다.

법의 테두리 이전에 대화로 자신이 원하는 바를 온전히 이야기 할 수 있는 공간이 필요하지 않을까? 짧은 시간이지만 어릴 때부터 대화로 갈등을 직면하는 교육이 필요하다. 가정, 학교, 지역사회에서 갈등을 법으로만 해결하는 것이 아니라 대화로 온전히 이야기 할 수 있는 공간이 선행되어야 할 것이다.

법원 내에서는 외부 진행자에 대한 의존 보다는 내부 인력 보충이 절대적으로 필요하다. 또 회복적 시스템에 대한 인식 뿐 아니라, 실질적인 회복적 서클을 안전하게 진행 할 수 있는 공간도 필요하다. 법원에서 회복적 서클은 오랫 기간동안 받았던 상처와 억울함을 온전하게 이야기 할 수 있는 장을 형성한다. 그 과정에서 회복적 서클은 처벌과 분리보다 자신이 하고 싶은 말을 온전한 대화dialogue로 이끌 것이다.

갈등 속에 있는 NGO 단체에서의 회복적서클 경험

김석봉 | (재)남북평화재단 사무총장, 비폭력평화물결 사무국장

"학교, 아이들이 아닌 단체나 성인들의 경우에는 회복적 서클이 적절하지 않은 것 같아요, 기대했던 결과가 아니라서 오히려 더 갈등이 심화된 건 아닐까 걱정이네요."

몇몇 NGO단체에서 진행하였던 사례 몇 가지를 나누고자 합니다.

한 사무실을 사용하는 연대단체 실무자들 사이에서 벌어진 갈등 상황으로 연대단체 운영위에서 요청이 온 사례입니다. 단체들은 고유의 사업이 있으면서 공동으로 진행하는 연대사업을 공동으로 진행하고 있었다. 지역의 큰 이슈를 다루기 위한 연대사업으로 각 단체의 실무자들 A, B, C, D가 일정한 역할 분담으로 행사를 준비하고 있던 와중에 발생한 갈등이었다. B의 사업홍보 방식이 연대사업의 가치와 맞지않다는 것을 포함해 B의 사무실 근무태도에 문제가 있다면서 A가 B의 사퇴를 연대단체운영위에 요청하였고, 이에 B, C, D가 그동안 A가 사무실에서 자신들에게 행한 행동의 문제를 제기하면서 연대사업 자체가 힘들어지는 상황이 되었다. 운영위에서는 문제를 해결하기 위해 실무자들 사이의 대화를 한차례 진행하였지만, 문제해결 방식에서 큰 차

이가 있다는 입장만을 확인하고 마무리되었고, 이에 회복적서클 대화모임이 요청되었다.

4개 단체 실무자 A, B, C, D를 만나서 사전서클을 진행하고, 다음날 본 서클대화모임이 사무실에서 열렸다. 오전 9시부터 저녁 6시까지 점심식사도 간단히 간식으로 때우고 이야기할 만큼 진지하고 엄숙한 분위기가 지속되었다. A와 B의 공방이 계속되었다. C와 D는 또한 A의 사무실에서의 태도에 대해 불만을 토로하는 등 살얼음판을 아슬아슬하게 걷는 시간이 계속되었다. 갈등전환이 일어나지 않는 위기에 고민이 깊어지면서 '괜히 회복적서클을 한다고 한건 아닌지'하고 후회하고 있는 진행자로서 나를 발견했다. 산뜻한 해결로 마무리되어야 회복적서클에 대한 신뢰가 생기고, 공동체 갈등전환 프로세스로서 중요한 필요에 대해 단체들에 확실한 인식을 심어줄 수 있는 기회가 될 텐데, 내가 그 기회는 망쳐버린 것은 아닐까 하는 두려움과 걱정이 밀려왔다.

B가 사퇴하지 않으면 자신이 그만두겠다는 A와 사퇴만이 문제해결 방식이라고 고집하며 자신의 태도에 대해서는 문제가 없다는 A의 태도가 문제라고 반박하는 B, C, D 사이에서 문제해결의 기미가 전혀 보이지 않았다. 어느덧 6시간 정도 시간이 흘렀고, 첫 번째 질문과 두 번째 질문이 계속해서 반복되던 중에 한 당사자로부터 '우리 모두 각자 자신의 소중한 가치를 실현하는 과정에서 의도하지 않게 겪게 되는 갈등으로 누구 한사람이 자신의 가치를 포기하는 것은 아닌 것 같고, 우리 각자의 소중한 가치실현의 방법을 존중하기 위해 우리가 선택할 수 있는 방법을 제안해 보자'고 말하는 순간부터 서서히 옳고 그름의 판단에서 벗어나기 시작했다. 자신이 얼마나 정당한지 옳은지, 상대의 태도가 잘못되었다는 부정적 생각과 판단으로부터 벗어나기 시작하니, 앞으로 가능한 선택들에 대해 이야기가 나누어지기 시작했다.

결국, 운영위에 A는 B의 사퇴와 관계없이 단체 상근을 그만두기로 했고,

B의 사퇴는 운영위 결정에 따르기로 하였고, 연대사업은 중요한 행사이니만큼 잘 마무리될 수 있도록 운영위에서 총괄사무책임자를 선정하면 그 책임자의 업무분장에 따라 맡겨진 역할을 다하기로 합의하였다. 행사가 마무리된 후 사후서클을 열기로 하고 본 서클을 마무리하였다. 하지만 운영위에서는 회복적서클 대화모임을 하면 마치 문제가 벌어지기 전으로 돌아가 마치 아무 일 없었던 것처럼 당사들의 관계가 회복되어 연대사무실이 다시 운영되는 기대가 있었던 모양이다. 행사마무리 후 사후서클은 열리지 않았다. 연대단체 운영위에서는 향후 회복적서클을 함께 배울 수 있는 기회가 필요할 것 같다는 마지막 전화에서 갈등발생했던 그때 대화모임을 할 수 있었으면 좋았겠다는 아쉬움만 전해들었다. 비록 당사자인 A가 행사 후 일을 그만두었더라도 사후서클을 통해 당사자들이 서로 약속한 것들에 대해, 그리고 대화모임을 모두 마무리하면서 각 당사자들의 마음을 나눌 수 있었더라면 하는 아쉬움이 깊이 남았다. 일의 결과와 상관없이 결국, 나의 걱정은 현실이 되고 말았다. 9시간 가까이 대화모임을 진행했는데, 결과는 실패했다고 생각하고 있는 나는 '진행자로서 왜 회복적서클 대화모임을 진행하려고 했는지' 그 의도를 상실하고 말았다는 것을 깨달았다.

2011년 12월 회복적 서클을 처음 접했을 때의 충격은 가히 대단했다. 함께 참여했던 동료들과 밤을 새면서 질문들의 의미를 파악하기 위해 이야기 나누었던, 그리고 워크숍을 마친 후 3개월 이상 지속된 연습모임 등 회복적서클은 그동안 훈련받았던 조정모델과는 확연히 다른 프로세스였다. 이렇게 단순한 구조와 질문, 프로세스로 갈등이 전환될 수 있다니, 진행자의 해야 할 일이 최소화된 프로세스라니 정말 믿기 어려울 지경이었다. '한국회복적서클모임'이 결성될 정도로 2012년 1년 동안 수많은 회복적 서클을 경험할 수 있었다.

무엇보다도 중요했던 개인적인 경험은 '한국회복적서클모임'을 시작하면서 10대원칙을 참여자들과 함께 만들어가면서 그 중요한 의미를 되새겼던 기억이다.

> 1.우리는 징계와 처벌, 배제의 고통주기 패러다임이 아닌, 치유와 회복 그리고 관계개선을 통한 공동체의 성장을 소중히 여긴다. 2.우리는 회복을 향한 갈등의 폭풍 속으로 자발적으로 참여한다. 3.우리는 공정하게 대하고, 서로 존중하며, 써클 안의 이야기를 보호하여 안전한 공간을 만든다. 4.우리는 현존하며 서로의 말이 들려질 수 있도록 돕는다. 5.우리는 당사자의 자발적 참여, 당사자의 선택, 당사자의 해결을 존중한다. 6.우리는 힘을 공동체 구성원에 의해 나누고, 공동체의 지혜, 공동체의 돌봄 속에서 상호의존을 경험하며 실천한다. 7.우리는 삶의 뿌리로서 공동체적인 삶을 살아간다.

공동체 자기 돌봄 프로세스로서 회복적서클 진행자로서 나의 삶에도 갈등은 언제나 존재한다. 그러한 가운데 공동체에서 갈등을 겪었거나, 경험하고 있는 공동체의 회복적서클 요청은 다시 한번 나의 삶을 되돌아보게 한다. 나는 갈등의 폭풍우 속으로 회복을 향해 자발적으로 걸어가고 있는지 묻지 않을 수 없다. '해결책'을 가지고 당사자와 공동체의 갈등문제에 임하지 않는다. 갈등의 폭풍우 속에서 우리가 어느 방향으로 나아가야 하는지 나침반을 가지고 있다는 회복적 정의에 대한 하워드 제어 박사의 말처럼 진행자가 가지고 가는 것은 열린 질문과 경청, 그리고 대화방식, 서클 프로세스에 대한 신뢰이다. 그리고 당사자들이 혼란과 고통 속에서 명료함과 이해, 수용과 갈등전환이라는 공동의 지혜를 발견하는 안전지대로 스스로 나아갈 것이라는 신뢰이다. 또한, 나와 함께 이 모든 과정을 함께하고 있는 동료 진행자가 있다는 사실을 신뢰하는 것이다. 그제서야 비로소 진실이 드러나는 삶의 경험으로 나아가게 될 것이다.

그리고 다른 사례는 어느 지역의 봉사단체에서 일어난 갈등사례였다. 실무자가 사표를 내고 떠나게 되었는데, 비록 일을 그만두는 것이 결정되었더라도, 실무자들 사이에서와 대표와의 관계에서 어떠한 어려움과 불편함이 있었는지, 그 일로 서로 어떤 영향을 받았는지, 떠나는 사람의 마음은 어떠한지, 남은 사람들의 마음은 어떠한지 등 이야기를 나누고 싶다는 것이다. 불편함을 마음에 담고 떠나는 사람이 환송의 자리에 나올리도 없고, 설사 그러한 자리가 마련된다고 하더라도 식사만 하거나, 서운함과 불만만 난무하고 마무리될 가능성이 클 것이라는 단체대표의 염려가 있었다고 한다.

사전서클을 마치고, 함께 모인 대화모임에는 당사자인 떠나는 실무자와 대표, 그리고 팀장, 동료실무자, 한사무실을 사용하는 타부서 팀장 등이 참석하였다. 오후 2시부터 6시까지 약 4시간 진행된 대화모임에서, 약 2시간 가까이 당사자로 부터 왜 사표를 낼 수 밖에 없었는지, 그동안 활동하면서 어떤 어려움이 있었는지 등의 이야기를 듣게 되었다. 그리고 그동안 떠나는 실무자와 함께 일했던 동료들이 봉사활동하는 동안 겪었던 힘듦에 대해, 그리고 타부서에서 볼 때 떠나는 실무자가 어떤 태도로 일에 임하는 것으로 보였는지 등 솔직한 마음들이 나누어졌다. 대표로서는 이 모든 상황을 책임져야하는 자신의 위치와 역할에 대해 차분히 이야기 하였다. 시종일관 차분한 상황 속에서 이야기가 나누어졌고, 두 번째 질문으로 넘어가면서부터는 각자의 삶에서 평소 표현되지 않은 그래서 다른 동료들은 잘 알 수 없었던 생활의 정황들이 서로에게 전달되면서, 대화는 새로운 국면에 접어들었다. 문제가 된 상황에서 각자의 삶의 전반적인 상황들이 나누어지면서 상호이해가 일어났고, 각자에게 무엇이 중요한 진심이었는지가 표현되었다. 비록 앞으로 어떤 일들이 일어나기를 기대하는지 함께 실천할 수 있는 약속을 합의하지는 못했지만, 떠나는 실무자가 단체와 대표, 동료실무자들에게 묵은 감정의 찌꺼기를 가지고 그만두지는 않게 되었다는 진심 어린 편안한 사표의 순간에 대한 감사를 표현했다. 새로운 출발을 하는 동료에 대한 축하와 서로 돌봄의 필요성을 확인할 수 있는 자리가 되어서 한사람이 떠나고 남은 자리와 남겨진 사람들이 겪게 되는 마음의 혼란스러움도 차분히 성찰하는 시간으로 바뀌게 되었다는 마무리 인사로 대화모임은 마무리되었다.

사표는 제출되었고, 다음날부터 출근하지 않았다고 한다. 다만 떠나는 사람이나 남은 사람들이나 묵은 감정의 찌꺼기를 가지게 되는 어려움을 겪지 않게 되어 모두 마음 편히 이 상황을 수용할 수 있었다고 한다.

대화는 문제를 해결하기 위해 각자의 입장을 드러내고 차이를 발견하고, 해결책을 찾기 위해 노력하는 토론이나 회의가 아니다. 각자의 존재가 경험하고 있는 삶의 실재가 무엇인지 나누어지는 그래서 존재와 존재가 만나는 삶의 자리로서 대화이다. 마음을 풀고 사표를 거둬들이고 다시 직장에 출근하게 하는 것이 대화의 최종 목적이 아닌 것처럼 회복적서클의 대화모임은 자신의 진실이 온전히 드러나는 안전한 공간에서 발견하는 새로운 존재와의 만남인 것 같다. 대화의 재발견에서 윌리엄 아이작스는 다음과 같이 말했다.

"대화는 더불어 이야기하는 아주 다른 방식이다. 일반적으로 우리는 대화를 '더 나은 말하기'라고 생각한다. 하지만 대화에는 훨씬 더 많은 의미가 들어 있다. 나는 대화를 '주변이 아닌 중심과 이야기하기'로 정의하는데, 그것은 차이가 빚어내는 에너지를 받아들여, 이전에는 전혀 생성되지 않았던 무언가를 향해 방향을 잡아주는 방법이다. 우리를 대립에서 끌어내 더 큰 상식으로 인도하기에, 집단의 지성과 협력에 접근하는 수단이다. 대화의 목표는 새로운 이해에 도달하고, 그런 과정에서 완전히 새로운 생각과 행동의 기반을 형성하는 것이다."

마지막 사례는 한 법인에서 운영하는 기관에서 기관장 A가 새로 오면서, 해당 기관의 경력이 오래된 실무자 D, 타기관 기관장 B, C와의 사이에서 벌어진 갈등이다. 법인 책임자의 요청으로 대화모임을 진행하였다. 당사자인 기관장A는 사전서클에서 자발적으로 참여하는 것이 아닌 법인 책임자의 요청으로 참여하게 되었지만 다른 당사자 B, C, D와 대화해 보겠다고 흔쾌히 참여의사를 밝혔다. 며칠 뒤 본서클에 법인책임자와 A, B, C, D, 그리고 A를 추천한 E 까지 참여하였다. 오후 내내 진행된 대화모임에서 A는 시작하고 10분 정도 자신의 상황에 대해 이야기 한 이후 한마디도 하지 않았다. 대화는 공전되었고, 진행자로서 나는 휴식을 요청하였다. 3시간이 지난 후 였고, 대화모임을 중단할 수 밖에 없었다. 이후 A와 별도의 대화시간을 가졌고, 다시 이야기할 수 있겠다고 해서, 1주일 뒤 다시 대화모임이 열렸다. 하지만 A는 지난 대화모임에서 와 같은 태도를 취했다. 결국, 대화모임은 중단되어 마무리되었다. A와 별도의 대화시간을 가졌을 때 A는 대화모임에 참여한 모든 사람들에 대해 불신과 분노를 표현했다. 하지만 그러한 자신의 마음을 그들에게 표현하고 싶지 않다고 하였다. A의 정체성이 종교인과 단체 기관장이라는 이중적 신분이라는 어려움이 있음도 알게 되었다. 인사상의 불이익이 없을 것이라는 법인책임자의 약속도, 자신을 추천했던 동료 E가 함께하는 자리도 A에게는 안전한 공간이 되지 못했다.

갈등 상황이 그대로 인 채로 각자 일터로 돌아갔다. 지속적인 A와의 대화를 시도하고 싶었지만 여의치 못했다. 아쉬움이 많은 지점이 바로 여기이다. 대화는 한 번으로 마무리 되지 못할 수 있다. 일상이 계속되는 것처럼 대화도 그렇게 계속되어야 한다. 서로 단절된 채 일만 할 수는 없다. 개인의 문제가 아니라 공동체의 문제이다. 책임자가 문제를 해결하는 것이 아니라 공동체가 스스로 문제를 해결하는 힘과 자원, 지혜를 가지고 있음을 의미한다.

학교 및 단체 등에 회복적서클이 알려지면서 자주 듣게 되는 질문 중에 한 가지는 과연 이 프로그램으로 갈등이 해결되었느냐는 질문과 그렇다면 성공률은 얼마나 되느냐이다. 진행자들 사이에서 완벽한 결론은 없지만, 개인적으로 갖는 생각은 공동체에서 겪게 되는 갈등 해결의 성공실패는 당사자들 사이에 배상책임 합의가 되었는가 만으로 판단기준을 삼을 수 없다는 것이다. 비록 학교 및 단체에서는 문제해결에서 배상책임이 필요한 근거일 수 있지만, 당사자 간의 진솔한 대화와 사과, 그리고 재발 방지 약속 또한 중요하다. 배상책임에 대해 합의가 되지는 않았지만, 일어난 일로 말미암아 발생한 피해에 대해 사과와 수용의 과정에서 관계 회복의 가능성이 출현했다면, 당사자 사이가 예전으로 돌아갈 수는 없지만, 대화모임 이후 새로운 관계형성을 위해 서로가 이해하고 노력할 수 있는 출발점이 되었다면 회복적서클을 통한 대화모임은 유의미한 결과를 얻은 것이 분명하기 때문이다.

갈등이 발생하면 갈등이 이상적으로 잘 해결된 상황에 대한 기대가 있을 것이다. 편안하고 미소 지어지는 얼굴, 긴장이 풀리고 스트레스가 없는 상황, 홀가분한 마음, 만족스러운 악수와 포옹, 새로운 시작에 대한 기대, 피해 복구와 자발적인 책임이행 등이 그것일 것이다. 이러한 기대가 충족되기 위해서 무엇을 선택할 수 있을까? 선택할 수 있는 자유의 힘이 각자에게 있다는 사실을 어떻게 실재로 인식하고 실천할 수 있을까? 못마땅하고 불편한 감정 아래 자동반응으로 대응하여 문제를 처리해버리지 않고, 대안 모색이 가능한 안전한 공간을 열고, 단절된 관계가 다시 이어질 수 있는 대화가 시도되고, 벌어진 일에 대해 그 의미를 탐구하여 가능한 미래를 창조하는 것은 가능한 일일까? 대화, 소통, 역지사지, 회복, 연결, 수용, 이해, 공감 등이 이러한 과정에서 요소로 작동하여 우리가 원하는 갈등이 잘 해결된 상황을 안내할 것인가?

 문제 상황에서 정의가 실현되고, 손상이 회복되기 위해 필요한 것은 힘과 권위로 처벌하고 문제해결책을 제시하는 것이 아니다. 이해와 신뢰, 태도와 관계의 변화, 자발적 자기 책임을 통해 공동체가 평화롭고 안전하게 회복되는 과정을 경험하는 것이 중요하다. 그러한 삶의 자리는 바람 한자락 없고, 물결조차 일지 않는 조용한 호수와 같지 않다. 물결이 일렁이고, 비바람을 동반한 세찬 바람이 불어와 마음을 혼란스럽게 만들고, 불편한 것 투성인 현실에서 지식으로 알고 있는 직면, 인정, 수용, 이해, 공감, 참여, 용서, 화해를 통해 서로 존중하고, 자발적으로 책임져서 공동체가 회복될 수 있도록 두렵고 불편하지만 서로 대화하는 과정이 바로 평화롭고 안전한 공동체로 나아가는 자리이다. 삶의 풍성한 생명이 가득한 들판으로 나아가는 길을 아는 것도 상대를 전쟁터가 아닌 꽃이 피어있을 들판으로 초대하는 것도 바로 공동체의 일원인 개인으로서 나이다.

회복적 나비 떼가 펼칠 날갯짓을 기대하며

서정아 | 사회적협동조합 평화물결 대표

연일 쏟아지는 뉴스 보도 속에선 정말 이 곳이 내가 사는 같은 세상이 맞는지 의구심을 가질 정도로 폭력적이고 가학적인 일들이 벌어진다. 바로 몇 년 전으로만 기억을 돌려봐도 특정 계층의 권력행세. 그리고 그로부터 파생되는 모든 폭력의 구조들에 대해서 '뭐 원래 다 그런 거지.' '다 그렇게 해 왔대'라는 말로 우리가 어찌 할 수 없어 보이는 이 사회의 행태에 대해 자조적으로, 혹은 스스로를 설득시키며 살아왔는지도 모른다. 나 개인적으로는 그랬다. 내가 나를 바라보는 시선이, 확대시켜 보자면, 나와 사람들, 혹은 나와 세상을 보는 관계에 대한 시선이 '내가 그렇지 뭐.' 어쩔 수 없지.' '원래 다 그런 거야'라는 말로 변화를 꿈꾸지 못했고, 나의 개인적 아픔과 관계의 아픔을 보는 시선도 마찬가지로 '그냥 다 지나가겠지.' '다른 사람들도 다 그럴 텐데, 뭐', '세상은 다 아픈 거야'라는 식으로 자위해오곤 했다.

그래, 우리를 둘러싼 사회와 사회의 구조적 시스템이 바뀌지 않은 상태에서 변화를 꿈꾼다는 것은 많은 노력과 힘을 들이는 일이다. 그것이 사회의 통념과 현재까지 당연히 그리해왔던 절차를 바꾸는 것이라면 더욱 그렇다. 더구나 매 년 새로운 교사와 학생이 들어오고, 학생들은 3-6년에 한 번씩, 교사들은 약 5년에 한 번씩 완전히 다른 구성원들로 바뀌는 곳에서의 시스템은 모든 이들이 관행으로 진행되기 쉬운 구조이다. 보편적으로 '학교'라고 하면 모두가 떠올리는 구조와 시스템 말이다.

　정말 그럴까? 회복을 꿈꾸는 우리는 '원래 그런' '개개인에게 생채기를 내는' 이 사회 구조 속에서 아무것도 할 수 없는걸까?
　그래서 공동체 구축과 회복을 꿈꾸는 사람들은 계속해서 꿈을 꾼다. 그리고 희망적이게도 이와 같은 질문을 던져본다. 학교의 주체 중 하나인 학생들이 자립적으로 움직일 수 있도록 돕는다면 어떨까. 그것이 작은 나비 날갯짓이 되어 학교 전체의 시스템을 바꿀 수도 있지 않을까?

　가끔은 기적적으로 한 사람의 뜨거운 열정이 변화를 이루기도 한다. 그러나 그 기적은 그 한 사람이 떠나가게 되면, 그 빈자리는 다시 이 전까지 당연히 그래왔던 시스템으로 채워진다. 특히 교사가 5년을 기준으로 학교를 옮겨가는 공교육 내에서는 한 교사의 열정과 노력이 이와 같은 이유로 사라져버리는 상황이 생겨나곤 한다. 또 가끔은 시스템은 그대로인데도, 뛰어난 기량을 발휘하거나, 시도 혹은 모험을 두려워하지 않는 학생들로 인해 서서히 변화가 일어나는 조짐을 보일 때도 있다. 그러나 이것도 그들의 학업에 방해가 되지 않는 선에서 해야 한다는 조건과 그들이 후배양성을 스스로 하지 않는다면 졸업과 동시에 그 변화의 시대가 끝나버릴 수밖에.
　이 단락에서 필자가 나누고 싶은 것은 아쉽게도 또래조정 동아리의 실패 사례이다. 앞서 구조와 시스템에 대해 긴 분량을 할애한 것은 또래조정 동아리 교육을 진행하며 맞닥뜨렸던 학교의 구조. 즉 시스템의 벽과 이것이 함께 가지 않는 또래조정 동아리 진행에 한계를 느꼈기 때문이다.
　또래조정은 심각한 사회문제로 대두되고 있는 학교폭력의 예방과 근절을 위해 또래들이 직접 학교 내 갈등과 문제를 스스로 해결하는 건전한 학교문화 형성 및 또래문화 조성을 위해 확대 시행되었다. 그리고 갈등을 해결하는 방법의 차이에 의해 또래중재, 또래상담 등의 여러 갈래가 생겨나 시행되고 있다. 필자가 진행한 것은 회복적 서클을 기반으로 한 또래조정이다. 회복적 서클의 중심이 되는 본 서클의 질문과 대화를 돕는 패턴을 익히고, 이를 통해 또래 사이에서 겪는 얕은 갈등을 그 자리에서 직접 해결할 수 있도록 돕는 데에 그 목적이 있다.

여기에서는 크게 두 가지 사례를 이야기 해보려 한다. 첫 번째 사례에서는 개인의 열정과 노력으로 회복적 시스템을 구축해보려 했던 한 중학교에서 시스템구축이 이루어지지 않은 상태에서 한 개인의 존재 여부로 또래조정동아리가 어떤 변화를 겪었는지를 두 번째 사례에서는 입시의 영향으로 회복적 공동체회복 및 재구축. 이를 위한 대화모임회복적서클 자체가 작동되기 어려운 현재 인문계 고등학교 내에서 회복적서클을 기반으로 한 또래조정 동아리의 지속이 왜 불가능했는지를 이야기하겠다.

성공적이었으나 프로그램이 사라진 사례

서울의 한 중학교의 사례이다. 이곳은 2015년부터 혁신학교가 되어 회복적생활교육의 시스템을 구축하고자 많은 공을 들인 곳이다. 이 학교에서는 전기와 후기로 나뉘어 두 가지 상반된 경험을 가지게 되었는데, 편의상 2015-2017년을 전기로, 2018-2019년을 후기로 나눌 수 있다. 2015-2017년의 또래조정동아리 교육은 각 해 7-8회로 진행되었다. 2015년에는 동료들이 담당했던 동아리교육을 필자가 2016년부터 담당했다. 학교에서 정해진 동아리 시간에 진행해야 했기에 정기적으로 꾸준히 시간을 내어 만나기는 어려웠지만 또래조정 및 서클진행에 관심 있는 아이들로 구성된 또래조정동아리는 서클의 즐거움과 진지함, 아이들이 가지고 있는 갈등에 대한 경험과 이를 대화로 전환했던 경험들에 대한 신뢰로 운영되었다.

이 학교에서 또래조정동아리를 함께 하며 가장 놀랐던 것은 2016년 말 학교폭력에 대한 실태조사에서 학교폭력이 0%로 나왔던 것이었다. 그 해 말에는 동료가 담당선생님으로부터 '또래조정자들이 갈등을 스스로 대화모임으로 풀겠다고 한다'는 연락을 받기도 했고, 아이들이 심각한 갈등을 회복적 서클로 해결한 경험들도 실재했다. 2017년에는 회복적 서클로 갈등을 전환했던 당사자들이 서클에 매료되어 또래조정동아리에 들어오는 놀라운 사례가 등장하기도 했다. 그러나 동시에 이때부터 또래들의 갈등을 전환하는 것에 관심이 있는 친구들 보다는 동아리 시간에 친구들과의 대화를 원하는 아이들. 다른 동아리에 비해 자유로운 의사표현이 가능한 동아리를 찾는 아이들이 동아리에 들어오게 되었고, 2018년에는 그 아이들의 비율이 늘어나면서 선배를 무서워하는 1학년 아이들에게는 어려운 공간이 되었다.

더불어 위클래스와 상담선생님의 등장으로 또래상담부가 개설되면서 실제로 또래갈등전환에 관심 있는 아이들은 또래상담부로 발걸음을 옮기게 되었다. 그렇게 진행된 2018년 또래조정동아리는 또래들의 갈등전환을 목표로 하기 어려웠을 뿐더러, 각 개인의 내면에 집중하기도 어려운, 그 시간을 함께 견디는 것만으로 연대의식이 생길 정도로 힘들고 고된 시간을 보냈다. 결국, 2019년 현재, 회복적 서클을 기반으로 한 또래조정동아리는 운영을 중단하게 되었다. 찬란한 회복의 기쁨을 맛보았던 이 학교의 또래조정동아리는 왜 아픔을 남기고 사라지게 되었을까.

이 학교의 경우, 초반 첫 해에 교사 회복적 서클 교육과 학생임원리더십교육, 학생서클진행자교육, 또래조정동아리 교육이 함께 이루어졌지만, 다음 해인 2016년부터는 교사서클교육을 제외하고 학생 리더십교육, 서클진행자교육, 또래조정 동아리 교육이 진행되었다. 그리고 2017년부터 2018년까지는 일주일에 한 번씩 하루를 회복적 서클 진행자들 중 한 명이 학교에 상주하며 갈등중재를 진행했다. 그러니까 교사교육은 첫 해에만 이루어지고 그 후로는 서클진행자, 또래조정동아리 등 학생교육으로 모든 것을 맡겨놓은 것이다.

교사교육이 이루어지지 않은 상태에서, 즉 회복적시스템 구축 중 하나의 큰 축이 부재한 상태에서 학생들과의 연합만으로 학교폭력과 또래갈등을 없애보자고 외치는 것은 밑 빠진 독에 계속해서 열심 물을 퍼 나르는 것에 다름 없다. 물론 필자가 아닌 더 뛰어난 진행자가 이 상황을 맞닥뜨렸다면 다른 결과를 만들어냈을지도 모르겠지만 말이다. 그런 면에서는 또 다른 요인 중 하나로 열정적이었던 담당자의 전근이 있기도 하다. 그러나 시스템이 구축되지 않은 상태에서도 한 개인의 열정과 노력이 있다면, 변화가 가능하겠다는 가능성을 볼 수 있었지만, 구조가 바뀌지 않은 상태에서는 시스템이 얼마나 빠르게 이 전의 방식으로 '회복시키는 지'돌려놓는 지를 눈으로 보게 해 준 하나의 예가 되었을 뿐이다.

자체의 시스템이 진입을 어렵게 한 사례

서울의 한 인문계 고등학교에서의 사례이다. 위클래스에서 진행되어오던 또래상담동아리 담당자가 회복적 서클을 경험하고 감명을 받아 학교에 초대해주었다. 이 학교도 2015년에 한 번, 회복적서클을 기반으로 한 또래조정을 경험하고, 한 해를 쉬고는 2017년-2018년을 함께 했다. 인문계고등학교이지만 1년에 걸쳐 10회기나 되는 시간이 주어졌고, 그 시간동안 또래조정동아리를 함께 운영했다. 2017년도 학기 말, 담당 선생님과의 대화중에 다음과 같은 말이 뇌리에 박혔다.

'여기는 인문계 고등학교예요. 그래서 갈등이 생겨도 당사자들이 함께 대화를 나눌 생각을 하지 않아요. 그래서 각자의 고민이 있으면 1:1로 상담을 주로 하는 편이에요. 그러니 1:1로 상담을 할 수 있을 만한 기술들을 주시면 도움이 될 것 같아요. 아이들의 상담시간이 봉사점수로 생기부에 기록되거든요. 그런데 아직 아이들에게서 실적이 많지 않아요. 그 부분을 신경 써 주세요.'

크게 들리는 말은 세 가지였다. 첫째, 입시가 중요한 인문계 고등학교에서는 갈등이 생기면, 대화로 풀기 위한 시도보다는 서로가 서로를 무시해버린다는 현실을 인정해야 한다. 둘째, 그래도 1:1상담은 서로에게 중요하니, 1:1로 상담을 할 수 있을 만한 상담 기술이 필요하다. 셋째, 아이들의 상담 실적이 많지 않아 생기부생활기록부 점수가 낮다. 즉, 평가가 저조하다. 이 세 가지모두가 입시라는 문화-혹은 현실-에서 비롯된 것이긴 하나, 처음에 필자에게 가장 크게 들린 말은 첫 번째였다. 갈등이 생기면 그냥 무시해버린다는 현실을 인정해야 한다는 전제에서 모든 생각이 파생되어 나오는 것과 같았기 때문이다.

그래서 학교폭력관련, 혹은 갈등관련해서는 어느 부서에서 담당하냐고 물으니 '학생인권부'라는 대답이 들려왔다. 갈등이 생겼을 때 당사자들과 또래조정동아리 아이들이 만나서 함께 대화를 나눌 수 있는 기회 여부에 대해서는 부서가 다르기에 절대 이루어질 수 없다는 대답이 되돌려 들려왔다. 그런데도 그나마 2016년 한 해를 쉰 후 2017년에 다시 운영할 수 있었던 이유는 그전 해의 또래조정 동아리 아이들의 실적이 전국대회를 휩쓸 만큼 뛰어났기 때문이고, 2018년의 경우는 전년도 아이들의 평가서에 진행자들에 대한 평가가 나쁘지 않기 때문. 그 뿐이었다.

이 두 사례는 결과적으로는 또래조정의 가능성과 성공사례였음이 분명하다. 그러나 그러한 예증에도 불구하고 RC를 기반으로 한 또래조정 프로그램이 기존 시스템과 융합을 이루지 못하게 됨으로 인해 살아남지 못한 경우가 되었다. 필자 개인에게는 또래조정 동아리 운영의 실패라는 아픔보다 시스템의 부재에 대한 아픔과 그 안에서 개인의 어찌할 수 없음, 곧 무기력함으로 다가왔다. 2018년 말에는 잠자리에 들 때마다 '그래 나는 위험한 일을 하고 있는 사람이구나, 시대에 거스르고, 시대를 반대하는. 그런 위험한 일을 하자고 말하고 다니는 사람이구나'라는 생각이 떠나질 않았으니까. 그리고 또다시 스스로에게 앞의 질문을 건네어 보았다.

정말 그럴까? 회복을 꿈꾸는 우리는 '원래 그런' '개개인을 생채기 내는' 이 사회적 구조 속에서 아무것도 할 수 없는걸까?
또, 학교의 주체 중 하나인 학생들이 자립적으로 움직일 수 있도록 돕는 다면 어떨까. 그것이 작은 나비 날갯짓이 되어 학교 전체의 시스템을 바꿀 수도 있지 않을까?

돌아보니, 이 질문만으로는 부족함을 느낀다. 이미 두 번의 부끄러운 실패의 경험을 한 필자의 눈에는 그렇다. 감사하게도 위의 두 사례는 실패라는 부끄러운 경험과 개인의 무기력함을 맛보게 해 주었지만, 공동체, 사회의 회복을 한 개인, 혹은 작은 나비 하나가 아닌 전체 시스템의 구축으로 확장할 수 있게 해 주었다. '회복을 꿈꾸는 우리'는 생채기를 유발하는 사회적 구조 속에서 회복을 위한 노력을 하고 있다. 그러나 그것은 한 개인, 한 단체, 한 동아리의 노력만으로는 어렵다. 학생들과의 작은 날갯짓은 훗날 폭풍을 불러일으킬 수도 있겠지만, 훗날의 폭풍을 바라며 작은 날갯짓으로 만족하는 것은 스스로를 방어하기 위한 자위적 만족일 수 있다. 그러나 '회복을 꿈꾸는 우리'가 나비 떼가 되어 하나의 '회복적 시스템'을 구축하는 작은 날갯짓을 시도한다면 어떨까? 그것은 더 이상 훗날의 폭풍을 막연히 기대하는 날갯짓이 아니다.

학교장과 교사와 학생, 그리고 학부모가 함께 하나의 나비 떼가 되어 '회복적 날갯짓'을 하게 될 그 날을 꿈꾸며, 그 나비 떼와 날갯짓에 작은 보탬이 되고자 하는 바람과 소망을 더해본다.

회복적 서클 초심자 공무원이
업무에 적용해 본 경험

오광해 | 산업통상자원부 국가기술 표준원

회복 서클 수강경력: 나는 중앙행정부처의 중간관리자급 공무원인 과장
으로 근무하고 있다. 나이가 50을 넘으면서 소위 꼰대라는 말을 들을 지도 모
른다는 불안감에 코칭이나 리더십 과정이라도 들어볼까 하는 마음이 들었지
만 중앙행정부처의 지방이전으로 서울에서 꽤 먼 거리를 출퇴근해야 하기 때
문에, 출근 전이나 퇴근 후에도 자기계발 프로그램을 접하기가 쉽지 않았다.

자신이 도태되고 있다는 불안감이 엄습한 즈음에 아내의 제안으로 매월
첫째주 수요일 저녁 7시부터 9시까지 진행되는 '회복적 서클' 수업을 3회 받
았다. 처음 수업을 받던 날에는 평소의 활용 상황과 다른 상황에서 사용하는
용어와 표현이 아주 어색하고 이해에 어려움을 겪었다. 써클, 초대, 감사, 축
하, 나눔, 공감, 욕구, 경청, 관찰 등등 …

그러나 이들 하나하나에 대한 강의에서는 경험을 나누고 실습을 함께하여
이들에 대한 이해 뿐만 아니라 실천에 한발짝 더 접근 할 수 있었던 것 같다.
실제로 사무실에서 일상업무에 적용하여 예상보다 큰 효과를 보았는데, ①
우리 과의 업무를 효율적으로 하기 위한 기본문서를 직원들과 함께 고민하여
작성했던 것, ②두 협회 사이에서의 잇권 다툼을 해결하기 위한 간담회에서
발언규칙을 정한 것, ③ 직장상사와 갈등있는 후배직원 상담한 것을 예로 들

수 있다. 이에 대하여 간략하게 소개하고자 한다.

과 운영 문서 작성하기: 이문서는 우리 과의 고유업무와 운영방법에 대한 정보를 과원들에게 제공하고, 소속 과원의 의무와 권한을 규정한 것으로 우리 과 소관 업무에만 한하여 적용하는 것이다. 야심차게 운영 문서를 내가 준비하겠다고 하니까 과원들은 좋다 나쁘다는 반응을 안 한다. 만들어 봐야 실효가 없겠다는 생각이 들었다. 기가 죽어서 퇴근하고는 무심코 아내에게 말했더니, 과원들과 함께 작성하란다. 그리고 이 문서가 어떻게 작용했으면 좋겠는지를 과원들에게 먼저 얘기하란다. 그래서 개인적으로 부탁을 시작했다.

"우리 과 멤버들이 상호협력을 통해서 효율적이고 즐거운 마음으로 일할 수 있는 근무환경을 만들어 보자고." 요원할 것만 같던 문서작업은 속도가 붙어갔다. 처음에는 수정의견이 나중에는 파격적인 아이디어가 제안되었다. 가장 많은 의견이 제시된 것은 "우리 과 운영 방향, 이렇게 일해요"였고 결국은 다음과 같은 멋진 결론을 얻었다.

"우리 과는 이렇게 일해요!"

- **개인 가치를 존중해요:** 개개인이 우선적으로 추구하는 가치를 존중합니다.
  * 개인적 가치 추구: 금전적 보상, 성과 인정, 자기 계발을 얻기 위한 노력
- **공동의 가치를 추구합니다:** 서로의 차이점을 인정하고, 공통점에서 출발하여 공동의 목표와 공동의 가치를 찾습니다.
  * 공동의 가치: 자기만족, 보람감을 느끼게 하는 활동과 성과물
- **소통과 협력이 툴입니다:** 함께 고민하고 의견을 나누어서 성숙하고 혁신적인 해결방안을 도출합니다.
  * 상호간의 협력을 위해 보고, 부탁, 공지, 감사, 서운함을 편안하게 전달

이후 분명히 달라진 것은 우리과 카카오 전체 단톡방은 밤낮 없이 '카톡'거리고, 업무협의를 위해 '차 한 잔 마시자', '담배 한 대 피우자'는 콜이 현저하게 늘었다.

분쟁조정회의에서 발언규칙을 정하기: 아파트 시설물에 대한 인증사업권한을 가진 A, B 두 협회는 사업상 경쟁관계이고, 각각 160개 이상의 업체를 회원사로 두고 있다. 당시 우리 과에서는 두 협회에서 운영하고 있는 인증이 중복된 것을 확인하였고, 이를 단일화하여 하나의 인증만 운영할 것을 계획중이었다. 논란은 A 협회가 B 협회의 인증업무 등에 대한 위법사항 등을 거론하며 B협회의 인증업무를 취소해 달라는 민원을 우리과에 제출하면서 시작되었다. B협회 역시 자신들 인증업무는 위법사항이 없었으며, 시장상황에 더 적합하고 선진화된 인증을 제공하고 있다고 반박하면서 오히려 A 협회의 인증업무를 자신의 인증업무로 흡수 통합해야 한다고 주장하였다. 이들 두 협회는 5개월 동안이나 성명서, 언론 등을 통해 공방을 주고받으며 첨예하게 대립된 구도가 지속되어 갔다. 문제가 심각하여, 해결을 위해서 이해당사자 간담회를 개최하고 회의를 주재하였다. 회의 시작 전 분위기는 양측 협회의 격앙된 움직임과 공무원 담당관들의 긴장으로 심상치 않았다. 회의장 밖에서는 협회소속의 회원사들이 피켓시위까지 벌이고 있었다. 나는 자칫 진흙탕 싸움터를 정부가 스스로 만들지도 모른다는 두려움이 일었다. 나는 회의를 시작하기 전에 '회의 발언 규칙'을 만들고 빔프로젝트 화면으로 띄워 놓자고 제안하였다. 양측은 흔쾌히 동의하였고, 의견도 적극 개진하여 아래와 같은 슬라이드를 완성하고 합의하였다.

발언규칙

① 거수로 발언권 얻은 후 발언 가능(발언시 소속, 성명말하기)
② 단순 비난 금지 --〉 해결안 제시 위주의 발언
③ 상대방 발언 중 끊기 금지 및 경청(=존중)
④ 단체 행동(함성, 박수 등) 금지
⑤ 추측성 발언 금지(확인된 사실만 발언)
⑥ 요점만 발언(발언 최대 시간 7분)

회의는 예상대로 격앙상태로 치닫곤 했다. 그때마다 '발언규칙'이 작동하여 양측 스스로에 자정작용을 일으켰다.

"머리 좋으신 양반들이 정부에 민원을 열심히 제기하셨는데 법을 알고해야지…"
"비하 하시면 안 됩니다. 회의규칙에도 있는데.."
"아! 민원 제기사항 내용 중에 법규정 적용사항을 확인해 주려구요"

결국, 회의가 진행될수록 상대방 비난모드에서 자신의 입장에 대한 의견개진으로 흘렀고, 회의 말기에는 상호간에 해결대안이 세 가지나 제안되었다.

직장상사와 갈등있는 후배직원 상담: 어느 날 O 사무관이 찾아와서 자신과 친하게 지내던 R 주무관은 회사생활이 너무 힘들어서 퇴사를 하겠다며 우리 국 선임과장인 내가 R 주무관을 한번 만나서 얘기해 보는 게 좋겠다고 얘기한다. 언제 어떻게 시작된 무슨 일 때문인지, 관련된 사람이 누구인지는 정확치 않으나 R 주무관의 상관인 K 과장과의 갈등이라고 한다. 나는 R 주무관과 면담을 하겠다고 답하고, O 사무관에게도 R 주무관이 원하면 면담에 참석해 달라고 부탁하였다.

이후, R 주무관에게 5분만 차 한 잔 마시자고 제안하여, 이런저런 근황 얘기를 시작했고, 시작한지 얼마 되지 않아 R 주무관은 자신의 힘든 상황을 말하다가 멈춘다. 나는 그 상황을 O 사무관과 얘기한 적이 있음을 말한 후, 가장 편한 시간에 회의실을 잡아서 여유를 갖고 O 사무관을 포함한 3명이 함께 고민해 보자고 제안했고 R 주무관은 수락했다.

면담에 앞서서 O 사무관과는 'R 주무관 얘기를 그냥 잘 들어 주기만 하고 충고나 조언은 가급적 제시하지 않기로' 사전조율하고, R 주무관이 얘기를 잘 풀어 갈 수 있도록 몇 가지 기본적인 질문을 함께 준비 하였다.

면담은 화기애애한 웃음으로 시작했는데, 면담 중간에 R 주무관은 감정에 복받혀 울을 때도 있었고 침묵이 흐르기도 하였다.

"우리 과장은 저랑 안 맞는 것 같아요. 과원들을 편애하고요, 늘 내가 못마땅한 듯이 대해요. 그러니까 과원들 까지도 저를 이상한 사람으로 보는 것 같아요. 이런 상황에서 회사를 더 다닐 수가 없어요"

"과장이 어떻게 R 주무관에게 대했는지 조금 구체적 말해 줄 수 있어?.."

"제가 몇차례 업무계획보고서 작성해서 결재요청 했는데, 그때마다 저 보고 일 벌이지 말래요. 국장님은 보고서를 빨리 달라고 재촉하시는데, K 과장이 싸인을 안 해주니까 저만 일이 밀려서 부담이 돼요."

"K 과장이 싸인을 안 해주는 이유는 뭐라고 얘기해?"

"직접 이유를 말해준 적은 없어요. 일단 저희 과장님은 제 분야의 업무를 이해하시기 어렵다고 여러 번 얘기했어요. 보고서 내용 중에 저와의 의견이 다를 때가 생겨서 그것을 과장님에게 설명하거나 설득하려고 하면

저에게 큰 소리로 제재하거나 화를 내시곤 해요. 아마도 저의 행동을 도전으로 받아들이시는 것 같아요."

"이럴 때는 마음이 불편하겠다. 어떤 마음이 제일 힘들어?"

"맥 빠지는 느낌이 우선 들었어요. 이제는 답답함을 지나서 막막함에 잠이 오지 않을 때도 있어요."

"그런 느낌이 주무관님의 어떤 마음에서 들었는지 혹시 얘기해 줄 수 있어? 예를 들면 자신의 마음속에서 무엇이 걱정 되었다 던지, 또는 무엇을 진정 바라는 것이 있는지?"

"제 마음속까지는 생각하지 못해 봤어요. 저는 그냥 일을 해야하고, 또 빠르고 순조롭게 진행하고 싶고요, 우리 K 과장님이 얘기를 잘 들어주고, 업무의 추진을 위해서 빨리 판단하거나 대안을 제시해 주셨으면 좋겠다고 생각은 했는데 …"

면담은 다소 많은 얘기를 주고받았으나, 업무시간 중이라 1시간 정도 만에 아쉬움을 두고 끝내야 했다. 그래도 R 주무관은 얘기 들어주고 함께 고민해 주어서 고맙다는 인사말과 밝은 표정으로 마무리하였고, 우리는 다음 주에 다시 한 번 얘기하기로 하고 약속하였다.

퇴근 후에 아내에게 오늘 면담한 내용에 대하여 얘기하였는데, 아내는 회복적 서클 수업에서 배운 것을 업무에 활용한 것에 깜짝 놀라며, 한 가지 조언을 해주었다.

면담을 마무리하면서, 면담 후에 R 주무관 자신의 마음은 어떤 느낌이 들었는지 물어주고, 또한 O 사무관과 나도 R 주무관에게 축하나 느낌을 공유해 주었으면 더 좋았겠다 한다.

2차 면담에서는 예기치 않은 현안 업무지시 때문에 면담 20분 진행 도중에 마무리해야 했다. 그러나 지난 일주일 동안 변화된 R 주무관의 심경을 들을 수 있었고, 각자의 면담후의 느낌을 공유하였다. R 주무관은 담당업무에 대하여 인정받고자 하는 강한 마음과 인정받지 못할지도 모른다는 두려움이 마음속에 있었던 것을 얘기했고, O 사무관과 나는 R 주무관의 솔직함과 용기, 그리고 밝은 마음자세에 축하하고 박수를 쳐주었다. R 주무관을 위해 시도한 면담이었는데, 그 결과의 박수가 나를 향한 듯 피로가 풀리고 에너지가 내게로도 들어온 듯 했다. R 주무관은 이후 사직의사를 철회하였고, K 과장과 함께 국장실에서 업무협의 하는 것을 자주 볼 수 있었다.

이번 학기에도 워크숍 형태의 회복서클과정을 또 신청하였다. 수강생들이 주로 초중고등 교사들이기 때문에 학급에서 일어나는 갈등사례가 주로 다루어 지고 있다. 학급공간에서 학생들 사이에서 일어나는 대부분의 갈등상황이 공무원 사무공간에서 이루어지는 것과 그 동기나 욕구가 거의 유사하기 때문에 공무원 중간관리자로서 부서운영에 활용하거나 참고하는데 많은 도움이 되고 있다. 앞서 사례로 소개한 것과 같이 갈등상황이 우리부서에 생겼을 때, 나의 선입감정이나 사전판단전에는 이것 때문에 일이 더 악화되었던 경험이 있다 대신에 객관적 관찰과 갈등 당사자 내면의 욕구에 집중하여 갈등 당사자 상호간의 안전한 소통으로 유도한다는 전략은 갈등이라는 아픈 상처에 만병통치약처럼 작용한 것 같다. 특히 체계적으로 구조화된 질문나는 상황에 맞게 내가 준비할 수 있는 질문이라고 정의해 본다과 안전한 소통공간의 확보에 기반한 회복서클이라는 도구가 생겼다는 것이 내 자신에게 자신감을 부여해 주었고 이로인해 내 부서의 운영에 안정감도 높여주었다. 이것은 회복서클의 프로세스 전체를 수행하지 않더라도 부분적인 요소들을 나 자신부터 실천하고 동료들과 함께 활용하기 위해 노력했기 때문이라고 생각된다. 예를들면, 사무실에서 나 자신부터 비난이나 사전판단이 포함된 말을 줄이고자 했다. 상사나 부하직원의 공격적인 발언에 대하여는 그들의 내면의 욕구를 받아들이고 피드백으로 돌려 주었다.나는 황소의 공격성을 망토로 비켜 보내는 투우사 전략이라고 생각하고 있다. 갈등상황 안에서 당사자들과 논쟁에 휩싸이는 대신, 밖에서 관찰하고 느낌과 궁극적인 희망사항에 집중하고자 노력하였다. 이러한 나의 노력은, 뜻하지 않게, 우리 조직원들에게는 존중받고 있다는 느낌으로 전달된 것 같다. 그것은 조직원들이 나를 리더로서 존경해주는 마음으로 내게 다시 돌아왔다.

앞으로, 회복서클에 대한 이러한 배움을 계속이어가 좀 더 성숙되고 세밀한 실천적 도구로 장착하고 싶다. 타인에게는 평화로운 관계조정 도구로, 그리고 나 자신에게는 내면성찰 도구로써 다듬고 활용하고자 한다.

학교 폭력과 회복적 대화모임

김정식 | 태백경찰서 경위

학교방문을 나가려는 순간 다소 흥분한 듯 보이는 아주머니 두 분이 학교폭력에 대해 고소장을 제출하고 싶다며 여성청소년계 사무실을 방문했다 내용은 약 한달전 ○○중학교 3학년에 다니는 아들이 기말고사에서 컨닝을 했다는 오해로 반 친구들에게 한 달이 넘게 왕따를 당하며 학교가기를 두려워 한다는 내용이었다. 그리고 다른 친구는 그 친구를 편 들었다는 이유로 마찬가지로 왕따와 카톡으로 협박을 받았고 심지어 자살시도까지 했다는 내용이었다.

먼저 학교에서는 어떤 조치가 있었는지 물었다

학부모는 흥분하며 '학교에서는 가피해자 접촉금지 조치를 했고 컨닝 신고사안에 대해서도 학생들에게 컨닝이 아니었음을 알려줬으니 더 이상 할 게 없다는 식으로 나온다. 다른 조치를 한다면 학교폭력 자치위원회에 회부하겠다'라고 하며 학교측에서는 할수 있는 조치는 다했다식의 답변을 들었다고 하며 격앙된 목소리로 말했다.

그러면서 '우리 애는 끔찍한 하루하루를 보내는데 학교에서 더 이상의 조치를 해줄 수 없다면 우리는 누구에게 말해야하나요 가해학생이 우리 아이에게 사과 한마디면 되는데 그게 그렇게 어려운 일인가요 제가 너무 큰 요구를 하는건가요?'라며 학부모는 자신의 답답한 심정을 계속해서 이야기하고 있었다.

우선 학교측에 정확한 내용을 확인후에 연락드리겠다는 약속을 하고 그날 오후 담당교사를 만나 사안의 개요을 들어보았다.

선생님 말에 의하면 컨닝 의심을 받은 학생은 해당 반 반장으로 공부도 곧잘 하는 모범학생이었다. 당시 기말고사 시험 중이었는데 반장자리 뒤쪽에 앉아있던 신고학생이 봤을 때 반장이 손바닥을 접었다 폈다 하는 장면을 보고 컨닝으로 오해하여 담당교사에게 신고를 하였고 학교측은 신속한 사안조사를 통해 컨닝이 아닌 것으로 결론 내렸다고 한다.

그런데 이런 결론이 나자 학생들은 학교가 반장의 편을 들어 진실을 은폐했다는 식의 소문을 내기 시작했고 학교측에서는 소문의 확산을 막고자 반 학생들에게 자세한 설명도 해주었다고 하였다. 그럼에도 소문은 잦아지기는 커녕 오히려 점점 사태는 걷잡을 수 없는 방향으로 흘러갔다.

급기야 학부모들은 교육청에 자세한 진상조사를 요구하는가 하면 아이들은 반장을 왕따시키기 시작하였으며 그로인해 담당교사 또한 한달여 동안 가·피해 학생과 학부모측의 사안해결을 촉구하는 민원과 악성루머에 시달리게 되었다고 한다.

약 한 시간의 면담을 통해 사건의 전말을 파악한 후 이제 갈등의 당사자가 누구이고 풀어야할 갈등의 핵심이 무엇인지를 명확히 해야한다.

첫 번째는 가·피해학생과 소문의 핵심 유포학생 등 6명으로 범위를 좁히고, 신고학생을 대상으로 컨닝의 사실유무와 유포한 학생을 대상으로 소문을 유포함으로 인해 어떤 결과를 바라고 그러한 행위를 했었는지를 확인함으로써 갈등해결의 키를 찾아들어가야 한다.

두 번째는 학부모간 그리고 학부모와 교사간 갈등의 당사자 5명을 대상으로 학교의 소극적 조치로 야기된 갈등 하나, 그리고 학부모 사이에 발생한 갈등을 핵심으로 문제해결을 진행하기로 하였다.

다음은 대화모임의 진행을 어떻게 할 것이냐의 문제다.

두 그룹간 갈등이 극에 달한 상황이고 갈등의 당사자인 학생과 학부모 그리고 교사를 포함하는 전체를 대상으로 한번에 대화모임을 진행하기에는 상당한 어려움이 있을 것으로 생각하였고, 이에 학생들간 갈등을 우선적으로 해결한 후 뒤이어 핵심 학생 2명을 포함한 학부모들이 참여하는 대화모임을 진행하기로 하였다.

진행순서를 정한 후 첫 번째로 반 학생들 전체를 대상으로 경찰에서 대화모임을 통한 갈등해결시까지 더 이상의 악의적 소문은 퍼뜨리지 말 것을 주문하고 학생 6명을 대상으로 개별 사전서클을 진행했다. 이들의 대화참여 동의를 구하는 데는 상당한 시간이 걸릴 수밖에 없었다. 학생뿐만 아니라 이들의 학부모 동의까지 받아야 하는 상황이었고 대화모임의 필요성을 이해시키기란 쉽지 않은 과정이었다. 과거 경험상 학생의 동의만 받고 진행했을 때 학부모들로부터 가해학생 취급을 했다는 둥, 우리아이는 아무 상관도 없는데 왜 그일에 끼워넣었냐 등등 소소한 민원제기를 받았던터라 부모들의 동의는 필수적이었다.

그렇게 하루가 지난 다음날 아침 10시부터 해당학교 위클래스에서 회복적대화 본모임을 진행했다. 이날 대화에는 학생들과 담임교사 참여하에 진행되었다. 당시는 겨울방학을 한지 열흘이 지났지만 사안의 중요성을 대변하듯 학교장을 비롯한 상당수의 교직원들이 학교에 남아 진행상황을 지켜보고 있었다.

대화는 시작되었고 먼저 가해학생에게 현재의 심정을 물었다.

학생은 자신의 신고로 인해 많은 학생들에게 그리고 학부모와 교사에게 뜻하지 않은 고통을 준 것 같아 죄송하다는 말로 자신의 솔직한 심정을 이야기 하였고 자신의 컨닝 신고가 사실은확신에 의한 것이 아니었음을 말하였다. 또한 이 일로 다른 친구가 자살시도를 했다는 말을 들었을 때 사실 자신의 신고내용이 확실한게 아니었다는 말을 하고 싶었지만 그런 말을 했을 때 학부모나 친구, 교사등 많은 이해관계자들이 자신을 어떻게 볼지 두려움에 선뜻 말하지 못했었다며 경솔한 자신의 행동에 대해 피해자와 또래 친구들에게 사과하였다.

가해학생의 말에 주변 친구들의 반응은 의외로 덤덤한 표정이다. 마치 가해학생이 그렇게 말할 것을 예상했던 것인지 혹은 스스로를 주변인으로 여겨서인지 별 반응이 없다.

다시 물었다. 이 일을 어떻게 풀어가길 원하는지 …. 가해학생은 이내 피해학생에게 진심어린 사과를 하였고 그제서야 소문의 핵심 학생들 또한 자신들의 경솔한 언행에 대해 진심어린 사과와 함께 피해회복을 위해 다른 학생들에게 스스로 충분한 소명을 하기로 약속했다. 그리고 피해학생은 이들의 진심어린 사과를 수용하는 것으로 학생들의 대화는 일단락 되었다.

오후가 되어서야 핵심 학생 2명과 학부모, 교사간 2차 대화모임 진행에 들어갔다.

이들의 대화는 사실 녹록치 않을 것임을 일찍이 예상했다. 이미 개별 써클 진행시부터 상대방에 대한 감정섞인 막말을 하였고 그만큼 한달간 싸인 갈등의 골이 깊어져 있음을 알고 있었던터였다.

그런만큼 이들에 대한 사전서클은 학생들에 비해 훨씬 어려운 과정이었다. 대화참여 동의 받는 과정에서 어떤 부모는 여행을 가야한다는 핑계로 어떤 부모는 업무가 바쁘다는 핑계로 이들을 설득하고 대화에 참여시키는 것은 간단한 문제가 아니었다. 긴 설득 끝에 자녀들의 관계회복을 위해 참여하기로 결정하였고 나로서는 본모임 진행에 더 신경을 쓸 수밖에 없는 노릇이었다.

사전주의사항을 충분히 설명하고 대화를 시작했다. 선뜻 가해 학부모 쪽에서 먼저 현재의 심정을 이야기했다. 물 흐르듯 흘러가는 듯 했던 대화는 가해학부모가 뜬금없이 이 일로 자신의 딸이 너무 힘들어한다며 피해 학부모에게 사과하라고 요구한 그 말 한마디에 대화자리는 순식간에 아수라장이 되어버렸다.

흥분한 피해학부모는 그게 가해자인 엄마 입에서 할말이냐며 삿대질과 고성이 오갔고 급기야 자리를 박차고 나가버렸다.

대화모임을 일시 정지시킬 수밖에 없었다. 바로 피해 학부모를 따라나갔고 한참을 대성통곡하는 학부모 옆에서 아무말없이 진정되기를 기다렸다. 그리고 현재 상태에서 대화를 이어가기는 어렵다고 판단하여 대화모임 중지를 제안했다. 눈물을 그친 학부모는 '오늘 이렇게 대화가 끝나면 우리아이의 다친 마음은 치유할 길이 없을 것 같아요 그리고 상대방 엄마의 말을 좀더 들어보겠습니다'라는 말로 대화는 재개됐다.

그리고 가피해 학부모에게 대화진행상 질문 외 감정적인 언행을 삼가 줄 것을 재차 당부했다. 대화가 재개 되자마자 가해학생에게 물었다. 사실은 한발 빨리 가해학생의 진술을 들었더라면 하는 아쉬움이 있었다.

먼저 학생간 대화모임에서 있었던 결과에 대해 말하도록 하고 현재 심정과 학부모를 포함한 모든 대화당사자 간 일이 앞으로 어떻게 해결됐으면 좋겠냐고 ….

학생은 1차 모임에서 했던 이야기를 풀어놓았다. 그리고 이번 대화모임 시작에 앞서 사전에 이야기하려고 했지만 엄마의 갑작스런 사과요구에 당황했었다고 하며 엄마를 향해 자신의 경솔한 말 한마디로 더 이상 논쟁은 원치않는다고 …. 그리고 피해학부모를 향해 '아줌마 죄송해요'라고 하며 흐느끼기 시작했다. 불같이 달아올랐던 대화분위기는 가해학생의 진심어린 말 한마디에 이내 숙연해졌다

"자 …, 피해학부모님 지금 학생이 말한내용 들으셨죠?"

이야기를 듣던 피해학부모는 그 아이를 향해 '그래 지금이라도 솔직히 말해줘서 고마워 정말고마워'하며 운다. 순식간에 절대 풀릴 것 같지않던 갈등은 눈녹듯 녹아내렸고 가해학부모는 자식을 안고 울고 참여했던 교사도 감정에 복받쳐 울고 있었다.

대화모임의 형식은 온데간데 없어져버렸다. 그냥 가해학생의 죄송하다는 말 한마디에 오늘 대화모임의 모든 것이 담겨있었다. 가해학부모는 피해학부모를 향해 '제가 너무 내 아이 생각만 한 것 같네요. 그리고 아까는 죄송했습니다. 그냥 내 아이가 거짓말 할 아이가 아니라고만 생각했어요. 죄송해요.'

그러면서 피해학생을 향해 '아줌마가 미안해 정말 미안해 …' 한다.

교사는 '초기에 관련 학생들과 충분한 대화를 하지 못한데 대해 죄송합니다. 여학생들이라 좀더 세밀하게 관찰하고 적절한 대처를 했어야 했는데 교사로서 그러지 못한 부분에 대해 사과드립니다'라고 하며 향후 유사사례가 발생하지 않도록 주의하겠다고 약속하면서 대화모임은 마무리가 되었다.

그렇게 오전부터 시작된 학부모 참여 본모임은 오후까지 약 3시간이 지나고서야 끝이 날수 있었다. 대화모임을 끝낸 학부모와 교사는 마치 끝이 보이

지 않는 긴 터널을 지나온 듯 얼굴에는 안도하는 표정이 역력했다. 그리고 모두를 향해 감사의 인사를 나누고 있었다.

'고맙습니다. 그리고 사실 제가 이 일 때문에 교사직을 그만두려고도 생각했었어요. 교사 생활하면서 제 자신이 이렇게 무기력한 사람인지 스스로를 많이 자책했습니다. 오늘 대화자리 만들어주신데 대해 정말 감사합니다'라고 하며 현관문을 나서는 나를 붙잡고 거듭 인사를 한다.

그리고 그 일이 있은지 한 달이 지나 해당 교사에게서 전화가 왔다.

'경관님 오늘 저녁에 시간 괜찮으면 식사 같이 하시죠 그때 대화 함께하셨던 부모님도 같이 나오실겁니다…'

식당에 도착했을 때 해당교사와 학부모 2명이 나를 반겼다.

해당교사는 어제 있었던 졸업식으로 이야기 포문을 열었다

'어제 졸업식이 있었는데 제가 너무 감동을 먹어서 오늘 같이 자리를 하고 싶었습니다. 우리반 아이들이 졸업식장에서 저한테 큰절을 하더군요. 그 모습을 보고 제가 한참을 울었습니다.아마 한 달 전 일이 떠올라서 였을거에요 그때 일이 잘 해결되지 않았더라면 내가 과연 아이들 졸업식장에 올수 있었을까 그 생각을 하니까 오늘 정말 경관님하고 따뜻한 밥 한끼하고 싶었습니다. 다시금 그땐 정말 고마웠습니다'라며 어제의 감동을 나에게 말하고 있었다.

그리고 1년이 지났다.

피해학생은 지금도 감사 문자를 보내오고 있다.

올해 1월에 보내온 문자를 소개하자면 '안녕하세요 땡땡땡 이에요!! 작년에 제가 힘들어할 때 도움 주셔서 감사드립니다. 늘 건강하시고 행복하세요'

당시 대화에 참여했던 학부모님과의 관계는 지금도 이어지고 있고 시간 날때면 간혹 차한잔 마시며 그때의 이야기를 하곤한다.

학교폭력을 중심으로 관계회복을 위한 대화모임을 진행한지 5년이 지났다. 간혹 어떤 분은 '경찰관이 도둑만 잘 잡으면 되지. 꼭 그렇게 해야 하냐고, 그렇게 하면 뭐가 달라지냐고 …' 묻는다

나는 대답한다.

물론 첫 번째 가장 중요한 건 '갈등해결과 관계회복입니다'라고 ….

하지만 설상 관계회복이 되지 않았다고 해서 대화모임을 실패했다고 생각하지 않는다. 왜냐하면 나는 경찰관으로서 범죄예방과 발생사건의 재범방지가 가장 중요다고 믿고 있고, 적어도 내가 경험했던 많은 사례에서는 보복이나 재범은 발생하지 않았기 때문이다

그리고 두 번째 개인의 작지만 큰 변화이다.

나는 아내와 여행을 가거나 가족생활을 하면서 늘 소소한 다툼이 있곤 했다. 경청을 알고 서로를 존중하며 서로의 입장을 온전히 받아들이는 회복적 대화를 알아가면서 우리 아이들은 우스께소리로 '우리아빠가 달라졌어요'라며 너스레를 떠는 모습에서 나의 변화된 현재를 실감한다.

회복적대화모임이 사회저변에 깊숙이 자리매김하는 그날을 기대해본다.

내가 경험한 회복적 경찰활동

한윤섭 | 서울구로경찰서 경장

1. 회복적 경찰활동 입문

경찰청은 2020년 회복적 경찰활동 전국시행을 목표로 2019년 회복적 경찰활동 시범경찰서를 지정하고 각 부서별 담당자를 지정하게 된다. 나는 담당자가 되어 회복적 사법에 대해 교육을 받고 4월30일부터 본격적인 업무를 시작했다.

당시 교육을 받기 전 회복적 사법에 대해 고민했지만 개념정립이 어려웠고 왜 해야 할까? 하면 국민들에게 어떤 도움이 될까? 합의를 종용했다고 민원을 받지 않을까? 여러 가지 의문이 들었다. 첫날 용산경찰서 교육 장소에 도착하자 생소한 교육 자리 배치에 당황했다.

책상 없이 원형으로 의자를 배치하고 가운데에 어떤 모형을 배치하여 조금은 어색한 교육 환경이었다. 교육생들이 둥그렇게 앉자 서로 어색한 모습을 감출수가 없었고 다리를 어떻게 해야 하지? 손을 어디에 둬야 하지? 시선처리를 어떻게 해야 하지? 등등 … 당황스러운 상황이 발생했던 것이다.

곧 교육이 시작되었고 개념부터 사전모임, 본모임, 사후모임 등 생소한 단어가 나오고 실습을 시작 했다. 처음 교육에 들어갈 때 나는 제로베이스 상태에서 교육을 받자라고 생각하였고 적극적으로 실습에 임했다. 내가 그 당시 고민하고 있던 층간소음문제를 토의주제로 말했고, 선정되어 전체실습 사건으로 실습하게 되었다.

나는 교육 일정이 하루씩 지날 때 마다 나의 회복적 사법에 대한 인식과 개념이 달라졌고 같이 교육받는 분들의 모습을 봤을 때에도 그런 변화를 조금씩 경험하고 있는 것 같았다. 사전모임부터 본모임 사후모임까지 모델실습에 적극적으로 참여해 어떤 과정을 거쳐 회복적 경찰활동이 진행되는지 체험했다.

3일간의 진행자 교육을 받고 참고자료를 찾아보며 고민해본 결과 범죄예방에 회복적 경찰활동이 정말 필요하다는 것을 깨닫게 되었다.

2. 회복적 경찰활동 시작과 결심

첫 번째 사건은 존속살해미수 사건, 두 번째 사건은 살인미수 사건이다

두 사건 모두 참관하며, 내가 교육 받은 과정이 아닌 다른 과정으로 진행이 되었다. 존속살해미수사건은 자녀들의 관계가 개선이 된다면 피해자의 회복이 빨라져 정상생활로 복귀가 가능할 것을 기대하고 의뢰하게 되었다. 사전모임을 진행하고 본모임을 7시간 동안 진행하며 너무 힘들었다. 자녀들 간 살아오며 발생한 갈등이 7시간의 대화로 모두 해결될 수는 없겠지만 서로 대화하며 때로는 다투기도 하고, 울기도 하고, 소리 지르고, 못하겠다고 나가는 과정을 반복하며 결국, 서로 약속을 하며 마무리되었다.

대상자들은 새벽 1시가 되어 집에 돌아가며 자신들을 위해 노력해준 경찰관과 진행자들에게 감사의 문자를 보내왔다. 피해자 지원업무를 하면서도 감사의 인사를 받고 좋았지만 회복적 경찰활동을 하며 받으니 또 다른 느낌이었다.

살인미수사건은 부부간 발생한 사건으로 피해자와 면담 중 사건의 발단이 된 본질적인 갈등에 대해 인지하게 되었다. 사건 발생은 몇 달 전 이었지만 갈

등의 원인은 2018년 피해자의 사업실패와 실패 후 가해자에게 자세하게 설명하지 않았던 부분, 과도한 음주였다. 이러한 갈등 개선을 통하여 이 가정이 앞으로 나아 갈수 있는 방법을 고민하다 의뢰 하게 되었다.

사전 모임에서 가해자는 많은 눈물을 흘리며 자신의 행동을 반성하고 피해자와 자녀들을 걱정하며 갈등 해결을 위해 적극적으로 노력 하였다.

본모임이 진행되면서도 가해자는 눈물을 흘리며 사건 당일 자신의 행동이 본마음에서 나오지 않았다는 것을 피해자에게 말해 주었고 피해자는 고개를 끄덕이며 가해자의 마음을 충분히 알고 있으니 더 이상 그 당시 행동으로 인하여 자신에게 미안해하지 않았으면 좋겠다는 말을 하였다. 당시 나는 눈물이 났지만 눈물을 흘릴 수가 없어서 고개를 돌려 충혈 된 눈을 진정시켰다.

두 사건이 진행되면서 나의 마음속에는 회복적 경찰활동에 대한 확신이 들게 되었고 진행자로서 교육받았던 과정을 반복하며 직접 진행자로서 역할을 하기로 결심했다.

3. 회복적 경찰활동 진행 도전

진행자로서 갈등관계 당사자들에게 적시성 있는 치안서비스를 제공하기 위해 인터넷을 이용하여 정보를 검색하고 프로세스를 연습했다.

사건 모니터링 후 가해자인 외국인 남편과 피해자인 내국인 아내의 가정폭력사건을 지원하게 되었다. 피해자를 만나 상담하던 중 이 사건이 발생 하게 된 근본적인 갈등에 대해 알 수 있었다. 피해자 상담 종료 후 "회복적 경찰활동으로 풀어봐야겠다"라고 생각했다.

나는 피해자에게 회복적 경찰활동에 대해 자세히 설명하고 동의여부를 물었다. 피해자는 이렇게 좋은 프로그램이 있냐며 "꼭 하고 싶다고 말했고 남편에게도 권유 하겠다"고 말해 가해자의 동의를 얻어 나는 진행자로써 첫 사건을 직접 진행 하게 되었다.

사전모임은 8월 7일 가해자, 8일 피해자 대상으로 진행하였다.

사전모임을 하면서 앞에 말한 것처럼 갈등이 발생하게 된 근본적인 원인을 들을 수 있었다. 6년 동안 같이 살아오면서 작은 갈등에 대해 마음의 문을 열고 대화할 수 있는 여건이 되지 않아 결국, 사건이 발생하게 된 것이다.

가해자는 피해자가 모임에 나가면 주변 남자들과의 관계에 대해 의심하고, 가해자가 술을 마시고 들어오면 피해자에게 폭언과 욕설이 갈등의 근본적인 원인이었다. 가해자 또한 피해자가 일하고 오면 힘든데 모임까지 나가서 늦게 들어오고 연락도 안한다며 불만을 표출했다.

이러한 갈등관계가 자녀들에게 까지 영향을 미쳐 자녀들 또한 스트레스를 받고 있었던 것이다.

본모임이 끝나고 당사자들은 자녀들에게 잔소리를 적당히 하며 칭찬을 많이 해주자. 잔소리할 때 어깨를 두드리면 멈추자 등 몇 가지 약속을 하였고 나중에 다시 약속이 잘 이행 됐는지 사후모임을 진행하기로 하였다.

이렇게 첫 사건을 진행하였고 본모임에서 당사자들이 눈물을 흘리며 이야기 하는 모습, 몇 가지 약속을 정하며 서로를 배려해주는 모습을 경험하며 뿌듯함과 잘 진행했다는 안도감을 느꼈고 마지막으로 '당사자들에게 진행자로서의 역할을 제대로 했을까?'하는 미안함을 느꼈다.

4. 초심으로

사례를 진행하고 나의 부족한 점을 알 수 있었다. 과정에 대한 실습이 부족한 걸 깨닫게 되었고 과정을 보며 다시 연습했다. 연습해도 부족함을 채울 수가 없어 경찰청 업무 담당자에게 교육일정을 문의하자 8월말에 교육 일정이 있다고 해서 바로 신청했다.

드디어 교육 첫날이다. 부천에서 성남중원경찰서까지 가야한다. 좀 멀지만 나는 다시 복습을 할 수 있다는 생각에 너무 좋아서 가는 길이 즐거웠다.

땀을 흘리며 중원경찰서를 올라갔다. 교육 장소에 도착하자 역시나 테이블 없이 의자만 원형으로 있다. 강원청 김정식 경위가 먼저 와 있어 반갑게 인사하고 회복적 사법에 대해 대화를 나누고 있으니 교육시간이 다 되어 교육이 시작됐다. 역시나 직원들은 교육자리 배치에 불편한 모습이었고 개인소개를 하며 회복적 경찰활동에 대해 부정적인 마인드를 어느 정도 느낄 수 있었다. 하지만 처음 교육받을 때처럼 하루가 지나자 실습을 도와주는 과정에서 직원들의 변화를 조금씩 느낄 수 있었고 마지막 날 사후모임까지 직원들이 열정적으로 실습에 임해 다시 반복하는 나도 부족했던 점을 채울 수 있었다. 가장 좋았던 두 가지는 박성용 대표님과 김정식 경위님 두 분의 경험과 조언을 들을 수 있었던 점, 반복학습을 통해 과정을 습득하여 더 구체적으로 진행자의 역할을 할 수 있다는 것이 큰 수확이었다.

교육을 마치고 다시 일선으로 돌아온 나는 9월 17일 오늘 상해사건 사전모임이 예정되어있다. 나는 교육받은 내용을 토대로 갈등 당사자들에게 최상의 치안서비스를 제공할 것이다.

아직은 많이 부족하지만 동료들에게 회복적 써클을 소개하고 계속 노력하여 우리 사회 공동체 속에서 발생한 갈등을 안전하게 다룰 수 있는 상태로 만들어 범죄예방에 기여 할 수 있도록 나 자신의 능력을 갈고닦아야겠다.

회복적경찰 활동(회복적서클)의 경험에서 따뜻한 연결자로 …

강명주 | 고양경찰서 여성청소년과 경찰

　　필자는 현재 고양경찰서에 재직 중인 학교전담경찰관이다. 경찰관이라는 직업이 누구나 그러하듯 범인을 검거하고 범죄자에 관하여 후속 조치를 하는 그러한 직업이라는 점은 누구나 잘 알고 있을 것이다. 필자도 또한 경찰에 입직하기 전 이러한 내용의 경찰 활동을 예상하고 있었다. 하지만 실제 그 직업을 겪지 않은 사람이 섣불리 한 직종을 판단하기 어렵듯이 필자도 또한 실제 경찰활동을 통해 느낀 점을 이야기 해 보려고 한다.

　　현재 필자가 재직 중인 부서는 여성청소년과이고 과내에서 학교전담경찰관이라는 보직을 맡고 있다. 학교전담경찰관이란 초, 중, 고등학교를 담당하며 학교폭력이나 학생의 인권에 관련된 일을 주로 하는 보직이다. 이러한 업무는 예방적 활동과 매우 밀접하게 연관되어 있으며 앞으로 이야기 할 회복적서클과 매우 연관성이 깊다고 할 수 있겠다.

　　학교 현장은 학생들 간의 학교폭력으로 서로에게 상처를 입히고 또한 그 상처가 다른 학생들에게 또 다른 화살로 돌아가는 경우 등 많은 일들이 일어나고 있다.

　　이러한 일들은 교육청 차원에서의 해결이 힘들다고 판단되어 일선 학교 현장에는 학교전담경찰관이라는 제도가 적용되어 경찰관이 학생들과 밀접한 연관을 맺고 있는 중이다.

처음 회복적 서클을 접하게 된 계기는 경찰청 차원에서 시범운영을 하면서 부터이다. 매우 생소한 단어와 예상하지 못한 업무를 접하게 되어 처음에는 다소 낯설고 거부감이 든 건 사실이었다. 하지만 실제 현장에서의 회복적 서클을 적용하면서 앞서 언급한 것과 마찬가지로 후속조치로만의 경찰활동이 아닌 예방적 활동에 초점을 맞춘 회복적 서클활동이 선진 경찰의 나아갈 길임을 개인적으로 깨닫게 되었다.

필자가 초등학교 학생들을 대상으로 회복적 서클을 적용 해 본 경험을 이야기 하자면 초등학교 저학년 학생들의 단순한 폭력 사건으로 피해 학생의 부모가 매우 화가 난 상태에서 학교폭력대책자치위원회로 회부를 요청 하였으나 단순히 응보적 절차가 아닌 회복적 서클을 통하여 문제를 본질적인 곳에서부터 해결하는 모습을 본 뒤 매우 감명을 받았다.

본질적인 문제라 함은 학교폭력이 일어나기 훨씬 전부터 두 학생간의 갈등이 있었음을 알고 학교폭력이 일어났음을 알고 서로 간의 갈등을 대화를 통하여 해결해 나감으로써 단순한 사과가 아닌 근본적인 사과를 통한 해결이라는 점에서 양측 모두 매우 흡족한 결과를 얻었다고 말할 수 있을 것이다.

또 다른 사례 또한 이러한 문제해결 과정을 통해 근본적인 갈등을 해결함으로써 당사자들 간의 뿌리 깊은 해결책이 나와 모두 만족 할 만한 결과를 도출 하였다.

회복적 서클은 현대사회에서 개인적인 갈등의 해결을 어떠한 방식으로 풀어 나가야 하는지를 잘 말해주고 있는 듯하다. 쉽게 말해 각 개인들 스스로가 갈등을 해결하는 방식이 아닌 사회자의 진행에 맞추어 즉 짜여진 방식과 공식에 의하여 사회자는 갈등 당사자들을 제어하고 또한 갈등 당사자들은 더욱 더 깊은 갈등으로 나아가지 않고 사회자의 진행에 따름으로써 갈등의 깊이를 낮출 수 있게 된다.

이러한 회복적 서클은 실제 현장에서 적용해본 결과 매우 갈등 당사자들의 매우 높은 만족도를 느낄 수 있었다. 학교 현장은 지금 학교폭력으로 골머리를 앓고 있는 중이다. 학교폭력대책자치위원회 일명 학폭위라 불리는 제도 안에서 학생들에게 낙인을 찍고 법의 테두리라는 미명아래 학생들에게 더 큰 상처를 주고 있는 건 아닐지 모른다.

필자는 이러한 학폭위가 진행되기 전 단계에 갈등 당사자들의 마음을 어루만지고 갈등의 시초를 서로 확인하게 함으로써 갈등 당사자들의 진심어린 화해를 이끌어 내는 회복적 서클에 깊은 감명을 받았다. 비록 어린 학생들이지만 그들의 마음속을 들여다보고 상호 갈등의 시작을 찾게 하고 앞으로 나아갈 방향을 제시하는 회복적 서클은 분명 매력적인 활동이었다.

또한 학생들의 부모들도 법과 제도 안에서 학생들에게 절차에 의해 이루어지는 학폭위를 통하지 않은 진심어린 대화를 통한 화해는 분명 어린 학생들의 성장에 긍정적인 영향을 미칠 거라며 필자에게 좀 더 많은 분야에서 활용되면 좋겠다는 점을 이야기 해 주었다.

현재 경찰 단계에서의 회복적 서클은 연구 분야의 대상이며 많은 사례들을 통한 나아갈 방향성을 찾는데 집중되어 있지만 직접 경험 해 본 회복적 서클 활동은 앞서 들은 학교 현장에서의 부모처럼 많은 분야에서 활용되면 좋을 것 같다는 생각이 든다.

현대 사회는 개인 간 갈등 혹은 집단 간 갈등, 집단과 개인과의 갈등 등 갈

등의 혼란 속이라고 해도 과언이 아니라고 말할 수 있다. 이러한 갈등의 혼란
을 줄여나가는 방법은 법과 제도 혹은 국가의 역할도 있겠지만 지역사회, 혹
은 외국의 좋은 방안들을 연구 해 나가는 것도 좋은 대안이 될 수 있다. 이러
한 국가와 개인, 혹은 소집단들의 노력이 모여 갈등이 없고 평화로운 사회가
완성 될 수 있도록 하는 좋은 대안 중 하나가 바로 이 회복적 서클활동이 아닌
가 싶다.

5부

가정 및 지역 영역

회복적 서클현장이야기

회복적
서클현 장이야기

가정에서 회복적 서클의 변형으로
유가족 돌보기

조난호 | 서클 공감대화 연구소장

내 나이 50 중반에 고등학교 2학년 아들 하나를 키우고 있다. 그 아이가 사춘기가 되어도 평화롭게 소통하기를 바라는 마음이 컸다. 그래서 비폭력 대화와 평화감수성 훈련, 회복적 서클을 배우고 연습했다. 남편 또한 나의 배움을 적극 지원하고 지지하였다.

몇 년 전 육아, 종교, 삶에 대해 고민하고 소통하던 친구가 갑작스런 죽음을 맞이하였다. 친구의 죽음으로 삶과 죽음이 마치 빛과 그림자처럼 함께 있음을 자각하는 계기가 되었다. 비폭력 평화 활동가의 삶을 살아가던 내가 생소하지만 죽음교육지도자[존엄한 죽음을 맞이하는 교육(웰다잉)]과정을 수료하는 계기가 되었다.

죽음교육지도자 교육을 받는 도중에 50대 후반인 형부가 갑자기 스스로 삶을 마감하셨다. 슬프고 상실의 충격이 너무 컸다. 형부의 장례를 치르는 중에 언니와 조카들의 오고가는 말과 행동을 보면서 언니네 가족 안에 많은 갈등이 있었음을 예측하게 되었다. 언니네 가족의 갈등의 골이 깊어질까 봐 염려하는 마음이 컸고, 회복적 서클을 진행해 볼까 하는 생각이 들었다.

돌아가신 형부는 강직성척추염이란 병을 앓고 계셨다. 스스로 삶을 마감하기 전까지 우울증을 심하게 앓고 있었다고 했다. 우울증이 심해지면서 형부는 배우자인 언니를 의심하고 폭행했다고 한다. 그 괴롭힘을 견디지 못하고 언니는 하던 일을 그만 두고, 두 딸의 도움을 받아 서울 어딘가의 쉼터로 피신해 있었다고 했다. 두 딸은 부모의 갈등 사이에서 힘이 약한 엄마를 도왔고 막내인 아들은 누나들의 도움으로 엄마가 쉼터로 간 사실을 시간이 한참 지난 후에 알게 되었다고 했다. 막내는 여기서 소외감을 느꼈고 화가 났다고 했다.

나는 언니와 한 동네에 살면서 형부가 언니에게 가했던 폭력과 괴롭힘을 모르고 지냈다. 언니를 돕지 못했다는 죄책감이 컸다. 언니는 남편의 폭력과 괴롭힘을 피해 신변 보호가 엄격한 쉼터에서 보호받고 외부와 연결이 차단되어 있었다고 했다. 그래서 형부의 사망 소식도 우여곡절 끝에 하루가 지나 어렵게 연결 되었다. 장례식장에 온 언니는 나를 붙잡고 "내가 죽였나봐" 하며 오열했다. 죽음이라는 사태는 모든 것을 집어삼키는 블랙홀 같았다. 장례를 치르고 삼우제를 지내는 동안 남편을 잃은 언니와 아버지를 잃은 조카들의 상실감을 어떻게 치유할 수 있을까, 살아남은 가족끼리 서로 원망하고 비난하며 좌절하는 모습 속에서 감정을 어떻게 풀어내고 관계를 회복할 수 있을까를 계속 생각하였다. 또 한편으로는 '내가 그럴 자격이 있나', '언니네 아이들은 이모인 내 말에 얼마나 수긍을 할까', '개입했다가 실패하면 어쩌지', '더 큰 갈등으로 확대되면 어쩌지', '아이들이 내게 의존하는 마음을 가지면 어쩌지', '나는 어디까지 책임감을 가져야하지', 하는 내 마음 안의 갈등이 계속 올라왔다.

마음의 갈등은 있었지만, 먼저 언니를 만났다. 힘들고 고통스러웠던 언니의 이야기를 내가 이제껏 배우고 연습한 공감과 경청의 자세로 들었다. 언니의 이야기를 들으며 형부에 대한 원망과 분노도 올라왔고, 안타까움도 올라왔다. 내안의 파도치는 감정들을 심호흡하며 흘려보내고, 언니의 이야기에 집중했다. 언니를 만나서 고통스런 이야기를 들을 때는 무척 힘이 들었다. 그렇지만 언니의 말 속에 들어있는 깊은 욕구에 연결하며 들을 땐 또 견딜 만하기도 했다. 언니는 형부의 사망 이후 언니와 아이들과의 관계, 아이들끼리의 관계가 살얼음판을 걷는 것처럼 불안하다고 했다. 나는 언니에게 슬픔과 상실을 치유하고 관계를 회복하기 위한 대화모임을 해보자고 먼저 제안했다. 언니는 내가 먼저 제안해준 것에 감사하다고 말했다. 형부가 돌아가시고 나니, 이전에 겪었던 물리적 신체적 고통이 해소된 것은 마음이 놓이지만, 아이들에게 미안하고, 세상을 떠난 남편이 자신의 잘못으로 인한 것 같아 죄책감이 많이 든다고 말했다. 나는 차차 시간을 갖고 마음의 짐을 덜어내고 아이들과의 관계를 회복 하는데 힘써보자고 말했다.

내가 계획했던 것은 회복적 서클의 틀을 가지고 상실과 비탄에 빠진 유가족들의 감정을 돌보고, 갈등 관계를 회복하는 대화모임이었다. 언니네 가정을 돌봐야겠다는 생각과 언니와 조카들, 조카들끼리의 관계를 회복하는 데 집중하고 싶었다.

한편으로는 내가 진행자로 나서는 것보다 동료 지인들의 지원을 받을까 하는 생각도 했다. 하지만 재정적인 어려움을 겪는 언니네 형편을 떠올렸을 때, 동료에게 무료 지원을 부탁하기가 쉽지 않았다. 그래서 내가 진행해 볼 마음을 더 내었고 언니에게 제안했다. 언니는 내가 계속 공부하고 활동하는 상황을 알고 있었다. 조카들을 만나서 지금처럼 대화를 이끌어간다고 하니 무척이나 반가워하고 고마워했다. 언니의 상실을 위로하려고 만났던 자리가 회복적 서클의 사전 서클을 한 셈이었다.

언니에게는 아이들과 만나는 이 모임을 '가족대화모임'이라 부르자고 했다. 그리고 가족대화모임의 대화 진행방식을 설명했다. 내가 언니를 만나서 이야기를 들었듯이 아이들 세 명을 따로따로 만나서 이야기를 들을 거라 했다. 그런 다음에 아이들이 자발적으로 이 가족대화모임에 참여할 수 있도록 초대할 거라고 했다. 약속된 시간에 모두 모여 가족대화모임에 참여하면 서로의 이야기를 잘 듣기 위해 일상과는 조금 다른 대화 방식을 사용한다는 점을 설명했다. 모두의 목소리를 골고루 또 충분히 들을 수 있도록 순서를 갖고 말한다는 점, 말할 때는 누가 들을지 지목하고, 지목받은 사람은 자신이 들은 대로 되돌려 주는 방식이 있다는 점을 설명했다. 자신이 하고 싶은 말은 자기 차례에 말한다는 점, 이런 원칙에 따라서 이야기가 진행된다는 점을 설명했다. 가족대화모임에서는 서로 가장의 죽음으로 인해 어떠했는지, 자신의 진심이 무엇인지, 앞으로 어떤 가족관계가 되기를 기대하는지, 가슴에 있는 말을 전달하고, 또 상대의 진심을 들을 기회가 된다는 점을 설명했다.

비록 내가 동생이고 이모이지만, 나의 역할은 가족대화모임의 진행자라고 말했다. 진행자는 중립적 입장에서, 충분한 소통이 되도록 도움을 주는 대화 연결자 역할이지, 갈등을 해결 해주는 해결사가 아니라고 말했다. 회복적 서클의 진행자 역할을 소개하며 자신감이 생겼다.

대화, 갈등중재, 상담 진행은 가족끼리는 잘 안 된다는 사회적 통념이 있지만, 내가 언니네 가족대화모임을 진행해보겠다고 마음먹은 것은 회복적 서클의 프로세스를 믿었기 때문이다. 연습모임에서의 역할 경험과, 실제 학교폭력 사안에서 회복적 서클을 진행했던 경험이 프로세스를 믿는데 도움이 되었다. 회복적 서클 진행자는 참여자들의 이야기가 온전히 전해지도록 소통을 돕는 연결자라는 인식을 새롭게 갖고 언니네 가족대화모임을 진행하기로 했다.

두 번째로 큰 조카 A를 만났다. A는 아버지의 죽음에 깊은 상실감도 있었지만, 두 동생에게 아버지가 돌아가시게 된 직접적인 원인을 제공한 것 아니냐는 비난을 받고 있기 때문에 이중 삼중의 고통을 겪고 있다고 말했다. 그 고통이 얼마나 큰지 양팔을 다 잘라 내버리고 싶을 정도라고 했다. 아버지는 A

가 출근 할 때는 일찍 퇴근해라, 일찍 퇴근하면 엄마를 찾아달라고 매일 매달렸다고 했다. 삼 남매가 돌아가며 일찍 퇴근해서 아버지를 돌보자고 약속했지만, 유난히 아버지가 A에게 전화하고 보채서 시달렸다고 했다. 그런 중에 하는 일이 잘 안되어 아버지에게 재정적 도움을 받았고, 그 일을 안 동생들에게 아픈 아버지에게 부담을 주었다는 비난을 들었다고 했다.

A는 엄마 아빠의 갈등을 지켜본 큰 딸로서 누구의 편도 들 수 없었지만, 약한 엄마를 도울 수밖에 없었다고 했다. 엄마와 아버지를 분리한 다음 아픈 아버지는 병원에 모시고, 엄마를 집으로 돌아오게 하려 했지만, 아버지는 재정적인 이유를 들어 입원을 거부하셨고 집에서 혼자 돌아가시는 상황을 맞게 되었다고 울면서 말했다. 나는 A의 마음의 고통이 훨씬 크게 다가와서 가족대화모임이 열리기 전에 두세 번 더 만났다. A의 이야기를 경청하고 공감하면서, 이모인 나에게 집안의 고민을 풀어낼 생각을 못했느냐고 물어보았다. 가족의 일이라 부끄러웠고, 또 아버지가 이모를 좋아하지 않는 거 같아서 참았다고 했다. A를 만나면서 마음이 많이 아팠다. A에게 엄마와 동생들을 이모가 공부한 방식의 대화모임으로 만날 수 있겠느냐고 물었다. A는 만나 보겠다고 했다. A에게도 언니에게 설명했듯이 가족대화모임의 대화방식을 설명했다.

누가 이 아이의 어깨에 짐을 얹어 놓았을까? 스스로 짊어졌을까? 첫째로 태어난 숙명으로 짊어지게 된 것일까? 인간관계의 갈등과 사람의 마음에 관련된 공부를 하면서 나 자신뿐만 아니라 다른 사람에게도 연민의 마음이 넓어지고, 이해심이 깊어지면서 내 마음의 민감도가 커지고 있음을 알게 되어 뿌듯하기도 했다. 그래서 그런지 피붙이인 조카의 이야기를 들을 때는 내 마음의 소용돌이가 훨씬 더 컸다. 하루라도 빨리 언니네 가족을 모두 만나서 가족대화모임을 일사천리로 진행해서 아이들이 하고 싶은 이야기를 마음껏 할 수 있는 기회를 주고 싶었다. 슬픔도 좌절도 우울도 훌훌 털어버리게 해주고 싶었다. 그만큼 내가 언니네 가족의 고통에 민감해지고 있었고, 해결하고 싶은 의지가 강하게 일어나는 것을 알아차렸다. 대화 안내자로서 중립자로서의 중심이 흔들리고 있음을 알아차렸다. 큰 조카를 만나고 내 몸과 마음을 돌보며 삼사일 후에 둘째를 만났다.

둘째 조카 B는 아버지와의 관계가 삼 남매 중에서 제일 돈독했다고 스스로 말했다. 아버지의 죽음이 아직도 믿어지지 않는다고 했다. B는 아버지로부터 경제관념이 강하다는 인정을 받았고, 아버지와 보험, 예금 등과 관련해서 가정 경제에 대해서도 의논을 했다고 했다. 아버지의 죽음 이후 상실감과 슬픔 못지않게 A에 대해 불만이 많았다. A의 씀씀이에 대한 불만과 불평을 이야기 했다. B의 이야기를 듣다보니 돌아가신 형부가 왜 B와 가정경제 이야기를 했는지

이해가 되었다. B는 돈을 알뜰하게 쓰고 모으는 편이고, A는 갖고 싶은 것은 사는 편이라고 했다. B는 A가 산 팔찌, 반지, 옷 등을 사용하면서 갈등이 종종 있었다고 했다. B의 생각은 어차피 가족인데 한 사람이 산 것을 함께 사용하는 게 훨씬 경제적인 거 아니냐고 말했다. 이런 B의 주장에 A는 내 돈 주고 산 내 물건을 허락 없이 사용하면서 돈을 헤프게 쓴다고 말하지 마라, 네 돈 주고 산 물건을 나도 좀 써보자 라고 말하며, 갈등이 깊어졌다고 했다. 이런 갈등 속에서 아버지의 죽음은 슬픔과 상실, 빚으로 인한 고통이 함께 터져 올라온 것 같았다.

내가 언니네 가족들이 슬픔이 채 가시기도 전에 가족대화모임을 하자고 제안한 이유도 장례식장에서 A와 B의 오고가는 대화 속에서 갈등의 씨앗을 보았기 때문이다. B는 둘째라 그런지 아버지의 인정을 받아서 그런지 슬픔보다는 가족들을 원망하는 감정이 더 커보였다. 엄마는 아버지가 아프니까 조

금만 참았으면 좋았을 거 같고, 언니는 조금만 알뜰했으면 좋았을 거 같다는 생각을 표현했다. 그런 B의 마음을 충분히 들어주고, 가족대화모임을 가져볼 생각이 있느냐는 내 제안에 흔쾌히 그러겠다고 했다. 엄마와 언니, 동생의 생각이 몹시 궁금하고, 풀 게 있으면 풀었으면 좋겠다고 했다. B에게도 역시 가족대화모임에서의 독특한 대화방식을 설명했다.

셋째 조카 C를 만났다. C는 막내이며, 아들이다. 퇴근하고 아버지의 주검을 처음 본 아이라 어쩌면 가장 큰 자극과 충격을 받았을 거라 생각했다. 나는 C의 전화를 받고 언니네로 달려갔지만, 무서워서 형부의 시신이 있는 집안에 들어가지 못하고 현관 밖에 서 있었다. 내가 C를 만나기 직전에 언니에게 전화가 왔다. "이럴 때는 이모가 좀 모르는 척 해 주셨으면 좋겠어"라고 불편한 심정을 말했다고 했다. 언니는 내가 C와 이야기를 잘 풀어갔으면 좋겠다고 염려하며 부탁했다. C는 아버지가 돌아가셔서 슬프지만, 아버지를 남자로서 이해하기 힘들다고 했다. 그리고 부모님의 갈등을 초기에 알았더라면, 아들인 자신에게 솔직하게 터놓고 도움을 요청했더라면 좀 더 빠르고 쉽게 문제가 해결이 되었을 거라고 했다. 그런데 자신은 부모님의 갈등을 풀 수 없는 최악의 상태가 되었을 때 겨우 알게 되었다며 속상하고 안타깝고 화가 난다고 했다.

나는 C가 남자라서 그런지 문제를 해결하는데 에너지를 더 쓰고 있다고 생각했다. 왜냐하면 내가 C의 이야기를 듣다가 중간 중간에 "지금의 감정은 어떠니?"라고 물었을 때 "잘 모르겠어요"라는 대답을 여러 번 했다. C는 감정을 이야기 하는 게 너무 어색하다고 했다. 나는 그 마음을 이해한다고 했다. 가족대화모임에 참여할 의사가 있느냐는 질문에는 참여하고 싶다고 했다. 엄마와 누나들이 자기에게는 말하지 않고 엄마를 쉼터로 보낸 상황도 알고 싶고, 자신의 이야기도 하고 싶다고 했다. 그러면서 C는 나에게 새로운 제안을 했다. 엄마가 학력 콤플렉스가 있으신데 그 가족대화모임에서 엄마가 공부를 시작 할 수 있게 우리 삼남매가 도울 수 있으면 좋겠다고 했다. C와 이렇게 이야기를 하면서 마음이 매우 흐뭇했다. 역시 C에게도 가족대화모임에서의 독특한 대화방식을 설명했다.

회복적 서클의 프로세스 안에서 상실과 비탄 애도를 표현하고, 갈등 전환을 위한 '가족대화모임'을 진행하기까지 많이 고민했었다. 언니네 가족 4명과 사전모임 하는데 시간과 정성을 많이 들였고, 나 스스로 자기연결과 자기공감도 수시로 했다. 나 또한 외부인 이라기보다 가족에 가깝고, 상실과 슬픔, 좌절, 분노, 원망, 후회의 마음을 품고 있는 언니와 조카들이어서 진행자로서 마음의 중심을 잘 잡을 수 있을까 하는 두려움과 긴장감이 컸기 때문이다. 그런데도 내가 진행을 하겠다고 마음먹고, 실천할 수 있었던 것은 큰 슬픔과 상실의 길을 걷고 있는 언니와 조카들에게 누군가가 함께 하고 있음을 알려주고 싶었기 때문이기도 했다.

본 서클에 해당하는 가족대화모임의 시작은 서로가 긴장하고 무거운 마음으로 시작했다. 나는 큰 상실을 겪은 사람들은 아픔과 슬픔을 표현할 때 자기가 원하는 방식으로 표현하기보다, 다른 사람을 비난하고 판단하는 방식으로 표현하게 될 가능성이 크다고 말했다. 지금 나의 아픈 마음을 누군가에게 불편하게 표현했거나, 들은 게 있다면 누가 무엇을 알아주기를 원하는지 이야기해 보자고 제안했다. 팽팽한 긴장감과 무슨 이야기를 하나 했던 아이들은 자신의 슬픔을 이야기하기 시작했다.

먼저 언니가 아이들에게 이런 상황을 맞이하게 된 것에 엄마로서 미안하다고 사과했다. 언니는 아이들에게 아버지가 돌아가시고 빚이 많이 남은 상황이 갈등의 주 원인이지만 살아있는 우리들이 해결하면 되지 않겠냐며 많이 노력하겠다고 했다.

엄마의 표현 중에 아버지의 부채 문제를 거론할 때 아이들은 민감하게 반응했다. '아버지의 빚이 누구의 탓인가?', '누가 갚아야 하지?', '빚을 진 사람이 갚아야 하는 것 아니냐?'는 등 일상의 대화방식이 나타났다. 본 서클의 질문과 대화 방법을 놓쳤다면 갈등이 더 심해질 수 있었다. 다행스럽게도 나는 사전모임에서 독특한 대화방법을 상기시켜 주었다. 일상에서 말하는 것처럼 일방적으로 쏟아내듯이 상대에게 말을 하는 것이 아니라, 들을 사람을 지목하고 말을 하도록 환기시켜 주었다. 들은 말을 반영하면서 힘들고 거친 표현들이 점차 줄어들기 시작했다. 상대가 내 말을 듣고 있다는 안도감이 생기는 것 같았다. 그리고 자기가 한 거친 말이 되돌아올 때 자신도 아픈 것 같았다. 거친말 중에는 "나는 언니 때문에 아빠가 돌아가셨다고 생각해"라는 말이 나오기도 했다. 이런 말을 들을 때에는 진행자인 나도 긴장이 되었다. 심호흡으로 한 호흡 느리게 무엇을 들었는지 들은 대로 반영하기를 하도록 요청했다. 진행자인 내가 들어도 송곳으로 찌르듯 아프고 아슬아슬한 말들이 여러 차례 오고 갔다. 눈물과 한숨이 터져 나오기도 했다. 시간이 지나면서 분위기가 처음보다 점점 나아지고 있었다.

사전모임에서 대화 방식을 설명해준 것을 기억하고, 본 모임에서 힘들고 아픈 말을 그대로 반영하며 울던 A를 떠올리면 지금도 마음이 짠하고, 고맙다. B도 A가 반영해줄 때 "내가 말이 지나쳤던 것 같아요"라고 뉘우치기도 했다. 그 말 또한 반영하기를 하며 가족대화모임에서 일상과 다른 대화방식을 아이들이 익히게 하는데 내 마음을 많이 모았다. 처음 가족대화모임에서는 슬픔과 상실, 아버지가 남긴 빚을 어떻게 갚을지에 대한 걱정과 아버지를 좀 더 섬세하게 돌봐주지 못했다는 자책에 가까운 말이 나왔다. 그 말을 반영하는 가운데 자신이 한 말들이 본의 아니게 자꾸 상대에게 상처를 주는 말이 된다는 것을 알게 되었다고 했다.

3시간 넘게 말하고, 반영하는 가운데 자기 책임과 이행 동의 약속을 만들었다. 이행 약속은 일상에서 쉽게 실천할 수 있는 것으로 만들었다.

첫째 상대방을 탓하는 말을 하게 될 때 그 말을 한 번 더 생각하고 말하자.

둘째 일상에서 엄마의 가사 일을 돕는다. 자신의 옷은 스스로 세탁기에 넣어 빨고, 건조 시키고 접는다. 설거지는 삼남매가 순서를 정해서 한다. 드나드는 현관을 깔끔하게 정리하기 위해 신발은 자주 신는 것만 현관에 두고, 나머지 신발은 신발장에 넣어 보관한다.

셋째 누구든지 아버지가 보고 싶어서 눈물이 날 때 그 감정을 인정해 주자. 눈물 흘리는 것이 다른 가족들의 평온한 일상을 깨려는 의도가 아님을 알아주자.

이행 동의 약속은 일상에서 엄마를 돕고 각자 자신의 일을 스스로 하는 것으로 모아졌다. 그리고 한 달 후에 이 약속들이 지켜진 것은 축하하고, 그렇지 못한 것은 어떻게 하면 더 나은 방향으로 할 수 있는지 수정 제안하자고 했다.

아이들이 한 달 후에 한 번 만 모이고 끝내느냐고 물었다. 나는 회복을 위한 대화모임은 대부분 그렇게 진행한다고 했다. 그런데 뜻밖에도 아이들과 언니가 이 대화모임을 한 달 후에 끝내지 말고, 내가 시간이 괜찮다면 한 달에 한 번씩 모임을 이끌어 달라고 부탁했다. 이 내용이 이행 약속에 들어가게 되었다.

'가족대화모임'을 처음 시작할 때 나는 장례식장에서 조카 A와 B의 갈등을 보고 회복적 서클로 갈등을 해소하는데 도움을 주고 끝낼 생각이었다. 언니와 조카들의 제안을 받고 회복적 서클의 진행 대화방식은 유지하면서 한 달에 한번 '자살 유가족 상실 애도 돌봄 서클'로 변형해 가기로 마음먹었다. 그 후 언니네 가족의 상실 애도 돌봄 서클은 한 달에 한 번, 약 세 시간씩 1년 반 넘게 진행하였다. 가장을 잃은 상실감과 슬픔을 드러냄으로써 따뜻한 위로의 마음이 채워지고, 가족이니까 이 정도는 해도 되겠지 했던 말과 행동들이 상대에게 상처가 된다는 것을 알아간 시간이었다. 가장 큰 수확은 언니가 학력인정 □□중고교로 진학해서 지금도 학업을 진행 하고 있다는 점이다.

그리고 한 달에 한 번씩 서클로 모임을 진행하면서 비록 아버지는 안계시지만, 가족끼리 더 친밀함과 유대감, 소속감을 갖기 위해 실천할 수 있는 약속들을 수정 보완해갔다. 한 달에 한 번씩 외식을 할 때 돌아가며 비용을 지불하고, 계절별로 하루 또는 반나절 여행을 약속하고 실천했다는 점이다. 언니는 가족끼리 외식하고, 나들이를 가면서 아이들과 많이 가까워지고 마음을 나누게 되었다고 했다. 이렇게 가족대화모임을 이끌어준 나에게 고마움이 크다는 이야기를 자주 했다.

언니는 장례를 치르고 나서 내가 이 가족대화모임을 진행해 주지 않았다면 서로 얼굴도 안보고 지냈을지도 모른다고 했다. 얼굴은 보고 지내지만 데면데면 지내거나, 아이들끼리 계속 갈등을 겪고 있었을 거라고 했다. 그리고 형부가 남기고 간 빚은 다행스럽게도 보험금으로 대부분 갚을 수 있었다고 했다. 1년 반이 넘는 시간 동안 언니네 유가족 상실 애도 돌봄 서클은 나에게도 큰 배움으로 다가왔다.

눈물이 시간과 장소를 가리지 않고 흘러나올 때 어떻게 해야 할지 모르겠다던 조카 A와 B에게 내가 해준 말은 '눈물이 가슴에 바위로 자리 잡지 않도록 흘려보내라'고 했다. 흘리고 흘리다 보면 멈춰지는 날이 반드시 온다고 위로했다. 부모의 갈등을 해결하려다 아버지의 죽음을 맞이한 세 조카가 지금도 생각하면 마음이 아프고 슬프다. 그래도 일상을 잘 살아내고 있고, 언제든 힘들 때 힘들다고 말하면 들어줄 수 있는 이모가 있으니 도움을 요청하라고 말했다.

지금은 한 달에 한 번 서클로 만나기엔 바쁜 시간을 내기가 어려워서 봄, 여름, 가을, 겨울 계절 서클로 만나기로 했다. 상실과 슬픔의 감정이 일상의 모든 감정을 집어삼키는데서 벗어나는데 얼마의 시간이 필요한지는 사람마다 다를 것이다. 언니네 가족들이 상실과 슬픔을 겪었지만 일상을 큰 어려움 없이 지낸다는 것을 언니를 통해 듣고 있다. 일상으로 회복하는 데 큰 도움을 준 것이 회복적 서클의 틀 안에서 이루어진 '가족대화모임'이라고 생각한다.

1년 반이 넘는 '가족대화모임'인 유가족 상실 애도 돌봄 서클을 진행하면서 가장 인상 깊게 들었던 말이 있다. 자신이 한 말이 상대에게 송곳으로 다가간다는 것을 알게 되었는데, 그것은 자신의 말이 그대로 반영되어 돌아왔을 때라고 했던 말이다. 그래서 점점 자신이 원하는 말을 하게 되고, 상대의 말에 집중하게 되더라는 말이었다. '말은 벽 아니면 창'이라고 했던 마샬 로젠버그의 말이 떠오르며, 이 상실 애도 돌봄 서클은 내 인생에서 가장 슬프고 힘들며 어려웠던 일을 보람 있게 마무리한 하나의 사례다.

지난달 상실 애도 돌봄 서클에서는 "마음이 아플까봐"라는 그림책을 읽으며 각자 어느 장면이 다가오는지, 어느 곳에 눈길이 머물러 넘어가지 않는지에 대해 이야기를 나눴다. 올해 5월이면 형부가 돌아가신지 2주기가 된다. 상실 애도 돌봄 서클을 진행하면서 언니와 조카들에게 많은 애정과 관심이 생겼다. 그리고 돌아가신 형부에게 가졌던 원망과 분노의 감정에서 용서와 화해의 감정이 생겼다. 아마도 이 글은 나와 돌아가신 형부 사이의 화해 글이 아닌가 싶다. 상실과 애도 속에서 갈등을 겪고 있을 유가족과 일반 사람들이 이 글을 통해서 조금이라도 도움이 되었으면 좋겠다. 유가족인 언니와 조카들을 옆에서 지켜봤을 때 스스로 삶을 마감한 가족의 이야기를 다른 사람에게 꺼낸다는 건 너무 어려운 일이라는 걸 알게 되었다. 유가족들은 그 일에 대해 죄책감과 수치심을 크게 갖고 있는 것 같았다. 주변에 유가족이 있거나 유가족을 안다면 꼭 먼저 괜찮으냐고 물어봐주길 부탁하고 싶다. 이번 가족대화모임을 진행하면서 유가족들은 상실과 비탄에 빠져있기 때문에 자신이 먼저 상대에게 손을 내밀기 어렵다는 것과 다른 사람이 먼저 손 내밀어 주기를 바란다는 것을 알게 되었다.

이 글을 쓰면서 언니와 조카들의 슬픔과 탄식이 떠올라 눈물이 많이 나왔다.

좀 더 형부의 힘들고 고통스러운 이야기를 자주 들어줄 걸 하는 후회의 마음이 컸다. 돌아가신 형부가 하늘나라에서는 건강하고 평온한 안식을 이루기를 진심으로 바란다.

남아있는 언니와 조카들을 위로하고 가장을 잃은 슬픔을 잘 견뎌 내도록 내가 할 수 있는 한 최대한 연결하며 살고자 한다.

가정에서 회복적서클의 선물

정진화 | 광명 충현중학교 학부모, 동그라미네모

"엄마, 언니가 또 이상한 표정했다구~ 좀 어떻게 해보라구~"

"가은아, 나은이한테 어떻게 했어?"

"내가 뭘? 나 아무렇게도 안했어. 내가 말시키지 말랬는데, 나은이가 자꾸 말시켰다구"

"나은아 언니가 말시키지 말라면 말시키지 마, 너는 나은이가 싫어하는 표정하지 말고."

때로는 아이들을 따로 불러 마음을 읽어주기도 하고, 속상한 마음 안다며 안아주기도 하고, 해결책을 제시해보기도 했다. 그러다가 어떤 날은 참고 참았던 내 마음도 터져서 화를 내기도 했다. 화를 내고 돌아서면 … 아이들은 어느새 아무 일 없었던 듯 희희덕거리기도 했는데, 내 마음은 어두운 그림자에서 잘 벗어나지 않았다. 내 마음을 지옥불로 만들고 아무 일 없다는 듯 떠드는 아이들이 밉기도 했고, 마음하나 단도리 못하고, 분노를 표출한 내 자신이 한심하기도 하고 … 이런 일들이 반복되면서 지쳐갔다.

그래도 사람을 키우는 일에 포기는 없다며 강의를 듣고, 책을 읽는 노력을 게을리 하지 않았다. 많은 것들을 배우고, 내려놓으며 성장했다. 내 마음을 살피는 일을 게을리 하지 않았다. 아이의 울음소리를 듣는 일, 징징거리는 소리

를 참아내는 일, 공부, 정리정돈 등 불편했던 많은 일들이 편안해졌지만, 싸움, 다툼의 관계를 원만하게 해결하는 일은 불편했고, 서툴렀고, 답답함이 있었다.

'회복적 서클교실' 중학교에서 가정통신문을 받았다. 무슨 강의인지 잘 몰랐다. 사춘기 아이들이니 부모와 아이의 관계를 회복하나보다 막연히 생각했고, 내가 이 강의를 들어야할 만큼 아이와의 관계에 문제가 있나? 나 자신에게 물었지만, 그 정도는 아니라고 생각했다. 그럼에도 이 강의를 들은 건 아직 본격적인 사춘기가 시작하지 않았으니 미리 알아두자는 단순한 생각과 1회성 강의가 아닌 8주라는 지속성 때문이었다.

아뿔싸, 완전히 빗나갔다. 나 혼자 소설을 썼었다. 전혀 다른 강의였다. '나를 돌봄', '알아차림' 다른 사람과의 관계회복이 아니라 내 마음의 소리에 귀를 기울이란다. 느낌을 말하고, 타인의 느낌을 듣고, 놀고 … 일방적으로 듣는 강의가 아니라 체험을 통해 느끼게 하는, 2시간동안 뭘했나 싶은데 집에 와서는 긴 여운이 남는 … . 설핏 보면 뭐하나 싶은데, 귀를 기울이고 마음을 열면 심장 소리가 들리는 것 같은 느낌의 시간이라고 할까? 처음에는 그랬던 것 같다. 그냥 마음이 편안해졌던 것 같다. 그런 시간들이 쌓여 갔다. 소리 없이 눈이 쌓이 듯 … 2학기 … 다시 8주의 강의 … .

그 시간들이 쌓여서 배운 것을 아이들에게 적용해봐야겠다는 생각은 들었지만, 익숙하지 않은 일을 시작하기에는 늘 주저함이 따르기에 선뜻 실행하지 못했다. 하지만, 때론 어떤 일은 우습게 시작하게도 되어서 어느 날 아이들이 다툼을 일으킨 날 … 내 마음도 분노로 이글거리지 않은 틈을 타서 시작해 보기로 했다.

아이들의 동의 없는 그 어떤 것도 아이들의 마음을 움직일 수 없다는 것을 여러 번의 실수를 통해 알았기에 "얘기 좀 하자"라고 툭 꺼내고 싶은 말을 꿀

꺽 삼키고, "지금 이 싸움에 대해서 얘기를 좀 하고 싶은데 어때?"라고 먼저 아이들에게 물었다.

"지금 말고, 나중에 ⋯."

둘 다 나중에 하자고 한다.

아마도 엄마가 또 긴 설교를 하리라고 생각했을 것이다. 나는 어떻게 대화를 해야 할지 생각했다. 배운 것을 기억해내고, 사진으로 찍어두었던 물음들을 읽어보고 ⋯ 십여 분 뒤 대화가 시작되었다.

"누가 먼저 말하고 싶어?" 둘째 아이가 억울함을 호소한다. 잘 들어준 후에 큰 아이에게 묻는다.

"무엇을 들었어?" 큰 아이가 들은 대로 말한다.

"맞니?" 둘째 아이에게 묻는다.

"더 할 말 있어?"

"가은이는 나은이한테 하고 싶은 말이 뭐야? 아까 나은이가 보인 행동에 어떤 느낌이 들었어?"

"무엇을 들었어?" 둘째에게 묻는다.

"맞니?" 큰 아이에게 묻는다.

이런 대화가 반복된다.

"그럼, 네가 나은이를 위해 할 수 있는 일은 뭐가 있을까?"

"그럼. 네가 언니를 위해 할 수 있는 일은 뭐가 있을까?"

"지금은 마음이 어때?"

예전 같으면 아이들이 싸웠을 때 설교를 장황하게 늘어놓거나 문제의 잘 잘못을 따지며 재판관처럼 정리해주었다. 묵인도 해봤지만, 당하는 아이의 불만은 커져만 갔고, 대화를 하고나면 나의 화만 조금 가라앉았을 뿐 아이들의 표정은 편안해지지 않았었다.

이건 아니다 싶으면서도 어떻게 해야 할지 몰랐다. 회복적 서클에서 배운 대로 아이들과 얘기를 나누니 서로 몰랐던 상대방의 감정, 느낌 등을 아이들과 내가 알게 되었고, 아이들의 표정은 편안해졌다. 대화를 하기 전에 그럼 이런 대화를 싸울 때마다 해야 하나 하는 생각이 들었었는데, 다행히도 이런 대화를 몇 번 하지 않고 싸움이 줄었다.

무엇보다 좋은 건 나의 화가 옳지 않은 방법으로 표현되지 않는다는 거다.

이런 한 두 번의 대화가 우리를 바꿨다고는 생각하지 않는다. 언니는 너와 다르다고 … 동생은 너와 다르다고 … 서로의 다름을 받아들이자고 했던 무수한 말들, 그 동안 읽은 책의 내용들과 들은 강의들이 이 회복적서클을 통해 느끼고 체험하며, 진주 하나하나가 꿰어져 목걸이가 되는 느낌이다. 지식으로 머리만 풍성해지고, 실천은 안돼서 느꼈던 괴리감이 사라졌다.

나는 왜 변하지 않느냐며 자책하던 마음이 줄어들었다. '문제아는 없다. 문제 부모가 있을 뿐이다', '자식은 부모하기 나름이다', '본 보이는 부모가 돼라', '부모가 성장해야한다' 등, 나도 모르게 나를 옥죄던 문구들을 이제는 훨훨 날려버릴 수 있을 것 같다. 내가 변해야 주변사람들이 변한다는데, '나는 왜 안 되는 거냐'며 절규하던 아픈 시간들이 소중하게 느껴진다.

애썼다, 기특하다고 어느새 내가 나를 토닥여주고 있었다. 나는 중요한 황금열쇠 하나를 찾은 기분이다. 주변을 봐도 서로를 생각하는 마음은 분명히 있는데, 서툰 말 때문에, 지레짐작한 나의 판단 때문에 생기는 오해가 관계를 얼마나 멀어지게 하는지 … .

나는 황금열쇠가 우리 가족 개개인의 마음을 살필 줄 알게 하고, 서로의 마음을 나눌 수 있는 문을 열게 할 거라고 생각한다. 듣지도 보지도 못한 대화의 방식이기에 아직도 익숙하지는 않지만, 연습에 연습을 더해 습관의 대화로 만들기 위해 실천하는 중이다.

마음의 준비가 되어 있다. 아이들이 싸우면, 그것은 내가 회복적 대화를 할 좋은 기회라고 … 아이들과 이 대화를 배울 시간이 주어진 거라고 … 그 시간이 점점 자주 오지 않을 것 같은 느낌이 든다.

작은 마을, 작은 학교공동체 이야기

한세리 | 사회적협동조합 평화물결 간사

내가 사는 마을은 큰 도시 안에 작은 시골마을이다.

큰 도시의 작은 마을? 이해하기 어려운 이야기 일 것이다. 이 작은 마을에 갈등은 생각하기보다 거대하다. 그리고 갈등의 결과는 늘 어느 누군가가 떠나는 일로 끝이 난다.

우리 마을의 이야기를 먼저 해야, 이 모든 과정의 이해에 도움이 될 것 같아 마을을 조금 소개하겠다. 우리 마을은 서울 옆 조금은 거대한 위성도시이다. 신도시가 들어서고 서울 못지 않은 빛나는 도시이다. 이 도시 안에 작은 세계가 존재한다. 유네스코로 지정된 세계문화유산이 있는 작은 마을은 예부터 지금까지 개발제한구역이어서 논과 밭, 그리고 씨족관계가 주를 이루는 12개의 마을로 이루어져 있다. 개발제한구역과 함께 마을의 시간도 묶여 있는 듯하다.

이러한 곳에 작은 초등학교가 하나 있다. 마을공동체에 아이들의 수가 점점 줄다보니 학교의 규모도 해마다 작아졌다. 1학년에 1학급, 1학급에 10명 남짓, 전교생이 70-80명가량 되는 학교이다. 이 작은 학교의 아이들은 마을에서 오거나 신도시 큰 학교에서 관계의 어려움이 염려되는 친구들이 학부모의 선택으로 입학을 하였다.

저학년 때는 그럭저럭 학부모들의 관심과 교사의 역량으로 대부분 잘 지낸다. 그러나 6년 동안 같은 반을 해야 하는 아이들은 사춘기에 접어드는 고학년이 될 수록 갈등이 여러 가지 형태로 표출이 되고 커다란 문제가 되어 다가온다. 이러한 일은 매년 반복이 된다. 이런 문제가 생길 때마다 학폭 이야기가 서로 오가고 결국은 견디지 못하는 아이의 부모는 전학을 선택한다. 실제로 작년 한 학년에서는 한 학기동안 7명이 전학 가는 일도 있었다.

내가 RC를 진행한 친구들은 5학년 여학생들이었다. 나에게 요청이 있었을 때는 이미 상황이 많이 진행되어 이제는 전학 아니면 방법이 없는 상태였다. 사실 나도 아주 오래 전부터 인지하고 있었다. 동네 아이들의 일이기도 했기 때문이다. 하지만 학교에서는 외부의 도움이나 외부에서 학부모들이 무엇을 하는 일을 좋아하지 않았다. 여러 차례 학교에 고학년 아이들에 대한 관계형성프로그램, 평화감수성 수업 등을 요청했지만 여러 가지 이유로 할 수 없다는 답변만 돌아왔다. 몇몇 마음을 내어 애써주시는 선생님 덕분에 교육청에 요청하여 개개인의 심리상담, 집단상담을 몇 회 진행했다는 이야기는 전해들었다.

어느 날 저녁, 아이들 카톡 메인 프로필을 보아 달라는 학부모의 메시지가 왔다. 카톡 메인 글로 서로를 공격하고 많은 사람들에게 서로의 잘못을 고발하고 비난하고 있었다. 보름 정도 오고 간 상태였다. 왕따를 당하고 있다고 호소하는 아이의 글에는 우울과 극단적인 선택을 할 수 있는 염려가 담겨 있었다. 왕따를 당하는 아이의 엄마는 RC를 요청하셨고 이미 다른 학부모들에게는 동의를 구했다고 연락을 해 주셨다.

RC를 처음 접했을 때, 단순하지만 강력한 질문에 뭉클했다. '그 때 그 일로 마음이 어땠는지, 정말로 원했던 것이 무엇인지, 무엇을 알아주길 원하는지 … ' 그동안 갈등을 마주하는 그 순간은 서로를 비난하고 책임지울 것을 찾으며 너의 이야기로 가득 찼던 순간들이었다. 서로에게 책임을 지우기에 급급해 자신이 정말 원하는 것이 무엇인지도 모르고 비난과 폭력이 난무했고 결과로 남는 것은 상처와 관계의 어려움이었다. 하지만 작은 질문 하나가 나의 이야기에 집중하게 하였고 서로의 마음을 듣게 하였다. 서로의 마음의 듣고 나니 알 수 없는 따뜻한 마음이 감도는 것을 느꼈다.

'바로 이것이구나!' 서로의 중요했던 마음을 듣는 것. 듣고 나면 무엇을 해야 할지 분명해지는 강력한 경험이 내게 있었다.

모두 동네의 아이들이기 때문에 잘 알고 있는 아이들이어서 도움을 주고 싶었고 이 사례가 마을의 갈등을 해결하는 좋은 모델이 되었으면 하는 바람으로 모이기로 했다.

\<사전 서클\>

일요일 저녁, 일곱 명의 아이들의 사전 서클을 진행했다. 도착하는 아이들 한 명 한 명 만나 사전 서클을 진행했다. 첫 번째 난관을 이러한 서클을 열면 자신이 더 왕따를 당할 것 같아 염려가 되어 하고 싶지 않다는 당사자 A였다. 어머니는 아이가 동의했다며 요청을 하셨는데 아이의 마음을 들어보니 자신은 염려가 되어 하고 싶지 않은데 엄마가 해야 한다고 해서 하는 것이라고 했다. 하지만 아이들과 이야기 해 보고 싶은 건 사실이라고 했다. 한참을 침묵으로 기다림이 지난 후 괜찮지만 괜찮지 않다며 울었다. 용기를 내보겠다고 했다. 그리고 나머지 6명의 아이들을 만났고 모두 해 보겠다고 했다.

〈본 서클〉

아이들이 모였다. 그런데 A는 아무렇지도 않게 아이들과 어울리고 있었다. '이건 무엇이지?' 하는 물음과 함께 오늘 모임에 대한 안내, 그리고 당부의 이야기를 나누었다. 그리고 시작된 본 서클.

'그 때 그 일로 지금 마음이 어떠니? 친구가 무엇을 알아주기 원하니?' A가 먼저 이야기를 열었다. 자신은 괜찮다고 … 슬픈 웃음을 지었다. 당황스러웠고 오랜 침묵이 흘렀다. 오랜 침묵 끝에 한 아이가 대화의 시작을 해 주었다.
'그 때 그 일로 저는 기분이 상당히 좋지 않아요, 우리 일곱 명이 다 같이 놀자고 하구선 먼저 4명의 단짝을 구분한 것은 A예요.' '무엇을 들었니?' 말을 되돌려 주는 A는 상당히 당황한 것처럼 보였다.
'그 말이 맞니?' '그 때 그 일로 지금 마음이 어떠니? 친구가 무엇을 알아주기 원하니?'

A가 이야기하기 시작했다. '나는 너희들이 나를 빼고 파자마 파티를 하고 양말을 맞추고 하는 일이 서운하고 마음이 아팠어. 그리고 화가 났어.' 그렇게 시작된 대화 모임은 2시간 남짓 일곱 명의 아이들의 이야기로 채워졌고 모두의 이야기로 마음이 풀리기 시작할 쯤 약속을 만들어 보기로 했다.

1. 화장실 갈 때나 교실을 이동할 때, 모두 함께 가자!
2. 주말에 놀 때 일단 연락을 모두에게 하고 못 오는 것은 어쩔 수 없다.

자신들 스스로 만든 약속이 즐거웠는지 내일 학교 갈 일이 기대된다고 했고, 재미있을 것 같다고도 했다. 그리고는 한 달 후에 다시 만나 약속이 잘 지켜지고 있는지 확인하기로 했다.

3일쯤 지난 날, 아이들에게서 연락이 왔다. 학교에서 단체로 화장실 가는 것은 안 된다고 선생님께서 그러셨다고. 다른 지역에서 단체로 화장실에 갔다가 서로를 추행하는 불미스러운 일이 있어 안 된다고 하셨다며 어찌하면 좋겠느냐고 연락이 왔다. 그래서 선생님께 연락드려 취지를 잘 설명드리고 아이들하고 약속을 수정해 보아 달라 부탁드렸다. 하교 후에 만난 아이들에게 선생님과 함께 화장실 말고 다른 곳으로 이동할 때는 함께 이동하는 것으로 수정했다고 했다. 아이들의 마음을 받아주신 선생님께 감사드렸다.

<사후 서클>

학교에서 원하지 않는 점, 아이들이 모두 또 다시 시간을 내기 어려운 점 등의 이유로 한 달 후에 아이들 모두 만날 수는 없었다. 그러나 며칠에 걸쳐 하교를 하는 아이들과 만나 대화를 하였고 제법 학교 안에서 만큼은 잘 지내고 있다고 전해 들었다. 학교가 환영하지 않는 분위기라 속상했지만 아이들끼리는 잘 지켜보려고 애쓰고 있는 모습이 고마웠다.

<글을 마무리하며>

아직도 여전히 아이들의 관계 안에서 소소한 갈등은 진행 중이다. 하지만 이제는 자기 표현을 한다는 것이 달라진 점이고 축하하고 싶다. 아쉬움이 있다면 이렇게 함께 평화를 배우는 시간이 조금 더 있다면 좋을텐데 하는 생각에 여러 가지 이유로 할 수 없는 학교의 상황과 입장이 조금은 답답하고 조금은 아쉬웠다.

우리 아이들에게 '서로의 입장과 생각이 다를 때, 마음의 연결이 어려워 힘들 때, 이렇게 대화로 마음을 나누고 확인하며 연결할 수 있어! 이런 방법이 있어!'라고 알려주고 싶다. 그런 배움의 기회를 여러 가지 어른들의 명분과 절차로 접할 수 없는 상황이 아쉽고 안타깝다.

RC를 요청했던 학부모님도 같은 마음을 전했다.하지만 그동안은 이러한 어려움이 있을 때 어디에, 무엇을, 어떻게 도움을 청할 수 있을지 막막했던 것이 이제는 안심이 되고 그냥 괜히 든든하다는 이야기로 감사의 마음을 전했다.

대화의 힘을 믿는다. 이번에 함께 한 아이들도 분명 기억할 것이다. 작은 바람은 갈등을 대화로 풀어가는 방법을 경험 할 수 있는 기회가 우리 아이들에게 꼭 한 번씩은 전해지길, 그래서 서로를 존중하며 생각을 나누어 가는 사회구성원으로 자라 우리 사회가 평화롭고 다양한 생각들이 넘쳐나는 공동체가 되길 기대한다.

지역사회에서 회복적 서클 진행하기

정혜영 | 비폭력평화훈련센터 동그라미네모 대표

"대화서클 ~로 저희 좀 도와 주세요!!"

3년 전 여름 휴가철 즈음 주일 오후 집에서 쉬고 있는데 10년 동안 돌보았던 다문화가족 중 베트남이주여성 민지에게서 '선생님, 어디 계셔요~?' 다급한 목소리의 전화가 왔다. 다문화센터에서 알게 된 베트남이주여성 영희가 가정 폭력으로 남편에게 맞는 상황에 위험을 느끼신 시어머니께서 도망가라는 말에 남편을 피해 황급히 나오다 보니 맨발로 핸드폰, 돈도 없이 나왔다는 것이다. 연고지도 없어 가 있을 곳이 없으니 도와 달라는 내용과 영희가 결혼 후 가정 폭력이 잦아 도망가고 싶다는 말을 종종하는데 '선생님이 앞선 사례들의 다문화 대화서클처럼^{이혼, 가정갈등 등 갈등전환 대화서클} 이 가족에게도 도움을 주면 좋겠다'는 얘기였다.

마땅히 쉬게 할 곳이 없어 영희를 데리고 교회로 오게 해 첫 대면을 하게 되었다. 영희는 지금의 한국남편과 중매로 결혼하여 한국에 온지 약 3년이 되었고, 한국말이 서툴러 민지가 통역을 하여 가족사를 듣게 되었다

남편은 개인 사업으로 배달 일을 하는데 평일엔 반주정도로 술을 먹다가 주말에 폭음을 하면 인사불성이 되어 욕을 하며 영희를 자주 때린다고 한다. 오늘은 목도 조르고 팔도 비틀며 강도가 심해 무섭고 죽을 것 같은 상황에서 시모가 보다 못해 도망가라고 하는 말에 애들도 못 데리고 몸만 빠져 나왔다

는 것이다.

시모는 좌골 신경통을 앓고 있는데 다리를 다쳐서 잘 걷지를 못해 늘 누워 계시고 통증이 심해 통증을 잊기 위해 반주로 술을 드시고 잠을 청하다보니 알콜 중독까지 진행되었단다.

다행히 주사는 없으셔 아들이 폭력을 할 때 마다 며느리를 보호하실 때가 많단다. 지난번엔 가정폭력으로 이웃주민들이 신고해 파출소까지 갔었다고 하는데 이런 경우가 있을 때면 다문화 센터의 상담사에게 의논했고, 상담사 나 센터에서 남편에게 전화를 하면 남편은 남의 일에 개입한다고 화를 내곤 한단다. 그동안의 폭력증거 사진을 보고 안타까움으로 말을 잇지 못했다.

전라도에 친언니도 결혼해 들어와 있지만 언니도 힘들게 살고 있어 도움을 청할 수가 없다며 혼잣말로 빨리 돈을 벌고 싶다고 한다. 그 말 뒤에 어떠한 바램이 있는지 알기에 통역하는 민지와 나는 침묵할 수 밖에 없었다.

쉼을 갖은 후, 남편의 취기가 깰 즈음 내가 다문화 친구들 사이에 제가 선생님, 이모로 불리움 남편에게 전화를 해 시어머니와 영희, 남편이 함께 만나 서로의 이야기를 할 시간을 갖도록 주선해 봐도 되는지 물었다.

대화의 자리를 통해 이야기하면 남편과 자신에게도 도움이 되어 좋을 것 같은데, 남편이 집안일을 밖으로 돌린다고 자신에게 욕설과 폭력이 쏟아질 것이고 선생님을 만나지 않을 것 같다고 한다.

영희의 안전을 위해 경찰서 다문화담당 순경에게 의논하고자 전화를 했더니 부재중으로 메모만 남기고, 영희는 돌봐야 할 자녀가 있으니 시모님을 의지하고 용기 내어 집으로 들어가기를 설득했다. 그리고, 월요일 저녁쯤 남편에게 전화를 걸어 대화를 해보겠느냐는 제안을 해보겠다고 했다. 두려워하는 영희를 집 앞까지 데려다 주고 돌아서는 발걸음이 무거웠다.

월요일 아침 일찍 경찰서의 담당순경홍순경으로부터 전화가 왔다. 어제 남겼던 전화메모를 보았고 다문화센터로부터도 영희건으로 전화가 와 남편을 부르려고 하는데 민지와 영희가 선생님이 동석해 주길 바란다는 것이다. 시간이 정해지면 가능한 참석할 의사가 있다는 것을 전하고 진행방법에 대해 어떻게 하실 지를 물었다. 남편을 불러서 가정폭력이기 때문에 혼을 내줘야 할 것 같다는 것이고 조서를 써야 된다는 것이다.

갈등전환서클 사례중 다문화가정의 사례들 몇 가지 나누며 타지에서 결혼을 해 들어온 외국여성이기 때문에 우선 보호하고 얘기를 들어줘야하겠지만 그동안의 경험으로 한국남편들도 이주여성의 부인과 다른 문화에서 오는 말 못할 사정들이 많으니 남편들이 이야기를 할 기회와 듣는 여건을 마련 해 부부가 함께 서로의 이야기를 할 수 있는 기회를 갖으면 좋겠다는 제안을 하였다.

홍순경은 "그러게요, 그렇게 해야 하는 데 근무 여건과 가정폭력은 남편의 잘못을 우선 따져서 문제이긴 하다"는 것과 다문화센터에서는 형사과로 넘기는 것이 대부분인데 선생님과 함께 좋은 사례를 만들기 위해 시도 해보겠다는 말씀이 있으셨고,

평일에 근무하는 영희 남편을 참석하게 하기 위해 토요일로 날짜가 정해졌다.

참여자로 영희 남편과 영희, 통역으로 민지가 함께하였고, 홍순경은 쉬는 날이고 결혼식이 있어서 간단히 마치기를 기대한다며 남편의 진술부터 들을 준비를 하였다. 다문화센터에서 나온 남자사회복지사는 영희가 센터회원이고 상담 들어온 사례이기에 영희를 변론해 주러 왔다며 한사코 같이 있기를

원했다

　홍순경은 개인 사정으로 마음이 바쁘니 시간을 단축시키기 위해 영희 이야기는 기록되어 있고, 남편이야기부터 듣자고 서둘렀다. 남편은 먼저 남긴 영희의 진술에 관련 변명과 반박이 이어졌고 영희는 남편 옆에 앉아 두려움으로 묻는 말에 한마디도 못 하고 있었다. 홍순경은 영희 남편의 변명과 반박에 화를 참으며 답답해했고 남자 복지사는 그동안의 폭력사례로 형사입건해야 한다며 긴말이 필요 없다는 말만 되풀이 하고 있다.

　제한된 시간에 사건상황만 들을 것 같아, 잠깐의 휴식시간 갖기를 요청하여,

　홍순경에게 자리를 다시 배치해서 저의 회복적서클 프로세스 방법으로 지원해도 되겠냐는 제안을 했다. 답답하셨던 홍순경은 '과연 될까요'라면서도 그 사이 영희에게 '왜 집안을 여기저기 얘기하고 돌아다니냐'며 화를 내고 있는 영희 남편에게 자리 옮기기를 강력히 요청하고 있었다.

　나의 양옆으로 남편과 영희를, 영희 옆으로 통역자로 민지를 앉히고 대화방법과 지켜야 할 약속과 더불어 추가적인 약속을 안내하였다. 남편은 자리배치와 대화방법과 지켜야 할 약속들을 듣는 중에 영문을 몰라 하며 긴장을 하였지만, 영희는 안심이 된 듯 처음보다 편안해보였다. 멀리 앉아 듣던 사회복지사는 그게 말이 되느냐, 그 방식이 통하겠느냐고 따지며 형사입건만을 고집했다. 홍순경은 '초대 안했는데 오셨으니 제안에 응해 줄 것'을 요청했다. 간단한 규칙으로 이야기 할 때 중간에 끼어들지 않고 상대의 이야기를 끝까지 들어주기, 중간에 자리에서 일어나 나가는 일 없이 마무리까지 같이하기, 이곳의 이야기는 비밀로 지켜질 것을 강조, 핸드폰 음소거로 해놓기, 존댓말 쓰고 상대 존중해주기, 어린아이들이 있으니 고성은 자제 해주기 등을 정했다.

　사무실에 형사 두 분이 계셨는데 규칙이 정해지고, 대화방식이 바뀌니 자

리를 피해 주시며 주변을 조용하게 해주셨다. 대화 방법을 다시 참여자들에게 안내하고,

상호이해 질문으로 지난주일의 일로 지금 마음이 어떠한지를 아내가 또는 남편이 무엇을 알아주기를 원하는지를 물었다.

영희가 자리의 안전함 때문인지 처음 들어왔을 때와는 다른 모습으로 목소리도 크게, 먼저 일요일의 상황을 이야기하기 시작했다. 남편에게 반영해 줄 것을 요청하니 변명과 반박으로 반영이 쉽지 않았지만 몇 번의 반복안내로 대화 패턴을 익혀가며 서로의 이야기가 들려지는가 싶다가도 집안의 상황에 대해 이야기가 나올 때는 남편이 '왜 집안일을 이야기해야 하고 남들이 알아서 무엇 하겠느냐', 영희에게는 '너는 이렇게 밖으로 집안일 말하고 돌아다니느냐'며 욕과 폭언이 이어졌다.

남편에게 약속들을 확인시키고 '이 기회가 아니면 당신의 진심과 고충을 부인과 형사에게 이야기 할 기회가 많지 않을 것이다'라는 대화모임의 의미로 설득을 시켰어도 쉽게 이해를 못했다. 홍순경은 남편에게 '쉽게 해결하려 했으면 당신을 형사과로 넘기거나 여기서 조서써서 법적으로 해결하면 그만인데 몇 사람이 어렵게 시간을 내서 이 자리를 마련했으니 계속할 것인지 그만둘 것인지를 택하라'고 하였다. 그래도 남편은, 영희는 지난번부터 파출소 가면 모두 자기편이 되니까 그 맛을 알고는 매번 파출소 힘을 빌리는 나쁜 00라고 소리를 질렀다.

'거봐요' 예상했던 거라며 복지사의 볼멘소리가 끊이지 않음이 내게 자극이 되었고, 모두의 애씀이 헛수고 되는가 하는 염려의 마음이 스치고 있을 때, 홍순경도 '괜한 일 했나'하는 시선으로 나를 바라보신다.

서로의 마음을 돌보기 위해 3분의 침묵을 모두에게 제안하였고, 침묵 속에 나에게도 긴장감이 내려갔다. 남편도 조금은 안정을 찾는 것 같아서, 이 자리

를 제안한 한 사람으로 영희가 남편과 대화를 하고자 하는 의미를 전했다

　"영희가 아직은 남편에게 좋은 마음이 많고, 현재 영희가 어머니를 돌보고 있어서 자기가 없으면 어머니가 걱정 된다. 남편이 왜 술을 먹는지, 그리고 자신에게 무엇이 불만인지를 들어보고, 고칠 것은 고쳐보겠다는 의지로 이 자리가 마련되었다"는 것을 ….

　듣고 있던 남편은 의아해 하며 조금 망설이더니, 듣고 기억에 남는 말들을 2~3번에 거쳐 반영을 해 주었다. 그리고, 진행자의 '일요일의 일로 지금 마음이 어떠한지 영희가 무엇을 알아주길 원하느냐'라는 질문에 앞서와는 다르게 눈시울이 붉어지면서 자신의 이야기를 하기 시작하였다. "나도 나쁜 놈이 아니다. 영희야~ 오빠가 처음부터 이렇지 않았다. 하는 일이 잘 안되고 밖에서 있던 일들이 힘들고 어머니도 아파서 누워 있으니까 답답해서 술을 마시곤 한다"라며 서두를 꺼내기 시작했고 상호이해를 거쳐 진심이 나오기까지 오랜 시간이 걸렸다.

　영희는 "나에게 그런 말을 해주지 그랬느냐, 어머니도 내가 병수발을 드는데 무엇이 그렇게 힘드냐는 등" 남편은 "그렇기 때문에 너에게 미안해서 나의 어려움을 쉽게 말 못했고 말도 잘 통하지 않아 말을 안 하다 보니 말이 없어지고 집에서 술도 반주로 먹기 시작한 것이 양이 많아졌다", 영희-"주말이면 나가서 술 먹고 일요일 오전에야 들어오는데 왜 그런지, 밖에 무슨일이 있느냐~", 남편-"아이들을 좀 깨끗하게 키웠으면 좋겠다", 영희-"근데 남편이 첫 아이를 친자식으로 생각을 안 하고 의심한다, 베트남에서 결혼식하고 허니문 베이비가 되었는데 너무 하다는" 등 서로가 반영을 하며 묻고 싶은 것들을 묻고 들으며 그동안 묻어두었던 말이 공격적인 말로 서로에게 상처로 남았던 것에 대한 진심을 듣게 되었고 서로가 모르던 마음의 느낌을 공감하며 어느 순간 말소리가 온화해지기 시작하였다. 충분하지는 않지만 서로의 바램을 알고

서로가 할 수 있는 이행동의까지 나누기 시작했다.

남편은 '집에서 반주로 소주 반병이하로 먹기, 주말이면 집에서 아이들과 함께 놀아주기, 폭력보다 말로하기, 집안의 어려운 일이나 사소한 것도 아내에게 이야기 하겠다. 한국어 교사가 집에 오는 것 막지 않겠다 등 이었고, 영희는 '아이들 청결하게 키운다. 집안정리 잘하겠다. 한국어 열심히 배워 빨리 한국어를 익히겠다. 부지런하겠다.'등을 약속하였다.

홍순경은 또 한 번 이런 일이 있을 때는 어떻게 하겠느냐는 질문으로 확답을 듣고자 하니, 그때는 기꺼이 법적조치를 받겠다는 이행동의에 서명을 하였다.

- 약 3시간 30여분의 시간에 걸쳐 대화의 진행과 부부간의 이행동의 사인까지 보던 남자 복지사가 느낌을 이야기하였다. '먼저 미안한 마음이다 상담이 우선이고 법적조치를 앞세우는 것이 보통의 처리방법인데 지루한 시간을 보내며 상대의 이야기를 듣고 반영해주는 것만으로도 감정이 내려가는지, 이러한 사례는 처음 경험하며 자기가 복지사인데 센터에서 꼭 초대하고 싶다'는 말이었다.

- 남편이 뒤이어 '선생님과 홍순경님께 고맙다. 영희의 말을 처음으로 오래 들었다. 어머니를 돌봐 주는 것이 고맙다. 그리고 나의 마음을, 나의 고충을 비록 통역을 통해 이야기 했지만 처음 얘기 해봤다. 이러한 분들은 자주 만나고 친하게 지내라'는 둥의 이야기를 하며 아이들을 돌보기 시작했다. 서먹함은 묻어 있지만 여느 행복한 가정의 모습이었다.

- 영희는, '한국에 와서 웃는 날이 많지 않았다. 감사하며, 동의서에 사인을 하고 여러 사람이 증인이 되어 마음이 놓인다'며 표정이 밝아졌고 처음으로

남편과 많은 말을 했다고 하면서도 염려를 놓지 못했다. 경찰서이기 때문에 남편이 자기가 할 수 있는 약속을 말하였지만 술을 많이 마시면 정신을 못 차려 또 때릴 거라는 이야기다. 이에 홍순경은 경찰도 확신은 없었지만 이행동의에 서명하고 특히 경찰 앞에서 약속했으니 기대해보자고 위로해주었다.

- 통역자로 참석한 민지는 '앞서 갈등전환대화를 통한 다문화 친구들의 많은 경험을 들었을 때는 호기심이 있었는데, 오늘 통역하면서 경험 해보니 신기했다. 가끔 대화중에 화나는 욕이나 들은 말을 빼먹을 때 확인하며 반영을 도와주는 것이 새로웠다. 통역을 하다보면 팔이 안으로 굽는다고, 자신도 모르게 베트남쪽을 생각해서 통역하게 되는 경우가 있는데 들은 말을 직접 다시 들려주니 그러지 않아도 되었다. 나도 남편에게 일방적으로 외국인으로 무시당할 때나, 아이들에게 또는 베트남모임에서 활용해봐야겠다'고 한다.

- 홍순경은 친한 친구결혼식이 있었는데 대화진행상 끊을 수 없어 본의 아니게 포기하게 되었지만 한 사람이 법적 조치로 상황을 빨리 종결해서 상처로 남는 것 보다 대화로 풀어가는 과정 속에 서로의 속마음을 얘기하고 그들이 할 수 있는 약속으로 다시 화합 할 수 있는 기회를 준 것에 보람을 느낀다. 그런데, 바쁜 업무로 시간의 염려도 있음을 표현 하시며, 남편과 시어머니의 알코올 중독에 대한 걱정을 안고 자리를 마무리 했다.

- 홍순경은 조서를 쓰기 위해 응했다가 응급서클의 진행자가 된 사례이다. 홍순경의 용기와 의지로 대화모임을 주선해 준 것과 개인 사정이 있어 마음이 조급하였음에도 끝까지 함께 해 주시며 경험해 주신 것에 감사드린다.
언어소통이 안 되는 상황에서 통역하는 베트남 친구가 있어도 한국어가

완벽하지 않아 단어 선택에서 오는 의미가 달라서 가끔 일이 확대되는 상황들이 있었다. 그럴 때면 의미지원과 번역지원이 자주 있었고 감정의 고점에 있을 때는 잠깐의 쉼을 갖고 자기 돌보기를 가졌다. 짧은 시간에 마음에 있는 많은 사연을 얘기하지 못하는 점, 사건에 관련된 이야기를 하다 보니 연루된 사연을 다 내놓지 못하는 점의 아쉬움이 있었던 것 같다. 가끔 쉴 때마다 위의 아쉬움에 진행자인 저에게 이야기를 하곤 해서 진행할 때 보충적인 번역을 해 주었는데 개인적으론 도움이 된 것 같았다, 그렇지만 진행에 그 방법이 올바른지에 대한 고민이 있었다.

이후 사후서클을 15일 한달, 두달 간격으로 집으로 초대, 음식 나누기, 김장나누기를 하면서 가졌었다. 때마다 부부가 아이들을 데리고 잘 참석하여 약속 지키는 것 관련 이야기를 나누곤 하였다.

"세상살기 너무 힘들어요~~"

그러다 다음해 구정 연휴 첫날, 앞 사례에서 통역했던 민지로부터 또 다급한 연락이 왔다. 영희 남편이 조금 전 가정폭력으로 경찰서에 있는데 영희가 선생님을 찾는다는 것이다.

다음날이 구정이라 가족과 함께 시댁에 음식준비 하러 나서던 중이었는데 당황스러운 순간이었다. 가족이 함께 하는 다문화 돌봄이지만 '아이들과 먼저 가서 돕고 있을 테니 가서 돌봐주라~ '는 남편의 말에, 미안한 마음이 앞서 경찰서로 가는 발걸음이 무겁고 머리가 복잡하였다.

지난 사례로 사후 서클 갖으며 남편이 술의 양도 줄이고 조금은 안정된 생활의 안부를 전해 들었고 김장을 나누어 주려고 영희 집에 갔을 때도 남편과 함께 나와 다정한 모습을 보았었다. 무슨 일이 있었던걸까... 경찰서에 도착하니 영희 남편은 술이 덜 깼는지 조서 쓸 상황이 안되어 구치소에 있고, 남편의 형님이 형사에게 '동생을 구속시키면 하루 벌어 하루 먹고 사는데, 애들은 어떻게 먹고 사느냐'고 울며 사정하고 계셨다.

영희는 울며 '남편은 어젯저녁에 나가 술을 마시고 새벽에 들어와 또 술을 마시더니 영희를 마구 때리고 칼을 휘두르고 애들에게도 칼을 휘두르며 죽이겠다고 하였고 너무 무서워 숨을 죽이고 있는데 칼을 목에 들이대어 피도 나고, 애들을 거꾸로 들고 칼을 들이대 어머니가 파출소^{지구대}에 연락을 하여 경찰서로 오게 되었다는 것이다.

담당 경찰이 영희를 불러 사건상황을 기록해야하니 통역하는 민지와 사무실로 들어오라 한다. 통역자 민지를 통해 영희는 "선생님 그동안 맞은 것에 대한 사진들을 내놓을 것이고, 아이들 데리고 도망갈 거예요. 이혼하고 싶어요"라며 들어갔다.

이때 형님이 다가오더니 "애들을 어떻게 하든 살게 해야지, 저 증거물을 내놓게 설득시켜 동생을 구속시키려 한다"고 화를 냈다. 오자마자 영희의 이야기를 듣기만 했던 나는 당황했고 화가 났지만 형의 눈을 바라보니 무엇이 염려가 되는지를 말하고 있는 것 같아 듣기로 하였다. 형님이 화를 내며 했던 말을 반영해 주었고, 지금의 마음과 염려되는 부분을 물었다. "동생 하는 일이 잘 안되고, 그래서 술을 먹으면 주사가 있어 폭력을 휘두를 때가 있는데, 어머님이 함께 살면 괜찮을까 싶어 동생과 같이 살게 했다. 자신이 여유로운 형편이 아님에도 경제적인 도움을 주고 있는데 동생이 구속되고 이혼하면 어머님은 모시지만 아이를 형인 자신이 키워야 한다. 구속이 웬말이냐"라며 우신다.

잠시 후 담당경찰관이 영희가 선생님을 찾는다고 하여 만났더니 이혼을 조건으로 얘기할 수 있게 도와 달라고 한다. 불안함을 느끼신 형님이 무슨 얘기인지 함께 있겠다고 뒤 따라 들어오셨고, 담당경찰관께서는 앞선 일들도 있으니 구속이란다. 남편은 숙취는 있지만 대화는 가능한 것 같아 대화모임을 제안하고 형사님께 동의를을 구했더니 남편은 구치장에서 나올 수 없으니 의자를 옮겨서 말씀하시란다.

처음 자리를 한 형님에게 대화규칙을 안내하고 여러 사람의 시선이 있는 어쩔 수 없는 상황에서 서클이 진행되었다. 영희가 먼저 이야기를 시작했어도 남편은 반영도 안하고, 다 듣고 있다는 표현만 하면서 한동안 말이 없었다. 그러다 영희가 아이를 거꾸로 들고 칼로 위협했던 사진을 보이며 같이 살기 무섭고 왜 그랬냐는 질문에 고개를 떨구더니 "약속을 그동안 지키려고 노력하여서 자신이 실수를 덜하니 부인과 애들이 좋아했고 자신을 비롯 가정이 편안했다. 그런데 어머니는 병이 깊어지고 일어나시질 못하다 보니 대소변을 받아낸다. 부인이 힘들어하는 모습 보니 미안했고, 자신이 하는 일은 점점 어려워져서 살기가 싫어졌다고 한다. 그리고 술은 덜 먹기는 하는데 끊어지지 않더라. 어제 술먹고 집에 들어와 아이를 보니 아이들과 자신이 죽으면 끝날 것 같았고 영희는 자유롭게 갈 수 있을 것 같았는데, 이 상황이 싫다"라는 말에 영희가 반영을 다 못하고 울음바다가 되었다. 그러면서 반영 받은 남편도 울음으로 말을 잇지 못하였다.

영희가 자신의 순서에서 "자신이 어머니를 잘 돌보고 있고, 잘 지내고 있다. 그리고 아이를 어린이집 보내고 나가서 돈도 벌려고 했는데 지금 아기 임신을 해서 나가지는 못하고 집에서 조금씩 돈벌이 하고 있는데 이런 상황이 싫으니 이혼해서 마음이라도 편했으면 좋겠다"라고 말을 꺼내며 남편도 형님도 몰랐던 임신이라는 새로운 사실들을 알게 되었다

담당경찰도 나도 놀랐다. 폭력은 상호이해관계가 없을 때 일어난다고 했다. 2시간여 동안 이야기 하면서 이혼 후의 그림은 더 복잡하다는 것을 인지하였는지, 치유라는 바램을 이야기하게 되었다.

이행동의 과정에서 동생이 이혼의지가 없다는 것을 확인한 형님의 제안이 있었다. 자신도 형편이 진짜 어렵지만 사람 목숨은 살리고 봐야하니 어머니와 동생을 알코올중독 치료 프로그램 참여와 병원치료 받을 수 있게 물질적인 도움을 주겠다고 하였다. 남편은 할 말이 없다며 망설이더니 병원치료를 받겠다고, 영희는 반신반의 하면서 선생님인 내가 증인이 되고 경찰관이 증인이 되어주면 이혼은 보류해 보고 남편 치료에 같이 노력해보겠다고 한다. 나온 여러 사항들을 동의서 작성해서 사인하고 정리하는데 함께 참관하셨던 경찰관께서 여러 경험 중에 특별한 경험을 하셨다고 한다. '사건의 정황상 구속과 이혼의지가 강해 수순으로 갈 것이라는 예측에, 이러한 상황에 대화의지도 없는 사람을 데리고 무슨 이야기들을 할까 했는데, 긴 시간 자기 얘기를 누군가 반영될 때까지 기다리는 것, 반영하면서 상대의 이야기를 이해하는 것이 포인트같다' 라고 하시며 병원 치료받으실 수 있게 다문화센터와 주변을 연결하는데 돕도록 하시겠다'는 말씀을 주셨다.

형님도 막막했었는데 동생의 말을 진정성 있게 주변에서 들어주고 그 안에 자신도 싸움이 아닌 제안으로 내놓으며 제수씨 이야기도 들을 수 있어 고마웠다고 하신다. 무엇보다 동생이 구속 없이 치료의 도움도 받게 되어 감사하다고~.

그날 저녁 남편은 풀려나서 많은 도움의 손길을 통해 치료를 받고 있으며 셋째도 태어나서 가정의 또 다른 기쁨을 주고 있고, 작년 가을 교회 다문화 초청에도 아이들을 데리고 참여하였다.

진행자로 담당경찰관님들께 감사함은 이혼, 구속이라는 것으로 개인적인 것을 추구하도록 밀어 처리해 나갈 수도 있었을 것이다. 그랬을 경우 치유와 화해를 목적으로 하고 있는 가족들과 진행자인 제자신과 이를 위해 노력하는 단체들에게도 있어서 사람들을 더 개인적인 것을 추구하게하고 약속이나 헌신을 약화시키고 있는 것을 확신시키는 계기가 되었을 텐데, 자신의 시간을 희생시키며 법보다는 비-적대적 과정, 민간조직이 훨씬 효율적이라는 희망적임을 경험하시고 입증되는 기회를 주신 것이다.

갈등은 갈등 당사자들이 가장 잘 얘기할 수 있으며, 당사자의 입을 통해 공유될 때 가장 설득력 있고, 갈등은 당사자들이 합의해야 해결될 수 있다는 평범한 진리를 경찰서 내에서 경험하는 시간들이었다. 대화와 협력으로 갈등을 풀어가는 것은 절대 쉬운 일이 아니지만 그 외에 갈등을 해결 할 방법은 없는 것 같다.

이러한 갈등전환 과정이 작동하는 이유는 갈등 당사자들의 자발적 선택과 참여, 과정의 비공식성, 합의에 의한 결정, 유연성 등이 보장되기 때문이다.

다시 말해 당사자들이 자유의지로 선택할 수 있었고, 법으로 규정된 과정이 아니기 때문에 중도에 실패하거나 합의를 이루지 못해도 책임질 필요가 없으며, 그럼에도 당사자들이 중심이 되는 대화와 협상과정을 통해 모두가 원하는 합의된 결과를 낼 수 있다는 것이다. 또한 갈등의 단계와 종류에 따라 유연한 접근을 취할 수 있기 때문에 갈등 해결 가능성을 높이고 당사자들의 역량을 향상시키는데 큰 기여를 한다

'회복적 서클' 해외나눔

이러한 지역에서 생긴 갈등화해서클사례들이 섬기는 교회에 정보가 되어, 2014년 네팔 선교지에 갈등화해대화 요청이 있어 2일에 걸쳐 진행하게 되었다. 종교적 비자가 허락되지 않는 현실적인 문제와 행정업무를 현지인이 처

리하다보니 발생하는 여러 문제를 안고 있음과 입장 차이에서 오는 갈등들을 듣고, 보게 되면서 회복적서클이 이곳에서 더욱 필요하겠다는 생각에 자비량으로 3년 정도 교육선교를 계획하게 되었고, 2016년 12월 박성용목사님과 네팔에서 감리교 선교사 10명 대상으로 회복적서클 2박3일의 워크숍을 열게 되었다.

참여자들은 원으로 앉는 것에 익숙하지 않음과 신학 관련 워크숍이 아니니 경계심과 관찰이 있었고 평상시 익숙하지 않은 대화패턴을 익히려니 과연 될까하는 의문들을 갖는 첫날이었다. 박성용 대표님의 갈등화해사역과 연결하여 나의 갈등현장가정폭력, 가정문제, 지역사회, 자녀 에서 비법률가들도 접근하기 좋았던 서클대화 경험사례를 나누며, 마음이 열리고 패턴을 이해하는 시간이 지나니, 갈등사례로 실습할 때는 절박함의 공통점이 있어서인지 한마음이 되어 열심을 내셨고, 현지의 사례로 실제 연습에 이어, 시스템 구축시 회복적서클을 현지인들에게도 알려 주면 좋겠다고 하는 의견들이 많았다.

그래서, 선교사님들이 연습모임을 통해 네팔 현지인 생활에서는 진행자로 경험을 쌓고, 다음해인 2017년 4월 네팔인 신학교졸업생들이 졸업여행으로 한국에 올 때, 워크숍일정을 정해 네팔인 목회자 11명에게 박목사님과 함께 회복적서클전수를 하였다. '우리나라는 지역에 갈등이 많아요' '온순하면서도 자기 할 말만 해서 갈등이 의외로 많아요~' "우리나라에 꼭~! 필요한 프로그램예요" '남의 말을 잘 안들어요~' 등, 네팔인목사님들이 워크숍 참여중 서클의 필요성과 시급함에 대해 고민이 이어졌다.

발생하는 갈등이 많고 해결되지 않는 갈등 또한 많다는 얘기일 것이다. 때문에 갈등은 계속 누적되고 네팔목회자들이 염려하는 지역사회안의 교인사이에서 사회에 비해 갈등이 월등히 많은 것처럼 보이는 것 같다. 갈등이 발생하는 것은 아주 자연스러운 일이다. 모든 인간관계, 인간사회에서는 갈등이 잘 해결되지 않는 것은 아니다. 아마도 갈등을 해결할 수 있는 조건을 갖추지 못했음을 의미하는 것 같다.

갈등은 결코 부정적인 것이 아니지만 파괴적으로 전개 될 때 치명적인 영향을 미친다. 갈등은 어느 관계, 어느 사회에서나 발생하고 때로는 관계와 사회의 발전을 위해 불가피한 일이기도 하다. 갈등은 과거의 잘못, 현재의 당면한 현안, 원하는 미래가 무엇인지를 선명하게 드러내는 사건이다. 때로는 해묵은 감정의 극복과 화해의 필요성을 재확인시키는 기능을 하기도 한다.

그러므로 갈등은 바람직하지 않는 관계를 바로잡고, 억압적인 구조를 개선하며, 화해와 관계의 회복을 위한 기회가 된다. 다만 갈등을 기회로 변화시키기 위해서는 시스템적으로 갈등을 전개시키고 갈등해결에 대한 전문적 지식과 진행방법을 아는 제삼자의 도움이 필요하다. 제삼자 역할에 가장 적합한 사람들은 학계, 종교계, 시민사회의 전문가들이 적합한 것 같다. 이들은 갈등 당사자들은 물론 사회 구성원들로부터도 독립성을 인정받고 신뢰를 얻기 때문에 정치적, 사회적 압력, 이권으로부터 비교적 자유로워 당사자들을 돕는데 큰 역할을 할 수 있는 것 같다.

앞선 9년여 동안의 다양한 사례 가운데, 종교안에서의 갈등이나 이주여성들의 이혼, 가정불화, 가정폭력, 직장에서의 부당한 대우, 이웃주민들의 다문화가정의 분리 등 법적으로 접근해야 할 심각한 갈등에, 회복적 서클을 적용하여 효과적으로 작동했고 문제들은 상대적으로 간단한 시간에 전환되면서, 대부분의 사건들이 문제해결에 도달했고, 심지어 충분한 해결이 가능하지 않았을 경우에도 당사자들은 서로에 대해 많은 이해와 감사를 하게 되었다.

위 사례들과 같이 직접 대화를 주선하고 과정을 진행할 전문가를 초청하고 지원하는 것도 당장 종교단체가 할 수 있는 일이라고 생각하여 쉬운 일이 아니나 종교단체가 돌봄이나 사회 문제에 접근하고 있는 방식에서 한 단계 더 전진하기 위해 회복적서클의 적용이 선구자적인 프로세스라 본다

　　이런 경험의 결과로 나는 점차적으로 회복적 서클을 다양하게 많은 사례에 적용하게 되었고, 이 프로세스를 학교갈등 현장과, 지역사회, 종교공동체와 다문화 가정, 경찰서의 갈등현장 등 전반적인 적용에 커다란 장래성을 갖고 확신하며 지역사회가 평화로운 공동체가 되길 기대하는 마음에 관공서, 학교, 학부모와 지역시민의 연결자로, 훈련가로 현장에 서본다.

정의와 평화 실천 시리즈

『학교 현장을 위한 회복적 학생생활교육』로레인 수투츠만 암스투츠, 쥬디 H. 뮬렛

『서클 프로세스평화를 만드는 새로운/전통적 접근방식』케이 프라니스

『갈등 전환』존 폴 레더락

『트라우마의 이해와 치유폭력이 발생했거나 공동체의 안전이 위협받았을 때』캐롤린 요더

『피해자 가해자 대화모임』로레인 수투츠만 암스투츠

『회복적 정의 실현을 위한 사법의 이념과 실천』하워드 제어

『전략적 평화 세우기』리사 셔크

『공동체를 세우는 대화기술』리사 셔크, 데이비드 캠트

『건강한 조직 만들기』데이비드 브루베이커, 루스 후버 지머먼

『성서는 정의로운가』크리스 마셜

『가족 집단 컨퍼런스』앨런 맥래, 하워드 제어

『교도소에서의 회복적 정의』바브 테이스

『대학에서의 회복적 정의』데이비드 R 카프·마릴린 아머

『회복적 교육』캐서린 애반스, 도로시 반더링

『성학대와 회복적 정의』주다 오드숀 외

『노인을 위한 회복적 정의』쥴리 프리센, 웬디멕

『회복적 정의를 어떻게 배울 것인가?』린지 포인터 외

관련 도서

『회복적 정의의 정치학』드류 울포드, 아만다 네룬드

『회복적 서클 플러스』박성용

『회복적 서클 가이드북』박성용

『우리 시대의 회복적 정의범죄와 정의에 대한 새로운 접근』하워드 제어

『회복적 정의 세상을 치유하다』이재영

『서클로 나아가기교육공동체를 회복하는서클레시피112』캐롤린 보이스-왓슨, 케이 프라니스

『서클로 여는 희망』캐롤린 보이스-왓슨, 케이 프라니스

『평화 형성 서클』케이 프라니스, 마크 웨지, 배리 스튜어트

『평화와 화해의 새로운 패러다임경쟁적 정치.경제.사회 구조 속에서의』히즈키아스 아세파

『평화의 바람이 분다』박성용

『회복적 생활교육을 만나다공동체가 새로워지는』박숙영

『교실 갈등, 대화로 풀다발도르프교육과 회복적 생활교육의 만남』김훈태

『회복적 생활교육 학급운영 가이드북회복적 학급운영에 관한 교사 플래너』정진